诚信为本　操守为重

坚持准则　不做假账

——与学习会计的同学共勉

诚信为本
坚持准则

操守为重
不做假账

——与学习会计的同学共勉

高等职业院校会计技能大赛成果转化配套教材
校企"双元"合作开发课、岗、赛、训融合新形态一体化教材

云财务会计岗位综合实训

主编　高翠莲　蔡理强

高等教育出版社·北京

内容简介

本书是高等职业院校会计技能大赛成果转化配套教材，也是校企“双元”合作开发的课、岗、赛、训融合新形态一体化教材。

本书以企业会计核算工作过程为设计依据，按照“银行结算单据填制、票据整理、成本核算、原始凭证及记账凭证的编制、网银付款、成本分析、纳税筹划、报表编制、纳税申报表的填制”等会计核算工作任务为内容。本书共分为五部分：第一部分为实训目的及实训内容；第二部分为实训企业基本情况；第三部分为实训任务资料，分设“资金出纳”“审核会计”“成本会计”“会计主管”4个岗位；第四部分为业务单据；第五部分为任务表单。

本书基于“互联网＋财会”，以“方便教师教学、指导学生学习、促进会计专业教学的改革”为宗旨，以会计职业实务为依据，以企业人才需求为出发点，以培养学生财税业务处理综合能力为目标，运用高职会计技能大赛成果，将竞赛任务进行转化，通过“课、岗、赛、训”一体化模式，实现以赛促教、以赛促学、赛训结合、提升质量。

本书配有教学课件和参考答案，学生也可扫描书中微课、动画等二维码进行学习，具体获取方式见书后“郑重声明”页的资源服务提示。

本书可用于高等职业院校、高等专科学校及本科院校举办的二级职业技术学院财经类专业及其他相关专业教学使用，也可作为职业院校会计技能大赛配套用书及财务会计岗位实训教材，以及培训机构会计岗位培训、社会从业人员学习用书。

图书在版编目（CIP）数据

云财务会计岗位综合实训 / 高翠莲，蔡理强主编. -- 北京 : 高等教育出版社，2019.11（2023.8重印）
ISBN 978-7-04-052956-2

Ⅰ. ①云… Ⅱ. ①高… ②蔡… Ⅲ. ①云计算－应用－财务会计－高等职业教育－教材 Ⅳ. ①F234.4-39

中国版本图书馆CIP数据核字(2019)第251420号

云财务会计岗位综合实训
YUN CAIWU KUAIJI GANGWEI ZONGHE SHIXUN

策划编辑 武君红　责任编辑 贾玉婷　封面设计 李小璐　版式设计 李小璐
责任校对 张 薇　责任印制 朱 琦

出版发行 高等教育出版社
社　　址 北京市西城区德外大街4号
邮政编码 100120
印　　刷 天津鑫丰华印务有限公司
开　　本 787mm×1092mm 1/16
印　　张 26
字　　数 520千字
购书热线 010-58581118
咨询电话 400-810-0598
网　　址 http://www.hep.edu.cn
　　　　 http://www.hep.com.cn
网上订购 http://www.hepmall.com.cn
　　　　 http://www.hepmall.com
　　　　 http://www.hepmall.cn
版　　次 2019年11月第1版
印　　次 2023年8月第6次印刷
定　　价 54.00元

物 料 号 52956-00

主编简介

高翠莲，山西省财政税务专科学校会计学院院长、二级教授，太原理工大学硕士生导师。拥有会计师、注册会计师、注册税务师专业技术资格。从事会计教学及理论与实践研究33年。全国首批“万人计划”教学名师、国家优秀教学团队负责人、全国高职会计专业技能大赛设计者和专家组组长、全国高职会计专业教学资源库建设主要负责人。主持完成“企业经济业务核算”国家精品课程和国家精品资源共享课程，及国家职业教育会计专业教学资源库“出纳业务操作”课程。中央组织部、教育部和山西省委联系的高级专家；山西省高等院校工作委员会、山西省教育厅党组联系的高级专家。山西省“三晋英才”高端领军人才。兼任全国高职高专经济管理类专业教学资源库建设专家委员会委员、全国财经职业教育集团副理事长、全国财政职业教育教学指导委员会委员；山西省管理会计咨询专家、山西省企事业单位内部控制咨询专家、山西省会计学会常务理事兼学术委员会委员、山西省高职高专财经职业教育委员会会计分会副会长、山西省注册会计师协会常务理事、山西省注册会计师继续教育委员会委员、山西省注册会计师协会惩戒委员会委员。山西省财政金融类专业教学指导委员会财会委员会副主任。获教育部“先进工作者”奖、山西省“五一劳动奖章”、山西省“双师型教学名师”“山西省青年科技奖”、山西省“教育专家奖”、山西省“知识女性专业技能奖”、山西省精神文明奖、山西省优秀教师、山西省模范教师、山西省巾帼建功标兵、山西省师德标兵、山西省先进会计工作者、太原市会计标兵。获国家教学成果一等奖一项、二等奖一项；山西省教学成果一等奖三项，荣立山西省劳动竞赛委员会一等功一次。

出版30万字《企业内部控制方法论》个人专著1部，主编教材40余部，其中国家规划教材6部；主持或参与完成省级科研课题22项；公开发表学术论文50余篇。

蔡理强，北京正保远程教育集团高级副总裁，厦门网中网软件有限公司总裁，清华大学经济管理学院 EMBA，北京工商大学计算机学士学位，中国会计教育专家委员会委员、中国商业会计学会中职部常务副主任、全国财经职业教育集团常务理事，2018 年全国高职组会计技能赛项专家组成员。蔡理强总裁深耕财经教育领域 20 多年，先后主持研发多个财经教学平台、主导研发中华会计网校互联网教学平台、厦门网中网软件有限公司财会专业能力提升系列平台、企业价值创造实战系列平台、财务共享中心产业基地顶层设计方案等多个项目，作为中国远程教育事业发展的见证者，致力于推动互联网技术在财经教育领域的发展和应用。

前　言

为全面落实《加快推进教育现代化实施方案（2018—2022）》《国家职业教育改革实施方案》等相关政策文件精神，进一步提升会计人才培养质量，提高学生的实践能力、就业能力和创新能力，适应大智移云技术在财务领域的快速应用和财务会计转型管理会计的新形势，2019 年全国高职会计技能大赛升级为 2.0 版。2.0 版中第一阶段的财务会计技能竞赛环节，融入了智能财务的处理技术和流程，以制造企业一个月的业务为例，考核学生在云财务会计环境下进行资金出纳、成本核算、业务审核、会计核算、报表编制、财务分析、纳税申报等业务处理的技能。系统采用智能化处理、自动化评判的现代化形式，与会计实际业务紧密联系，引领全国高职会计专业的改革与发展。

为更好地实现技能大赛“以赛促教、以赛促学、以赛促建、以赛促改”的目的和宗旨，落实教育部大赛资源转化的精神和要求，由山西省财政税务专科学校会计学院院长高翠莲教授与厦门网中网软件有限公司、中华会计网校和高等教育出版社通过校企合作的方式，提前谋划，系统规划，及时将高职会计技能大赛 2.0 版转化为会计专业实训教学系统，并在此基础上共同开发课程和教材，以期完善高职会计专业的课程体系，优化会计专业教材内容和形式，规范实践教学组织流程，强化实践教学环节指导，提升实践教学效果，及时编写出版了《云财务会计岗位综合实训》教材。

本书与《ERP 管理会计岗位综合实训》教材共同构成高职会计技能大赛成果转化配套教材，也是校企“双元”合作开发的课、岗、赛、训融合新形态一体化教材。本书以制造业企业一个月的经济业务为主线，引导学生完成票—证—账—表—税的综合业务处理，做到理论与实际相结合，旨在培养学生财税业务处理的综合能力，提高专业核心技能及实践工作能力。

本书具有以下特色：

1. 仿真性与实践性强

本书仿真企业真实的经济业务、真实的票证账表、真实的财务流程、真实的财务平台，按照“银行结算单据填制、票据整理、成本核算、原始凭证及记账凭证的编制，网银付款、成本分析、纳税筹划、报表编制、纳税申报表的填制”等会计核算工作全过程设计，仿真性强；业务处理按照企业财务共享服务中心账务处理模式、岗位任务分工、网上银行结算和网上报税系统操作，实践性强。

2. 时效性与操作性强

本书以2019年4月1日起执行的《财政部　税务总局　海关总署关于深化增值税改革有关政策的公告》（财政部　税务总局　海关总署公告2019年第39号）、2019年一般企业财务报表格式（适用于已执行新金融准则、新收入准则和新租赁准则的企业）等最新财税法规为依据，顺应最新财税政策变化，时效性强；本书按照资金出纳、审核会计、成本会计、会计主管四个岗位设置任务，并进行了重要知识点/技能点讲解、易错点提示、操作流程引导，学生既可分岗合作完成，又可一人独立完成，可操作性强。

3. 实用性与灵活性强

本书既可作为手工财务会计实训教材使用，按照教材提供的企业概况、企业财务会计制度、经济业务单据、实训流程指导、配合教材列示的记账凭证格式和相应的账表，采用传统的会计处理方法和流程单人单岗手工独立完成实训，也可以结合网中网“云财务会计岗位综合实训教学平台”，运用智能化技术单人单岗或四人四岗合作完成实训使用，培养学生线下手工核算技能和运用云平台现代化处理账务的综合能力，可灵活应用，实用性强。

4. 人性化与数字化强

本书除与网中网云财务会计岗位综合实训平台（会计技能大赛平台转化）配套外，还应用数字化技术配套教学PPT、参考答案以及操作演示微课、动画等二维码资源，通过扫描书中二维码，学生可利用碎片化时间随时随地学习，有效激发其学习热情，提高学习效率。

本书由国家“万人计划”教学名师山西省财政税务专科学校会计学院院长高翠莲教授和厦门网中网软件有限公司蔡理强总裁担任主编，厦门网中网软件有限公司林月香、吴霞、吕小静、范文君、林凯参与编写。本书由具有多年财会教学经验和企业实务经历的专家团队联合编写，相信会对全国各高职院校会计专业日常实训教学和技能大赛训练产生较大的帮助和指导作用，欢迎各位师生积极使用，并提出宝贵意见和建议，我们将不胜感激！

会计职业教育的改革与探索是一个漫长的过程，本书的完成只是我们阶段性探索的总结，以后我们会动态完善，适时调整修订，敬请期待！

编　者

2019 年 10 月

目　录

第一部分 实训目的及实训内容

实训目的

通过实训，检验学生支票签发、票据填写、票据整理等财务会计基本技能，加强成本核算、成本分析、信息化账务处理、纳税核算与申报等实操技能；实训任务模拟企业内部控制流程制度设计，全面提升学生的职业能力，锻炼学生团队合作的精神，培养学生财税业务处理的综合能力，提升高职院校财经类专业人才培养水平。

实训任务

本实训以一家中型制造企业为案例背景，依据真实的中型制造企业、代理记账公司、财务共享服务中心会计岗位工作职责要求，以混岗或分岗合作实训形式完成企业一个月近100笔的经济业务。通过各岗位分工协作模拟企业业务处理过程，全面考核学生财务会计核心专业技能的掌握情况。

实训知识与技能范围

本实训内容涉及的课程包括：财务会计基础、出纳实务、企业财务会计、成本核算与管理、纳税实务、财经法规与会计职业道德、会计综合实训以及相关会计基本技能。

实训说明与要求

（1）手工实训省略银行单据填写涉及的所有盖章，实训平台中需要相关岗位签章；

（2）手工实训省略资金出纳岗位单据整理任务，实训平台需要资金出纳岗位根据任务描述相关信息进行单据整理并提交审核会计审核；

（3）手工实训省略会计主管创建账套流程，实训平台中会计主管登录平台后首先要进入信息化系统创建账套，审核会计与成本会计方可进行信息化业务处理的操作；

建账功能操作

（4）手工实训凭证的审核业务请在线下找负责相关岗位的同学进行审核并签字；

（5）手工实训可以单岗实训，也可以分岗合作实训，单岗实训建议根据表5中经济业务的顺序一笔一笔往下实训，所有经济业务要先找到相关单据裁剪下来，需要计算的业务要先完成计算表的编制，再编制记账凭证；

（6）手工实训记账凭证全部手工编制，实训平台中部分业务模拟企业财务共享服务中心账务处理模式，只需选择相关参数类型，凭证会自动生成；

（7）手工实训增加审核会计月末结转损益业务，实训平台中由审核会计点击结转损益，由信息化系统自动结转；

（8）手工实训网银支付任务只需资金出纳岗位根据相关单据填写付款信息，实训平台网银支付任务先由资金出纳岗位进行付款信息录入，然后提交给会计主管进行审核授权操作；

（9）手工实训报表需要手工编制，实训平台中报表在信息化系统自动生成；

（10）手工实训纳税申报表需要手工编制，实训平台中纳税申报表在报税系统表内及表间有设置公式，完成相关表格数据的填制，进行保存有勾稽关系的数据会自动生成；

（11）本实训所有法律、法规、制度、指引、指南截止时间为2019年8月1日；

（12）本实训的内容参照执行2017年印发的《企业会计准则第22号——金融工具确认和计量》（财会〔2017〕7号）、《企业会计准则第23号——金融资产转移》（财会〔2017〕8号）、《企业会计准则第24号——套期会计》（财会〔2017〕9号）、《企业会计准则第37号——金融工具列报》（财会〔2017〕14号）（简称新金融准则）、《企业会计准则第14号——收入》（财会〔2017〕22号，简称新收入准则），以及2018年印发的《企业会计准则第21号——租赁》（财会〔2018〕35号，简称新租赁准则），以及除以上指明的新金融准则、新收入准则、新租赁准则外的截至2019年8月1日发布并开始在一般企业实施的《企业会计准则》。

（13）由于执行新金融准则、新收入准则、新租赁准则的企业所得税年度纳税申报表（A类）的最新报税表单国税局尚未更新，本实训2019年度企业所得税暂按未执行新金融准则、新收入准则、新租赁准则的政策申报。

（14）手工实训所有裁剪下来的业务单据最后都要整理和粘贴于所填制的相关记账凭证后，并采用边订法进行装订凭证，填写记账凭证封皮（A4规格）。

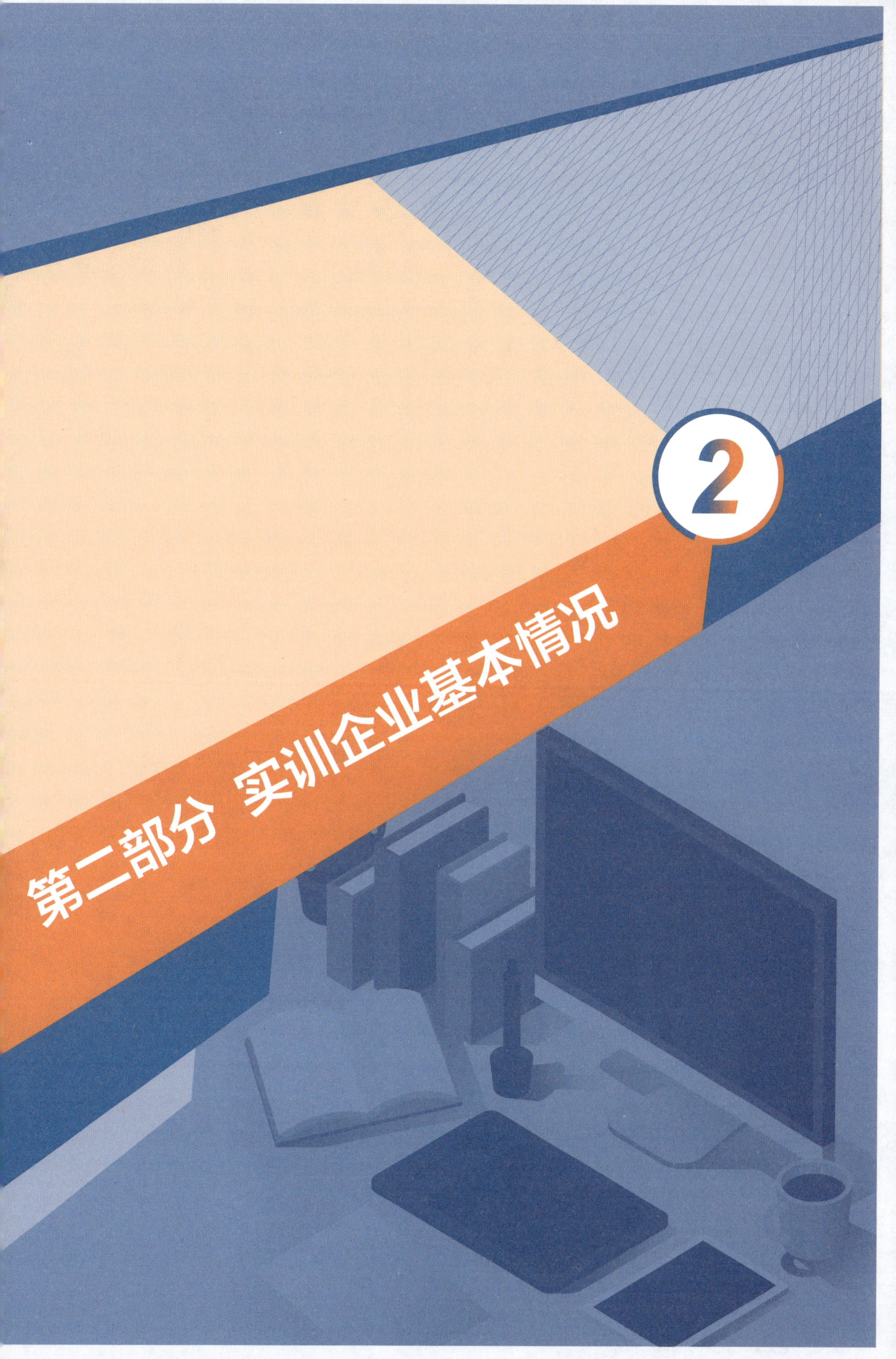

2 第二部分 实训企业基本情况

一、公司基本情况

（一）公司注册资料

公司注册名称：北京艾贝优婴儿车有限公司。

公司注册地址、电话：北京市西城区南横东街 98 号，010-88058186。

公司注册资本：人民币 1 100 万元。

公司法定代表人：章子鸣。

公司总经理：章子俊。

公司经营范围：主要从事婴儿车的生产和销售。

（二）公司账户资料

1. 基本存款账户

交通银行北京西城支行，账号：1100868590590866 75019。

2. 一般存款账户

交通银行北京珠市口支行，账号：110085987656359838505。

3. 工资账户

交通银行北京西城支行，账号：110086859059086666526。

4. 住房公积金账户

交通银行北京西城支行，账号：110086880960981577265。

5. 预留印鉴

企业在银行的预留印鉴：财务专用章 + 法人章，预留印鉴卡如图 1 所示。

图 1

营业执照如图 2 所示。

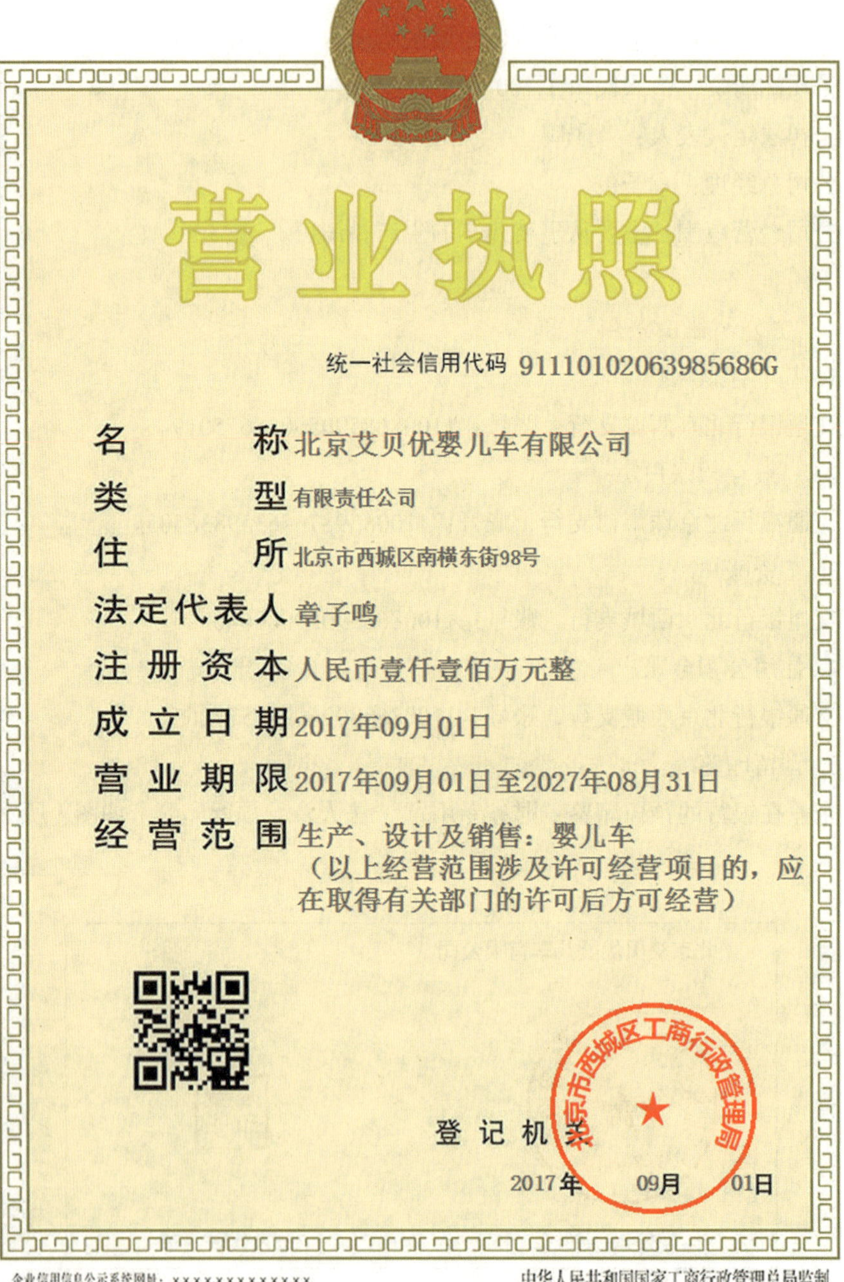

营业执照

统一社会信用代码 91110102063985686G

名　　　称 北京艾贝优婴儿车有限公司

类　　　型 有限责任公司

住　　　所 北京市西城区南横东街98号

法定代表人 章子鸣

注 册 资 本 人民币壹仟壹佰万元整

成 立 日 期 2017年09月01日

营 业 期 限 2017年09月01日至2027年08月31日

经 营 范 围 生产、设计及销售：婴儿车
（以上经营范围涉及许可经营项目的，应在取得有关部门的许可后方可经营）

登记机关 北京市西城区工商行政管理局

2017年 09月 01日

企业信用信息公示系统网址：××××.×××××.×××.××　　中华人民共和国国家工商行政管理总局监制

图 2

二、公司财务工作组织及分工

公司单独设置财会部门，部门岗位划分为会计主管、审核会计、成本会计、资金出纳四个工作岗位，具体分工如下：

会计主管——陈俞璟，岗位职责：领导和组织公司会计核算工作；建立账套、凭证审核、过账及结账，网上电子支付业务的审核授权，虚拟网上报税、纳税筹划、报表编制及报表分析等；组织会计档案的整理和保管；组织财产清查等。

审核会计——王心怡，岗位职责：票据审核、填制除成本核算以外的原始凭证、编制除成本业务以外的记账凭证、凭证审核、月末损益的结转、账簿核对，负责保管发票专用章及财务专用章等。

成本会计——林建州，岗位职责：进行产品成本核算，编制成本计算原始凭证，编制产品成本业务记账凭证，编制成本报表，进行成本分析等。

资金出纳——吕珊珊，岗位职责：支票签发、银行承兑汇票贴现、单据整理、网上电子支付业务、涉及收付款记账凭证审核；保管库存现金、有价证券及法人代表名章；配合清查人员进行库存现金、银行存款清查等。

三、公司会计核算方法及财务管理制度

（1）公司以人民币为记账本位币（核算中金额计算保留至分位），记账文字为中文。会计核算采用科目汇总表账务处理程序。

（2）公司为增值税一般纳税人，不属于科技型中小企业，销售商品增值税税率为13%；公司当期取得的增值税专用发票，按照现行增值税制度规定当期准予抵扣的，均已认证且于当期一次性抵扣。

公司地处北京市区，公司适用的城市维护建设税税率为7%，教育费附加征收率为3%，地方教育费附加征收率为2%。

公司车船税、房产税和土地使用税均按税法规定计算缴纳。

公司按规定代扣代缴个人所得税。

公司企业所得税税率为25%，并假设这一税率适用于未来可预见的期间，公司不享受其他税收优惠政策。企业所得税的核算采用资产负债表债务法。

本实训不考虑除上述税费以外的其他税费。

（3）公司原材料采用计划成本计价法组织日常核算，材料成本差异率为综

合差异率，材料成本差异率计算保留百分号前2位小数；周转材料、库存商品采用实际成本计价法组织日常核算，发出周转材料、库存商品采用全月一次加权平均法计价。

原材料入库业务，于月末根据“收料单”编制“收料凭证汇总表”，并据以进行原材料入库业务的总分类核算。原材料发出业务，于月末根据“领料单”编制“发出材料汇总表”“生产车间材料费用分配表”，并据以进行原材料出库业务的总分类核算。

（4）委托加工物资的核算。

① 委托加工物资按批次（分批法）进行成本核算。

② 委外商加工过程中产生的报废品因没有价值，均归委外商所有，公司不收回。

③ 1%（含）以内（即正常报废率）的报废为正常报废，正常报废品的材料成本计入当期生产的合格产品成本，且公司支付相应加工费；1%以上的报废属于超额报废，超额报废品公司不承担加工费，并由委外商承担该材料损失。

④ 由委外商承担的材料损失直接在当月的加工费中扣除。

⑤ 委外入库半成品的材料成本 = 对应批次的材料成本 − 超额报废材料成本。

（5）坏账损失的核算。公司应收账款坏账准备采用账龄分析法估计，其他的应收及预付款项不计提坏账准备。不同账龄计提坏账准备的比例如表1所示。

表1　坏账准备计提比例表

账龄	未到期	逾期 1~90天	逾期 91~270天	逾期 271~360天	逾期 361~540天	逾期 541~720天	逾期720天以上
计提坏账准备的比例	0%	2%	4%	6%	10%	12%	15%

（6）公司固定资产折旧、无形资产摊销采用年限平均法，固定资产折旧方法和无形资产摊销方法与税法规定一致。固定资产预计净残值率为4%，无形资产无净残值。固定资产折旧如表2所示，无形资产摊销如表3所示。

表 2　固定资产折旧表

固定资产类别	折旧年限 / 年	年折旧率
房屋建筑物	20	4.8%
生产设备	10	9.6%
运输设备	4	24%
管理设备	5	19.2%

表 3　无形资产摊销表

无形资产类别	摊销年限 / 年
土地使用权	30
专利权	10
非专利技术	10

（7）公司按有关规定计算缴纳社会保险费和住房公积金。基本社会保险及住房公积金以上一年职工月平均工资为计提基数。计提比例如下：基本养老保险为 24%，其中企业承担 16%，个人承担 8%；医疗保险为 12%，其中企业承担 10%，个人承担 2%，另每月个人需缴纳大额互助基金 3 元；失业保险为 1%，其中企业承担 0.8%，个人承担 0.2%；工伤保险为 0.2%，全部由企业承担；生育保险为 0.8%，全部由企业承担。住房公积金为 24%，其中企业承担 12%，个人承担 12%。

公司由个人承担的社会保险费、住房公积金在缴纳时直接从“应付职工薪酬——短期薪酬（工资）”明细账中冲销，不通过“其他应付款”账户进行核算。个人所得税由公司代扣代缴，通过“应交税费”账户进行核算。

（8）公司职工福利费和职工教育经费不预提，按实际发生金额列支；工会经费按应付工资总额的 2% 比例计提。工会经费按月划拨给工会专户。

（9）车间管理人员的工资与产量挂钩。

（10）公司根据有关规定，每年按当年净利润（扣减以前年度未弥补亏损后）的 10% 计提法定盈余公积，不计提任意盈余公积。

（11）公司采用逐步综合结转分步法计算产品成本，成本项目为直接材料、直接人工和制造费用。

① 本月发生的直接材料费如属于多种产品共同耗用的材料，以各种产品材

料定额耗用量为标准在各种产品之间进行分配，本月发生的职工薪酬和制造费用按实际生产工时在各种产品之间进行分配。

② 生产费用在月末在产品和完工产品之间的分配采用约当产量法，轻型伞车车架和摇篮伞车车架的原材料分批投入，分别在第一道工序开始时投入 70%，在第六道工序开始时投入 30%，其余所有产品的原材料均在第一道工序开始时一次投入，直接人工费用和制造费用的完工程度分工序按定额生产工时计算，月末在产品在本工序的完工程度均为 50%。

③ 生产过程中，1%（含）以内（即正常报废率）的报废材料属于正常报废材料，正常报废材料成本计入当期生产产品的直接材料成本；1% 以上的报废材料属于超额报废材料，超额报废材料的成本，只承担直接材料成本，不承担直接人工费用及制造费用。

材料报废率 = 本月废料数量 / 本月领料数量 ×100%

④ 废料仓应设立废料明细账，记录各个车间转入的正常报废材料及超额报废材料明细。

（12）公司专设独立销售机构。

（13）公司所在地具有活跃的房地产市场，房地产公允价值能够可靠计量，投资性房地产后续计量采用公允价值计量模式。

（14）公司金融商品的买入价，按照移动加权平均法进行核算。

（15）未列明的其他会计事项，公司根据现行《企业会计准则》的相关规定处理。

（16）计算过程中，无特殊说明的金额均保留小数点后 2 位。

（17）会计分录中涉及的明细科目以期初余额为准，所有凭证的科目金额不能以负数表示。

四、2020 年 2 月 29 日账户余额表

2020 年 2 月 29 日账户余额表如表 4 所示。

表 4　2020 年 02 月 29 日账户余额表

科目名称	科目代码	初始建账余额		累计借方	累计贷方	期初余额		累计借方数量	累计借方单价	累计贷方数量	累计贷方单价	余额数量	余额单价
		借	贷			借	贷						
库存现金	1001	10 375.00		93 031.00	98 034.00	5 372.00							
银行存款	1002	1 169 621.78		9 952 242.14	7 040 731.46	4 081 132.46							
交通银行北京西城支行	100201	1 136 118.82		9 923 675.58	7 010 704.40	4 049 090.00							
交通银行北京珠市口支行	100202	33 502.96		28 566.56	30 027.06	32 042.46							
其他货币资金	1012	92 600.00		2 342 500.00	2 068 500.00	366 600.00							
存出投资款	101201	92 600.00		274 000.00		366 600.00							
银行汇票存款	101202			2 068 500.00	2 068 500.00								
交易性金融资产	1101	1 010 000.00		20 000.00	290 000.00	740 000.00							
北京新阳股份有限公司	110101	740 000.00				740 000.00							
成本	11010101	716 000.00				716 000.00							
公允价值变动	11010102	24 000.00				24 000.00							
北京城南科技有限公司	110102	270 000.00		20 000.00	290 000.00								
成本	11010201	290 000.00			290 000.00								
公允价值变动	11010202		20 000.00	20 000.00									
应收票据	1121	1 607 900.00		3 242 800.00	2 439 100.00	2 411 600.00							
上海吉茂商贸有限公司	112101	300 000.00		1 568 000.00	500 000.00	1 368 000.00							

续表

科目名称	科目代码	初始建账余额		累计借方	累计贷方	期初余额		累计借方数量	累计借方单价	累计贷方数量	累计贷方单价	余额数量	余额单价
		借	贷			借	贷						
北京乐北鼻婴儿用品有限公司	112102	1 151 800.00		196 000.00	359 800.00	988 000.00							
福建佰汇商城有限公司	112103	156 100.00		649 500.00	750 000.00	55 600.00							
北京悠悠电子商务有限公司	112104			829 300.00	829 300.00								
应收账款	1122	1 096 000.00		609 500.00	718 050.00	987 450.00							
上海贝贝婴儿用品有限公司	112201	560 000.00				560 000.00							
深圳华泰商贸有限公司	112202	362 000.00				362 000.00							
福建启儿商贸有限公司	112203	99 000.00		259 500.00	319 250.00	39 250.00							
北京爱婴岛母婴用品有限公司	112204	75 000.00		350 000.00	398 800.00	26 200.00							
北京乐北鼻婴儿用品有限公司	112205												
预付账款	1123	125 000.00		171 500.00	278 000.00	18 500.00							
北京弘大包装有限公司	112301	80 000.00		38 000.00	138 000.00		20 000.00						
广州利丰橡塑有限公司	112302			78 500.00	40 000.00	38 500.00							

续表

科目名称	科目代码	初始建账余额		累计借方	累计贷方	期初余额		累计借方数量	累计借方单价	累计贷方数量	累计贷方单价	余额数量	余额单价
		借	贷			借	贷						
北京元丰实业有限公司	112303	45 000.00		55 000.00	100 000.00								
应收股利	1131												
应收利息	1132												
其他应收款	1221	3 950.00		14 500.00	14 450.00	4 000.00							
温求敏	122101	3 950.00		10 000.00	9 950.00	4 000.00							
周琳琳	122102			4 500.00	4 500.00								
坏账准备	1231		36 880.00				36 880.00						
应收账款	123101		36 880.00				36 880.00						
材料采购	1401			16 093 229.70	16 093 229.70								
铝合金管	140101			5 120 000.00	5 120 000.00			256 000	20.00	256 000	20.00		
不锈钢扁条	140102			1 876 500.00	1 876 500.00			100 000	18.77	100 000	18.77		
弹簧	140103			1 497 600.00	1 497 600.00			192 000	7.80	192 000	7.80		
包塑钢丝	140104			112 060.00	112 060.00			26 000	4.31	26 000	4.31		
亚麻布	140105			824 160.00	824 160.00			34 000	24.24	34 000	24.24		
牛津布	140106			488 070.00	488 070.00			33 000	14.79	33 000	14.79		
聚酯纤维棉	140107			368 940.00	368 940.00			13 000	28.38	13 000	28.38		
网眼布	140108			68 474.00	68 474.00			6 700	10.22	6 700	10.22		
缝纫线	140109			15 000.00	15 000.00			5 000	3.00	5 000	3.00		
PU 发泡轮胎	140110			1 700 600.00	1 700 600.00			110 000	15.46	110 000	15.46		
橡胶充气轮胎	140111			1 663 195.00	1 663 195.00			85 000	19.57	85 000	19.57		

续表

科目名称	科目代码	初始建账余额		累计借方	累计贷方	期初余额		累计借方数量	累计借方单价	累计贷方数量	累计贷方单价	余额数量	余额单价
		借	贷			借	贷						
转向器	140112			836 334.00	836 334.00			47 900	17.46	47 900	17.46		
刹车装置	140113			263 450.00	263 450.00			47 900	5.50	47 900	5.50		
安全带	140114			314 224.00	314 224.00			47 900	6.56	47 900	6.56		
海绵套	140115			120 120.00	120 120.00			30 800	3.90	30 800	3.90		
脚踏板	140116			263 450.00	263 450.00			47 900	5.50	47 900	5.50		
置物篮	140117			264 072.70	264 072.70			47 900	5.51	47 900	5.51		
1# 五金配件	140118			155 675.00	155 675.00			47 900	3.25	47 900	3.25		
2# 五金配件	140119			141 305.00	141 305.00			47 900	2.95	47 900	2.95		
在途物资	1402												
原材料	1403	683 797.00		15 493 720.00	15 453 017.00	724 500.00							
铝合金管	140301	75 540.00		5 120 000.00	5 139 540.00	56 000.00		256 000	20.00	256 977	20.00	2 800	20.00
不锈钢扁条	140302	29 400.00		1 500 000.00	1 499 400.00	30 000.00		100 000	15.00	99 960	15.00	2 000	15.00
弹簧	140303	23 332.00		1 459 200.00	1 455 552.00	26 980.00		192 000	7.60	191 520	7.60	3 550	7.60
包塑钢丝	140304	8 400.00		91 000.00	90 650.00	8 750.00		26 000	3.50	25 900	3.50	2 500	3.50
亚麻布	140305	217 350.00		782 000.00	769 350.00	230 000.00		34 000	23.00	33 450	23.00	10 000	23.00
牛津布	140306	85 860.00		445 500.00	463 860.00	67 500.00		33 000	13.50	34 360	13.50	5 000	13.50
聚酯纤维棉	140307	7 040.00		286 000.00	286 440.00	6 600.00		13 000	22.00	13 020	22.00	300	22.00
网眼布	140308	1 650.00		50 250.00	50 400.00	1 500.00		6 700	7.50	6 720	7.50	200	7.50
缝纫线	140309	2 097.00		15 000.00	15 057.00	2 040.00		5 000	3.00	5 019	3.00	680	3.00
PU 发泡轮胎	140310	124 080.00		1 815 000.00	1 774 080.00	165 000.00		110 000	16.50	107 520	16.50	10 000	16.50

续表

科目名称	科目代码	初始建账余额		累计借方	累计贷方	期初余额		累计借方数量	累计借方单价	累计贷方数量	累计贷方单价	余额数量	余额单价
		借	贷			借	贷						
橡胶充气轮胎	140311	80 000.00		1 700 000.00	1 680 000.00	100 000.00		85 000	20.00	84 000	20.00	5 000	20.00
转向器	140312	3 542.00		737 660.00	737 352.00	3 850.00		47 900	15.40	47 880	15.40	250	15.40
刹车装置	140313	1 650.00		263 450.00	263 340.00	1 760.00		47 900	5.50	47 880	5.50	320	5.50
安全带	140314	3 600.00		359 250.00	359 100.00	3 750.00		47 900	7.50	47 880	7.50	500	7.50
海绵套	140315	924.00		107 800.00	107 604.00	1 120.00		30 800	3.50	30 744	3.50	320	3.50
脚踏板	140316	1 540.00		263 450.00	263 340.00	1 650.00		47 900	5.50	47 880	5.50	300	5.50
置物篮	140317	13 112.00		210 760.00	210 672.00	13 200.00		47 900	4.40	47 880	4.40	3 000	4.40
1# 五金配件	140318	2 340.00		143 700.00	143 640.00	2 400.00		47 900	3.00	47 880	3.00	800	3.00
2# 五金配件	140319	2 340.00		143 700.00	143 640.00	2 400.00		47 900	3.00	47 880	3.00	800	3.00
材料成本差异	1404	12 325.93		599 509.70	603 377.64	8 457.99							
库存商品	1405	158 809.42		31 609 266.59	29 580 495.72	2 187 580.29							
半成品	140501	103 133.12		12 676 819.57	12 635 856.85	144 095.84							
轻型伞车车架	14050101	30 407.28		4 624 965.00	4 603 988.48	51 383.80		27 000	171.30	26 880	171.28	300	171.28
摇篮伞车车架	14050102	43 822.82		5 175 851.10	5 150 994.00	68 679.92		21 100	245.30	21 000	245.29	280	245.29
轻型伞车座椅	14050103	4 569.56		942 300.00	938 144.26	8 725.30		27 000	34.90	26 880	34.90	250	34.90
摇篮伞车睡篮	14050104	5 714.13		1 043 184.00	1 038 513.00	10 385.13		21 100	49.44	21 000	49.45	210	49.45
轻型伞车遮阳篷	14050105	10 130.13		381 581.69	388 460.20	3 251.62		26 350	14.48	26 880	14.45	225	14.45
摇篮伞车遮阳篷	14050106	8 489.20		508 937.78	515 756.91	1 670.07		20 700	24.59	21 000	24.56	68	24.56
产成品	140502	28 033.27		18 932 447.02	16 931 132.29	2 029 348.00							
轻型伞车	14050201	20 104.09		9 213 196.07	7 523 429.76	1 709 870.40		26 945	341.93	22 000	341.97	5 000	341.97

续表

科目名称	科目代码	初始建账余额		累计借方	累计贷方	期初余额		累计借方数量	累计借方单价	累计贷方数量	累计贷方单价	余额数量	余额单价
		借	贷			借	贷						
摇篮伞车	14050202	7 929.18		9 719 250.95	9 407 702.53	319 477.60		21 295	456.41	20 613	456.40	700	456.40
废料	140503	27 643.03			13 506.58	14 136.45							
铝合金管	14050301	22 279.53			8 143.08	14 136.45				796	10.23	1 395.8	10.13
不锈钢扁条	14050302	5 363.50			5 363.50					680	7.89		
发出商品	1406												
商品进销差价	1407												
委托加工物资	1408	332 255.15		686 760.44	691 969.47	327 046.12							
轻型伞车遮阳篷	140801	133 406.75		272 570.34	276 181.69	129 795.40							
牛津布	14080101	103 208.00		209 958.84	213 186.44	99 980.40		14 196	14.79	13 700	14.79	6 760	14.79
包塑钢丝	14080102	28 383.75		58 831.50	59 200.25	28 015.00		13 650	4.31	13 175	4.31	6 500	4.31
缝纫线	14080103	1 815.00		3 780.00	3 795.00	1 800.00		1 260	3.00	1 220	3.00	600	3.00
摇篮伞车遮阳篷	140802	198 848.40		414 190.10	415 787.78	197 250.72							
亚麻布	14080201	171 494.40		357 297.60	358 627.20	170 164.80		14 740	24.24	13 460	24.24	7 020	24.24
包塑钢丝	14080202	25 404.00		52 797.50	53 065.58	25 135.92		12 250	4.31	11 180	4.31	5 832	4.31
缝纫线	14080203	1 950.00		4 095.00	4 095.00	1 950.00		1 365	3.00	1 245	3.00	650	3.00
周转材料	1411	269 960.30		129 328.20	346 700.20	52 588.30							
1# 塑料袋	141101	28 766.40		27 001.85	49 848.25	5 920.00		27 000	1.85	26 945	1.85	3 200	1.85
2# 塑料袋	141102	26 088.00		21 502.00	42 590.00	5 000.00		21 500	2.00	21 295	2.00	2 500	2.00
1# 包装箱	141103	104 126.40		27 004.35	117 210.75	13 920.00		27 000	4.35	26 945	4.35	3 200	4.35
2# 包装箱	141104	97 470.00		21 505.00	106 475.00	12 500.00		21 500	5.00	21 295	5.00	2 500	5.00

续表

科目名称	科目代码	初始建账余额		累计借方	累计贷方	期初余额		累计借方数量	累计借方单价	累计贷方数量	累计贷方单价	余额数量	余额单价
		借	贷			借	贷						
低值易耗品	141105	13 509.50		32 315.00	30 576.20	15 248.30							
防护眼镜	14110501	6 795.00		15 100.00	14 345.00	7 550.00		1 000	15.10	950	15.10	500	15.10
画粉	14110502	651.30		10 855.00	8 684.00	2 822.30		2 500	4.34	2 000	4.34	650	4.34
防割手套	14110503	6 063.20		6 360.00	7 547.20	4 876.00		300	21.20	356	21.20	230	21.20
存货跌价准备	1471												
合同资产	1472												
合同资产减值准备	1473												
持有待售资产	1481												
持有待售资产减值准备	1482												
债权投资	1501												
债权投资减值准备	1502												
其他债权投资	1503												
长期股权投资	1511												
长期股权投资减值准备	1512												
其他权益工具投资	1513	1 057 300.00				1 057 300.00							
北京海投集团有限公司	151301	330 800.00				330 800.00							

续表

科目名称	科目代码	初始建账余额		累计借方	累计贷方	期初余额		累计借方数量	累计借方单价	累计贷方数量	累计贷方单价	余额数量	余额单价
		借	贷			借	贷						
成本	15130101	360 800.00				360 800.00							
公允价值变动	15130102		30 000.00				30 000.00						
北京鸿发集团有限公司	151302	726 500.00				726 500.00							
成本	15130201	781 500.00				781 500.00							
公允价值变动	15130202		55 000.00				55 000.00						
投资性房地产	1521	3 800 000.00				3 800 000.00							
3# 楼	152101	3 800 000.00				3 800 000.00							
成本	15210101	3 580 000.00				3 580 000.00							
公允价值变动	15210102	220 000.00				220 000.00							
投资性房地产累计折旧	1522												
投资性房地产减值准备	1523												
长期应收款	1531	2 000 000.00				2 000 000.00							
广州华美达进出口有限公司	153101	2 000 000.00				2 000 000.00							
未实现融资收益	1532		343 942.00				343 942.00						
固定资产	1601	17 076 000.00				17 076 000.00							
房屋建筑物	160101	12 580 000.00				12 580 000.00							
生产设备	160102	3 905 000.00				3 905 000.00							

续表

科目名称	科目代码	初始建账余额		累计借方	累计贷方	期初余额		累计借方数量	累计借方单价	累计贷方数量	累计贷方单价	余额数量	余额单价
		借	贷			借	贷						
运输设备	160103	450 000.00				450 000.00							
管理设备	160104	141 000.00				141 000.00							
累计折旧	1602		2 506 032.00		185 632.00		2 691 664.00						
房屋建筑物	160201		1 358 640.00		100 640.00		1 459 280.00						
生产设备	160202		843 480.00		62 480.00		905 960.00						
运输设备	160203		243 000.00		18 000.00		261 000.00						
管理设备	160204		60 912.00		4 512.00		65 424.00						
固定资产减值准备	1603												
在建工程	1604												
生产设备	160401												
1# 生产线	16040101												
工程物资	1605												
固定资产清理	1606												
生产性生物资产	1621												
生产性生物资产累计折旧	1622												
油气资产	1631												
累计折耗	1632												
使用权资产	1641												
无形资产	1701	5 468 400.00				5 468 400.00							

续表

科目名称	科目代码	初始建账余额		累计借方	累计贷方	期初余额		累计借方数量	累计借方单价	累计贷方数量	累计贷方单价	余额数量	余额单价
		借	贷			借	贷						
土地使用权	170101	4 860 000.00				4 860 000.00							
财务软件	170102	381 600.00				381 600.00							
非专利技术	170103	226 800.00				226 800.00							
累计摊销	1702		499 770.00		37 140.00		536 910.00						
土地使用权	170201		378 000.00		27 000.00		405 000.00						
财务软件	170202		85 860.00		6 360.00		92 220.00						
非专利技术	170203		35 910.00		3 780.00		39 690.00						
无形资产减值准备	1703												
商誉	1711												
长期待摊费用	1801												
递延所得税资产	1811	10 200.00				10 200.00							
广告费	181101	9 250.00				9 250.00							
职工教育经费	181102	950.00				950.00							
待处理财产损溢	1901												
待处理流动资产损溢	190101												
短期借款	2001												
交易性金融负债	2101												
应付票据	2201		4 590 300.00	637 620.00	1 934 500.00		5 887 180.00						

续表

科目名称	科目代码	初始建账余额		累计借方	累计贷方	期初余额		累计借方数量	累计借方单价	累计贷方数量	累计贷方单价	余额数量	余额单价
		借	贷			借	贷						
北京杰作辅料有限公司	220101		3 032 400.00	160 720.00	998 500.00		3 870 180.00						
广州金丰实业有限公司	220102		1 557 900.00	476 900.00	936 000.00		2 017 000.00						
应付账款	2202		7 851 301.86	5 325 015.01	1 575 122.00		4 101 408.85						
北京领昕实业有限公司	220201		2 268 558.00	2 204 558.00	329 500.00		393 500.00						
上海铭心轮胎有限公司	220202		1 365 872.40	393 270.15	721 067.00		1 693 669.25						
北京友邦金属制品有限公司	220203		2 357 619.51	379 179.91	35 800.00		2 014 239.60						
广州兴林布业有限公司	220204		1 859 251.95	2 149 456.95	290 205.00								
北京红叶包袋制品有限公司	220205			198 550.00	198 550.00								
北京凯发金属材料有限公司	220206												
北京元丰实业有限公司	220207												

续表

科目名称	科目代码	初始建账余额		累计借方	累计贷方	期初余额		累计借方数量	累计借方单价	累计贷方数量	累计贷方单价	余额数量	余额单价
		借	贷			借	贷						
预收账款	2203												
合同负债	2204												
应付职工薪酬	2211		680 992.93	2 499 195.73	2 507 639.85		689 437.05						
短期薪酬	221101		680 992.93	2 260 232.53	2 268 676.65		689 437.05						
工资	22110101		664 344.25	1 377 700.99	1 386 089.09		672 732.35						
医疗保险	22110102			142 240.00	142 240.00								
工伤保险	22110103			2 844.80	2 844.80								
生育保险	22110104			11 379.20	11 379.20								
住房公积金	22110105			170 688.00	170 688.00								
工会经费	22110106		16 648.68	33 357.54	33 413.56		16 704.70						
职工福利费	22110107			318 822.00	318 822.00								
职工教育经费	22110108			203 200.00	203 200.00								
离职后福利	221102			238 963.20	238 963.20								
养老保险	22110201			227 584.00	227 584.00								
失业保险	22110202			11 379.20	11 379.20								
应交税费	2221		1 219 940.40	4 921 928.88	4 719 831.97		1 017 843.49						
应交增值税	222101			3 362 945.12	3 362 945.12								
进项税额	22210101	26 308 435.65		2 158 960.12		28 467 395.77							
销项税额抵减	22210102												
已交税金	22210103												

续表

科目名称	科目代码	初始建账余额		累计借方	累计贷方	期初余额		累计借方数量	累计借方单价	累计贷方数量	累计贷方单价	余额数量	余额单价
		借	贷			借	贷						
转出未交增值税	22210104	19 203 953.35		1 203 985.00		20 407 938.35							
减免税款	22210105												
出口抵减内销产品应纳税额	22210106												
销项税额	22210107		45 512 389.00		3 362 945.12		48 875 334.12						
出口退税	22210108												
进项税额转出	22210109												
转出多交增值税	22210110												
未交增值税	222102		880 535.80	1 178 670.00	1 203 985.00		905 850.80						
预交增值税	222103												
待抵扣进项税额	222104												
待认证进项税额	222105												
待转销项税额	222106												
简易计税	222107												
转让金融商品应交增值税	222108			905.66		905.66							
代扣代交增值税	222109												
应交所得税	222110		223 956.80	223 956.80									
应交消费税	222111												
应交资源税	222112												
应交土地增值税	222113												

续表

科目名称	科目代码	初始建账余额		累计借方	累计贷方	期初余额		累计借方数量	累计借方单价	累计贷方数量	累计贷方单价	余额数量	余额单价
		借	贷			借	贷						
应交城市维护建设税	222114		61 637.51	82 506.90	84 278.95		63 409.56						
应交教育费附加	222115		26 416.07	35 360.10	36 119.55		27 175.52						
应交地方教育费附加	222116		17 610.72	23 573.40	24 079.70		18 117.02						
应交房产税	222117												
应交土地使用税	222118												
应交车船税	222119												
应交个人所得税	222120		9 783.50	14 010.90	8 423.65		4 196.25						
应付利息	2231												
应付股利	2232												
其他应付款	2241												
持有待售负债	2251												
递延收益	2401												
长期借款	2501												
应付债券	2502												
租赁负债	2503												
长期应付款	2701												
北京鸿盛机械有限公司	270101												
未确认融资费用	2702												

续表

科目名称	科目代码	初始建账余额		累计借方	累计贷方	期初余额		累计借方数量	累计借方单价	累计贷方数量	累计贷方单价	余额数量	余额单价
		借	贷			借	贷						
专项应付款	2711												
预计负债	2801												
递延所得税负债	2901												
交易性金融资产	290101												
衍生工具	3101												
实收资本	4001		11 000 000.00				11 000 000.00						
资本公积	4002												
资本溢价	400201												
其他综合收益	4003		35 000.00				35 000.00						
其他权益工具投资公允价值变动	400301		35 000.00				35 000.00						
盈余公积	4101		771 539.20				771 539.20						
法定盈余公积	410101		771 539.20				771 539.20						
本年利润	4103				7 605 010.02		7 605 010.02						
利润分配	4104		6 943 852.80				6 943 852.80						
未分配利润	410401		6 943 852.80				6 943 852.80						
提取法定盈余公积	410402												
库存股	4201												
专项储备	4301												
其他权益工具	4401												

续表

科目名称	科目代码	初始建账余额		累计借方	累计贷方	期初余额		累计借方数量	累计借方单价	累计贷方数量	累计贷方单价	余额数量	余额单价
		借	贷			借	贷						
生产成本	5001	495 056.61		30 557 630.76	30 718 747.12	333 940.25							
轻型伞车车架	500101	63 486.87		4 603 296.67	4 624 965.00	41 818.54							
直接材料	50010101	58 442.92		4 035 360.00	4 055 535.00	38 267.92							
直接人工	50010102	4 059.28		471 075.45	472 365.00	2 769.73							
制造费用	50010103	984.67		96 861.22	97 065.00	780.89							
摇篮伞车车架	500102	23 852.84		5 201 518.67	5 175 851.10	49 520.41							
直接材料	50010201	21 492.75		4 749 297.00	4 724 712.00	46 077.75							
直接人工	50010202	1 900.13		375 344.98	374 440.60	2 804.51							
制造费用	50010203	459.96		76 876.69	76 698.50	638.15							
轻型伞车座椅	500103	16 593.11		938 723.19	942 300.00	13 016.30							
直接材料	50010301	10 176.04		492 912.00	495 045.00	8 043.04							
直接人工	50010302	5 203.94		366 125.76	367 335.00	3 994.70							
制造费用	50010303	1 213.13		79 685.43	79 920.00	978.56							
摇篮伞车睡篮	500104	22 975.28		1 038 570.34	1 043 184.00	18 361.62							
直接材料	50010401	17 560.48		704 211.96	707 377.50	14 394.94							
直接人工	50010402	4 578.04		274 594.32	275 566.00	3 606.36							
制造费用	50010403	836.76		59 764.06	60 240.50	360.32							
轻型伞车	500105	109 664.69		9 190 946.86	9 213 196.07	87 415.48							
直接材料	50010501	107 135.95		8 928 734.18	8 950 320.65	85 549.48							
直接人工	50010502	1 829.60		205 527.23	206 021.47	1 335.36							

续表

科目名称	科目代码	初始建账余额		累计借方	累计贷方	期初余额		累计借方数量	累计借方单价	累计贷方数量	累计贷方单价	余额数量	余额单价
		借	贷			借	贷						
制造费用	50010503	699.14		56 685.45	56 853.95	530.64							
摇篮伞车	500106	258 483.82		9 584 575.03	9 719 250.95	123 807.90							
直接材料	50010601	254 314.09		9 411 099.91	9 543 354.25	122 059.75							
直接人工	50010602	3 225.56		136 351.49	138 204.55	1 372.50							
制造费用	50010603	944.17		37 123.63	37 692.15	375.65							
制造费用	5101			406 996.48	406 996.48								
一车间	510101			173 737.91	173 737.91								
职工薪酬	51010101			49 867.44	49 867.44								
职工福利费	51010102			1 040.00	1 040.00								
职工教育经费	51010103			1 440.00	1 440.00								
低值易耗品	51010104			14 345.00	14 345.00								
折旧费	51010105			60 880.00	60 880.00								
水电费	51010106			46 165.47	46 165.47								
二车间	510102			139 449.49	139 449.49								
职工薪酬	51010201			49 547.84	49 547.84								
职工福利费	51010202			1 040.00	1 040.00								
职工教育经费	51010203			1 440.00	1 440.00								
低值易耗品	51010204			8 684.00	8 684.00								
折旧费	51010205			38 720.00	38 720.00								
水电费	51010206			40 017.65	40 017.65								

续表

科目名称	科目代码	初始建账余额		累计借方	累计贷方	期初余额		累计借方数量	累计借方单价	累计贷方数量	累计贷方单价	余额数量	余额单价
		借	贷			借	贷						
三车间	510103			93 809.08	93 809.08								
职工薪酬	51010301			49 549.60	49 549.60								
职工福利费	51010302			1 040.00	1 040.00								
职工教育经费	51010303			1 440.00	1 440.00								
低值易耗品	51010304			7 547.20	7 547.20								
折旧费	51010305			15 600.00	15 600.00								
水电费	51010306			18 632.28	18 632.28								
劳务成本	5201												
研发支出	5301			50 000.00	50 000.00								
费用化支出	530101			50 000.00	50 000.00								
工程施工	5401												
工程结算	5402												
机械作业	5403												
应收退货成本	5404												
合同履约成本	5405												
合同履约成本减值准备	5406												
合同取得成本	5407												
合同取得成本减值准备	5408												
主营业务收入	6001			25 845 800.00	25 845 800.00								

续表

科目名称	科目代码	初始建账余额		累计借方	累计贷方	期初余额		累计借方数量	累计借方单价	累计贷方数量	累计贷方单价	余额数量	余额单价
		借	贷			借	贷						
轻型伞车	600101			12 298 000.00	12 298 000.00								
摇篮伞车	600102			13 547 800.00	13 547 800.00								
其他业务收入	6051			23 008.60	23 008.60								
废料	605101			3 808.60	3 808.60								
铝合金管	60510101			1 870.60	1 870.60								
不锈钢扁条	60510102			1 938.00	1 938.00								
租金收入	605102			19 200.00	19 200.00								
公允价值变动损益	6101												
投资收益	6111			4 905.66	4 905.66								
资产处置损益	6112												
其他收益	6113												
营业外收入	6301			500.00	500.00								
主营业务成本	6401			16 931 132.29	16 931 132.29								
轻型伞车	640101			7 523 429.76	7 523 429.76								
摇篮伞车	640102			9 407 702.53	9 407 702.53								
其他业务成本	6402			13 506.58	13 506.58								
废料	640201			13 506.58	13 506.58								
铝合金管	64020101			8 143.08	8 143.08								
不锈钢扁条	64020102			5 363.50	5 363.50								
税金及附加	6403			144 478.20	144 478.20								

续表

科目名称	科目代码	初始建账余额		累计借方	累计贷方	期初余额		累计借方数量	累计借方单价	累计贷方数量	累计贷方单价	余额数量	余额单价
		借	贷			借	贷						
城市维护建设税	640301			84 278.95	84 278.95								
教育费附加	640302			36 119.55	36 119.55								
地方教育费附加	640303			24 079.70	24 079.70								
销售费用	6601			502 789.42	502 789.42								
职工薪酬	660101			175 766.24	175 766.24								
职工福利费	660102			4 680.00	4 680.00								
职工教育经费	660103			6 480.00	6 480.00								
广告费	660104			304 805.18	304.805.18								
折旧费	660105			1 472.00	1 472.00								
运输费	660106			7 360.00	7 360.00								
水电费	660107			2 226.00	2 226.00								
管理费用	6602			608 537.04	608 537.04								
职工薪酬	660201			319 289.50	319 289.50								
职工福利费	660202			7 000.00	7 000.00								
职工教育经费	660203			9 000.00	9 000.00								
招待费	660204			60 334.74	60 334.74								
差旅费	660205			6 000.00	6 000.00								
顾问费	660206			25 600.00	25 600.00								
清理费	660207			1 950.40	1 950.40								
修理费	660208			1 850.40	1 850.40								

续表

科目名称	科目代码	初始建账余额		累计借方	累计贷方	期初余额		累计借方数量	累计借方单价	累计贷方数量	累计贷方单价	余额数量	余额单价
		借	贷			借	贷						
通信费	660209			17 859.00	17 859.00								
水电费	660210			3 553.00	3 553.00								
无形资产摊销	660211			37 140.00	37 140.00								
折旧费	660212			68 960.00	68 960.00								
研发费用	660213			50 000.00	50 000.00								
存货损失	660214												
税控设备维护费	660215												
财务费用	6603			18 760.71	18 760.71								
手续费	660301			505.15	505.15								
利息收入	660302												
利息支出	660303			18 255.56	18 255.56								
未实现融资收益	660304												
勘探费用	6604												
资产减值损失	6701												
信用减值损失	6702												
营业外支出	6711			50 000.00	50 000.00								
所得税费用	6801												
以前年度损益调整	6901												

五、2020 年 3 月份经济业务资料

2020 年 3 月份经济业务资料如表 5 所示。

表 5　经济业务资料

记账凭证号	日期	摘要	单据	
			编号	名称
001	2020.03.01	汇票到期承兑	1-1	托收凭证
			1-2	银行承兑汇票复印件
002	2020.03.01	采购原材料	2-1	增值税专用发票
			2-2	增值税专用发票
			2-3	收料单
			2-4	收料单
003	2020.03.01	银行承兑汇票贴现	3-1	贴现凭证
			3-2	银行承兑汇票复印件
004	2020.03.01	收到房屋租金	4-1	增值税专用发票
			4-2	银行电子回单
005	2020.03.04	债务重组	5-1	债务重组协议
			5-2	固定资产验收单
			5-3	增值税专用发票
			5-4	银行电子回单
006	2020.03.04	提取现金以备用	6-1	现金支票
			6-2	提现申请单
007	2020.03.05	采购原材料	7-1	付款申请书
			7-2	增值税专用发票
			7-3	增值税专用发票
			7-4	收料单
			7-5	收料单
			7-6	银行电子回单

续表

记账凭证号	日期	摘要	单据	
			编号	名称
008	2020.03.05	销售废料	8-1	增值税专用发票
			8-2	销售单
			8-3	银行电子回单
009	2020.03.06	车间领用低值易耗品	9-1	领料单
			9-2	领料单
			9-3	领料单
			9-4	低值易耗品领用汇总表
010	2020.03.06	购入股票	10-1	证券交易对账单
011	2020.03.06	支付税控设备维护费	11-1	付款申请书
			11-2	增值税普通发票
			11-3	银行电子回单
012	2020.03.07	申请办理银行汇票	12-1	结算业务申请书
			12-2	付款申请书
013	2020.03.07	报销差旅费	13-1	差旅费报销单
			13-2	航空运输电子客票行程单
			13-3	航空运输电子客票行程单
			13-4	增值税专用发票
			13-5	增值税普通发票
			13-6	收款收据
014	2020.03.08	采购原材料	14-1	增值税专用发票
			14-2	增值税专用发票
			14-3	收料单
			14-4	收料单
			14-5	银行汇票

续表

记账凭证号	日期	摘要	单据	
			编号	名称
015	2020.03.11	发放上月工资	15-1	转账支票
			15-2	进账单
			15-3	工资结算汇总表
			15-4	批量成功代付清单
016	2020.03.12	缴纳本月住房公积金	16-1	住房公积金计算表
			16-2	转账支票存根
			16-3	住房公积金汇（补）缴书
017	2020.03.12	缴纳本月社会保险费	17-1	社会保险费计算表
			17-2	电子缴税付款凭证
018	2020.03.12	拨缴上月工会经费	18-1	转账支票存根
			18-2	工会专用结算凭证
			18-3	电子缴税付款凭证
019	2020.03.12	缴纳上月税费	19-1	电子缴税付款凭证
			19-2	电子缴税付款凭证
			19-3	电子缴税付款凭证
020	2020.03.13	支付顾问费	20-1	顾问费清单
			20-2	财务顾问合同
			20-3	增值税普通发票
			20-4	增值税普通发票
			20-5	增值税普通发票
			20-6	增值税普通发票
			20-7	银行电子回单
			20-8	银行电子回单
			20-9	银行电子回单
			20-10	银行电子回单

续表

记账凭证号	日期	摘要	单据	
			编号	名称
021	2020.03.13	采购周转材料	21-1	增值税专用发票
			21-2	收料单
			21-3	银行电子回单
022	2020.03.14	支付总经办招待费	22-1	增值税普通发票
			22-2	银行电子回单
023	2020.03.15	支付清理费	23-1	报销单
			23-2	增值税普通发票
024	2020.03.15	捐赠支出	24-1	转账支票
			24-2	进账单
			24-3	付款申请书
			24-4	公益事业捐赠统一票据
025	2020.03.15	委外加工入库	25-1	委外入库产品数量汇总表
			25-2	超额报废产品（委外）成本计算表
			25-3	委外入库产品成本计算表
			25-4	委外加工入库单
			25-5	增值税专用发票
026	2020.03.18	预付材料款	26-1	银行电子回单
027	2020.03.19	支付员工聚餐费	27-1	付款申请书
			27-2	增值税普通发票
			27-3	银行电子回单
028	2020.03.20	销售商品	28-1	购销合同
			28-2	增值税专用发票
			28-3	销售单
			28-4	银行电子回单
029	2020.03.21	存款利息收入	29-1	存款利息清单
			29-2	存款利息清单

续表

记账凭证号	日期	摘要	单据	
			编号	名称
030	2020.03.21	支付账户维护费	30-1	付款通知书
			30-2	付款通知书
031	2020.03.22	报销销售商品运费	31-1	报销单
			31-2	增值税专用发票
032	2020.03.22	出售股票	32-1	证券交易对账单
033	2020.03.22	支付货款	33-1	银行电子回单
034	2020.03.25	销售商品	34-1	购销合同
			34-2	增值税专用发票
			34-3	销售单
035	2020.03.25	分期付款购入生产线	35-1	购销合同
			35-2	增值税专用发票
			35-3	增值税专用发票
			35-4	银行电子回单
			35-5	银行电子回单
036	2020.03.25	支付研发费用	36-1	付款申请书
			36-2	增值税普通发票
			36-3	银行电子回单
037	2020.03.26	支付职工培训费	37-1	增值税专用发票
			37-2	银行电子回单
038	2020.03.26	报销设备修理费	38-1	报销单
			38-2	增值税专用发票
039	2020.03.27	支付广告费	39-1	增值税专用发票
			39-2	银行电子回单
040	2020.03.31	支付电话费及网络服务费	40-1	增值税专用发票
			40-2	增值税专用发票
			40-3	同城特约委托收款凭证

续表

记账凭证号	日期	摘要	单据	
			编号	名称
041	2020.03.31	支付员工借款	41-1	借款单
			41-2	银行电子回单
042	2020.03.31	销售商品	42-1	购销合同
			42-2	增值税专用发票
			42-3	销售单
			42-4	银行承兑汇票复印件
043	2020.03.31	收到政府补助款	43-1	银行电子回单
044	2020.03.31	无形资产摊销	44-1	无形资产摊销表
045	2020.03.31	计提个人所得税	45-1	个人所得税计算表
046	2020.03.31	分配职工薪酬	46-1	职工薪酬分配表
			46-2	职工薪酬汇总表
047	2020.03.31	分配职工福利费	47-1	职工福利费分配表
			47-2	职工福利费汇总表
048	2020.03.31	分配职工教育经费	48-1	职工教育经费分配表
			48-2	职工教育经费汇总表
049	2020.03.31	计提固定资产折旧	49-1	固定资产折旧计算表
050	2020.03.31	支付并分配本月水费	50-1	外购水费分配表
			50-2	增值税专用发票
			50-3	同城特约委托收款凭证
051	2020.03.31	支付并分配本月电费	51-1	外购电费分配表
			51-2	增值税专用发票
			51-3	同城特约委托收款凭证
052	2020.03.31	结转入库材料计划成本	52-1	入库材料计划成本汇总表
053	2020.03.31	结转入库材料成本差异	53-1	入库材料成本差异计算表

续表

记账凭证号	日期	摘要	单据	
			编号	名称
054	2020.03.31	分配结转车间耗用原材料计划成本	54-1	发出材料汇总表
			54-2	产品直接材料费用分配表
			54-3	产品直接材料费用分配表
			54-4	产品直接材料费用分配表
			54-5	领料单
			54-6	领料单
			54-7	领料单
			54-8	领料单
			54-9	领料单
			54-10	领料单
			54-11	领料单
			54-12	领料单
			54-13	领料单
			54-14	领料单
055	2020.03.31	结转车间生产耗用原材料成本差异	55-1	材料成本差异率计算表
			55-2	生产耗用材料成本差异计算表
056	2020.03.31	发出委托加工材料	56-1	发出委托加工材料汇总表
			56-2	发出委托加工材料成本差异计算表
			56-3	委外加工出库单
			56-4	委外加工出库单
057	2020.03.31	分配制造费用	57-1	制造费用分配表
058	2020.03.31	结转发出周转材料成本	58-1	周转材料领用汇总表
			58-2	领料单
			58-3	领料单

续表

记账凭证号	日期	摘要	单据	
			编号	名称
059	2020.03.31	结转一车间完工半成品成本	59-1	期末在产品约当产量计算表
			59-2	期末在产品约当产量计算表
			59-3	期末在产品约当产量计算表
			59-4	期末在产品约当产量计算表
			59-5	一车间产品成本计算表
			59-6	入库单
			59-7	入库单
			59-8	入库单
			59-9	入库单
			59-10	入库单
060	2020.03.31	结转二车间完工半成品成本	60-1	二车间产品成本计算表
			60-2	入库单
			60-3	入库单
			60-4	入库单
			60-5	入库单
061	2020.03.31	领用半成品	61-1	发出半成品单位成本计算表
			61-2	三车间领用半成品成本计算表
			61-3	领料单
			61-4	领料单
			61-5	领料单
			61-6	领料单
			61-7	领料单
			61-8	领料单
062	2020.03.31	结转三车间完工产品成本	62-1	期末在产品约当产量计算表
			62-2	期末在产品约当产量计算表
			62-3	三车间产品成本计算表

续表

记账凭证号	日期	摘要	单据	
			编号	名称
062	2020.03.31	结转三车间完工产品成本	62-4	入库单
			62-5	入库单
			62-6	入库单
			62-7	入库单
063	2020.03.31	结转本月产品销售成本	63-1	产品销售成本计算表
			63-2	出库单
			63-3	出库单
			63-4	出库单
064	2020.03.31	结转本月废料销售成本	64-1	废料销售成本计算表
			64-2	出库单
065	2020.03.31	结转新产品研发支出费用		
066	2020.03.31	生产设备转入改造	66-1	董事会决议
			66-2	固定资产折旧明细表
067	2020.03.31	原材料盘亏	67-1	存货盘点报告表
068	2020.03.31	原材料盘亏批准处理	68-1	盘盈盘亏处理报告
069	2020.03.31	公允价值变动	69-1	公允价值变动计算表
070	2020.03.31	税控设备维护费抵减税费		
071	2020.03.31	计提转让金融商品应交增值税		
072	2020.03.31	结转本月未交增值税	72-1	未交增值税计算表
073	2020.03.31	计提城市维护建设税及教育费附加	73-1	应交城市维护建设税与教育费附加计算表
074	2020.03.31	计提第 1 季度所得税		
075	2020.03.31	结转本期损益		

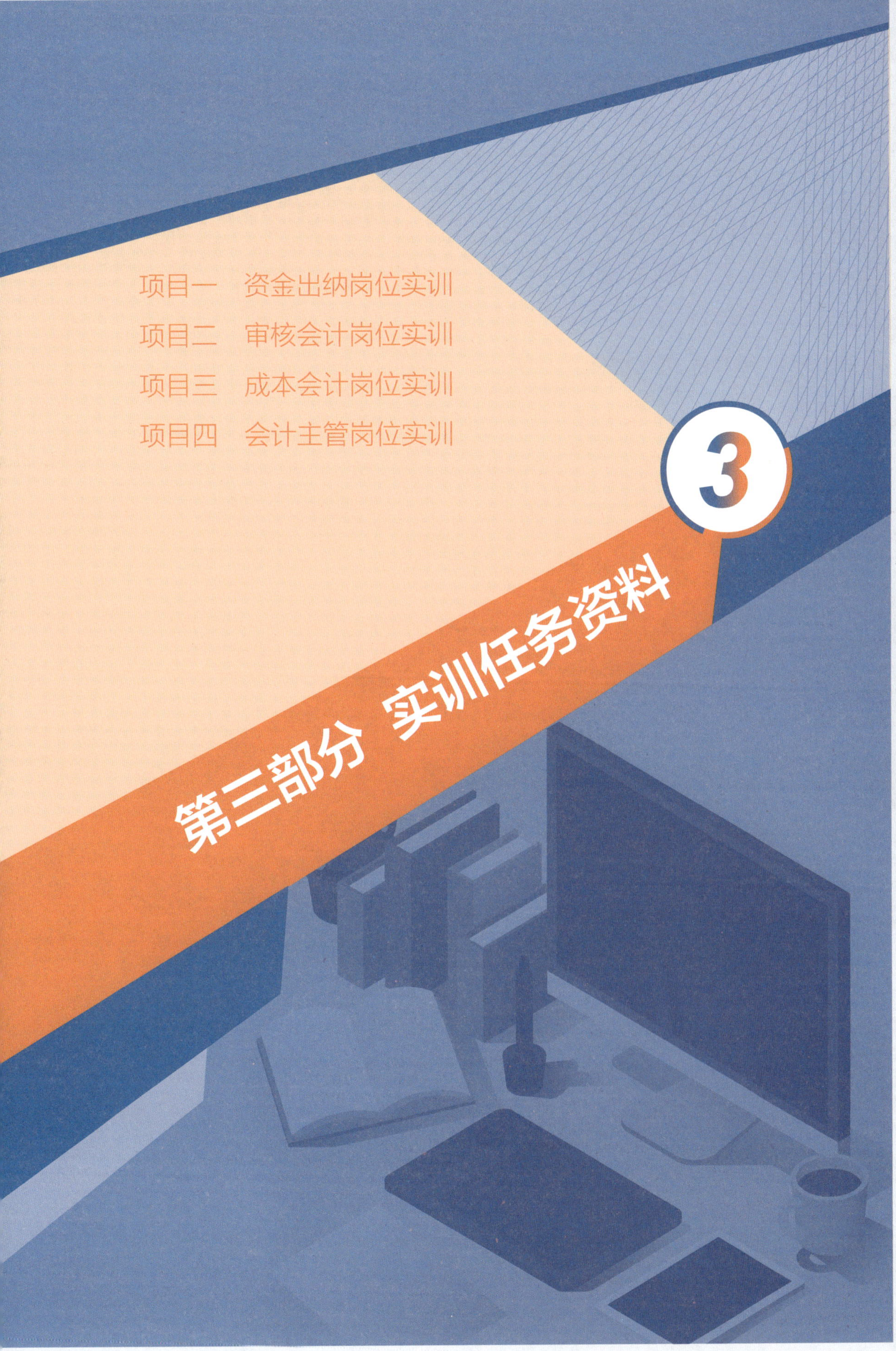

第三部分 实训任务资料

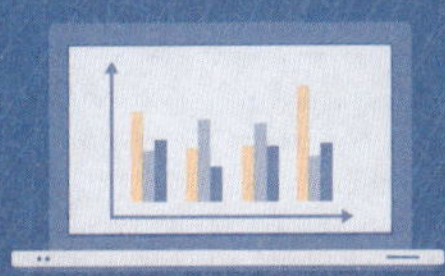

项目一　资金出纳岗位实训

模块一　银行单据填写

任务 1：填制贴现凭证

1 日，办理银行承兑汇票贴现，根据银行承兑汇票复印件（单据 3−2）填制贴现凭证（单据 3−1）。（提示：异地结算期 3 天）

资金出纳岗位操作

知识解读

票据贴现：企业筹措资金的一种方式。企业在应收票据到期之前，将票据背书后交银行贴现，银行将票据的到期价值，扣除按照贴现利率计算的从贴现日至到期日的利息（贴现折价）后的余款付给企业，称为应收票据贴现。

票据追索权：是指票据当事人行使付款请求权遭到拒绝或有其他法定原因存在时，向其前手请求偿还票据金额及其他法定费用的权利，是第二顺序权利，又称偿还请求权利。行使追索权的当事人除票据记载的收款人和最后被背书人外，还可能是代为清偿票据债务的保证人、背书人。

实训指导

计算公式：

贴现利息 = 票据到期价值 × 贴现率 × 贴现天数

实付贴现金额 = 票据到期价值 − 贴现利息

易错点解析

贴现天数的计算采用算头不算尾或者算尾不算头的原则，另外，承兑人在异地的，贴现天数还应另加上异地结算期 3 天。

本任务出票日期 2020 年 1 月 10 日，到期日 2020 年 5 月 10 日，3 月 1 日申请贴现，贴现天数的计算如下：

3 月份天数：30 天

4 月份天数：30 天

5 月份天数：10 天

异地结算期：3 天

则：贴现天数 = 30 + 30 + 10 + 3 = 73（天）

贴现天数等于 70 天或者 74 天都是不正确的。如果是 70 天，漏加了异地结算期；如果是 74 天，则采用了算头又算尾的原则。

任务 2：签发现金支票

4 日，提现备用，根据提现申请单（单据 6–2）签发现金支票（单据 6–1）。（支付密码：1518–2549–6031–0978）

实训指导

票据的出票日期必须使用中文大写。为防止变造票据的出票日期，在填写月、日时，月为壹、贰和壹拾的，日为壹至玖和壹拾、贰拾和叁拾的，应在其前加零；日为拾壹至拾玖的，应在其前加壹。如 1 月 15 日，应写成零壹月壹拾伍日。再如 10 月 20 日，应写成零壹拾月零贰拾日。

任务 3：填制结算业务申请书

7 日，通过基本户申请银行汇票，根据付款申请书（单据 12–2）填制结算业务申请书（单据 12–1）。（支付密码：2105–1056–9065–2879）

任务 4：签发转账支票

11 日，发放上月工资，根据工资结算汇总表（单据 15–3）签发转账支票（单据 15–1）。（支付密码：2851–3026–8089–5668）

任务 5：填制进账单

11 日，承上笔任务，发放上月工资，填制进账单（单据 15–2）。

任务 6：签发转账支票

15 日，捐赠支出，根据付款申请书（单据 24–3）签发转账支票（单据 24–1）。（支付密码：2851–3026–2689–5812，倒送支票）

知识解读

正送支票：收款人收到支票并在支票背面签章后，送由收款人自己的开户银行，再由收款人填制进账单。

倒送支票：收款人为了资金安全，避免出现空头支票，收款人要求付款人签发支票并且在支票背面盖章后，由付款人去自己的开户行填写进账单进行转账。

易错点解析

本任务为倒送支票，学生在实训平台中练习时经常会漏了在支票背面盖上银行预留印鉴。

任务 7：填制进账单

15 日，承上笔任务，捐赠支出，填制进账单（单据 24-2）。

模块二　单 据 整 理

单据整理操作

实训指导

单据整理要点：根据业务单据的日期、金额、往来单位、单据内容及任务要求相关信息，选择整理出与任务描述对应的业务单据。

模块三　网 银 支 付

网银操作

任务 8：支付采购原材料款

5 日，支付采购原材料款，根据付款申请书（单据 7-1）模拟完成银行电子转账支付业务，通过基本户支付。

付款信息填写界面如图 1-1 所示。

易错点解析

对于网银支付任务题，在实训平台中一定要注意根据任务描述选对付款银行，部分学生实训时不仔细审题，进入网银任务后随便登录一家银行操作，这时就会出现选不到付款账号的情况；对于付款人信息、收款人信息、款项信息中的每一个项目都要填写正确，否则不得分。

付款信息填写

付款人信息	
付款户名	
付款账号	
收款人信息	
收款银行	
收款账号	
收款户名	
款项信息	
汇款金额（小写） 保留小数点后两位	
大写金额	

图 1-1

任务 9：支付税控设备维护费

6 日，支付税控设备维护费，根据付款申请书（单据 11-1）模拟完成银行电子转账支付业务，通过基本户支付。付款信息填写界面如图 1-2 所示。

付款信息填写

付款人信息	
付款户名	
付款账号	
收款人信息	
收款银行	
收款账号	
收款户名	
款项信息	
汇款金额（小写） 保留小数点后两位	
大写金额	

图 1-2

任务 10：支付顾问费

13 日，支付顾问费，根据顾问费清单（单据 20−1）模拟完成银行电子转账支付业务，通过基本户支付。

分别填写付款信息（如图 1−3～图 1−6 所示）。

付款信息填写	
付款人信息	
付款户名	
付款账号	
收款人信息	
收款银行	
收款账号	
收款户名	
款项信息	
汇款金额（小写） 保留小数点后两位	
大写金额	

图 1−3

付款信息填写	
付款人信息	
付款户名	
付款账号	
收款人信息	
收款银行	
收款账号	
收款户名	
款项信息	
汇款金额（小写） 保留小数点后两位	
大写金额	

图 1−4

付款信息填写	
付款人信息	
付款户名	
付款账号	
收款人信息	
收款银行	
收款账号	
收款户名	
款项信息	
汇款金额（小写） 保留小数点后两位	
大写金额	

图 1-5

付款信息填写	
付款人信息	
付款户名	
付款账号	
收款人信息	
收款银行	
收款账号	
收款户名	
款项信息	
汇款金额（小写） 保留小数点后两位	
大写金额	

图 1-6

任务 11：支付员工聚餐费

19 日，支付员工聚餐费，根据付款申请书（单据 27-1）模拟完成银行电子转账支付业务，通过基本户支付。付款信息填写界面如图 1-7 所示。

付款信息填写	
付款人信息	
付款户名	
付款账号	
收款人信息	
收款银行	
收款账号	
收款户名	
款项信息	
汇款金额（小写） 保留小数点后两位	
大写金额	

图 1-7

任务 12：支付新产品研发设计费

25 日，支付新产品研发设计费，根据付款申请书（单据 36-1）模拟完成银行电子转账支付业务，通过基本户支付。付款信息填写界面如图 1-8 所示。

付款信息填写	
付款人信息	
付款户名	
付款账号	
收款人信息	
收款银行	
收款账号	
收款户名	
款项信息	
汇款金额（小写） 保留小数点后两位	
大写金额	

图 1-8

任务 13：支付员工借款

27 日，支付员工借款，根据借款单（单据 41-1）模拟完成银行电子转账支付业务，通过基本户支付。（收款户名：周琳琳，开户行及账号：中国工商银行北京城南支行 6220002356487210501）

付款信息填写界面如图 1-9 所示。

付款信息填写

付款人信息	
付款户名	
付款账号	
收款人信息	
收款银行	
收款账号	
收款户名	
款项信息	
汇款金额（小写） 保留小数点后两位	
大写金额	

图 1-9

模块四　记账凭证审核

该模块手工实训由出纳对审核会计、成本会计编制的涉及收付款的记账凭证签字，最后再由会计主管审核签字，平台中实训按照平台设置流程处理。

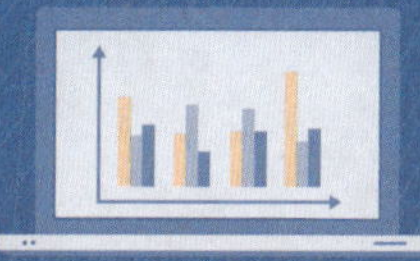

项目二　审核会计岗位实训

模块一 凭证编制

任务1：汇票到期承兑

审核会计岗位操作

1日，汇票到期承兑，根据单据1-1、单据1-2编制记账凭证（凭证号001）。

任务2：采购原材料

记账凭证编制操作

1日，采购原材料，根据单据2-1~单据2-4编制记账凭证（凭证号002）。

实训指导

外购材料的成本应包括购买价格、相关税费、运输费、装卸费、保险费以及其他可归属于材料采购成本的费用。

注意事项：

（1）如果同批次购入多种材料，这些费用应在所采购材料中进行分摊；

（2）如果采购材料在运输过程中出现损耗，且该损耗在约定的合理损耗范围之内的，应将该次的所有采购成本在验收合格的材料中进行分摊；

（3）如果采购材料在运输过程中出现损耗，且该损耗超过约定的合理损耗范围的，应将该次的所有采购成本扣除超出合理损耗部分的购买价格后的金额在验收合格的材料中进行分摊。

任务3：银行承兑汇票贴现

1日，银行承兑汇票办理贴现（该票据不附追索权），根据资金出纳岗位实训任务1编制记账凭证（凭证号003）。

任务4：收到房屋租金

1日，收到房屋租金，根据单据4-1、单据4-2编制记账凭证（凭证号004）。

知识解读

对于经营租赁的租金，根据《企业会计准则第21号——租赁》，在租赁期内各个期间，出租人应当采用直线法或其他系统合理的方法，将经营租赁的租赁收款额确认为租金收入。其他系统合理的方法能够更好地反映因使用租赁资产所产生经济利益的消耗模式的，出租人应当采用该方法。根据权责发生制原则，凡是属于当期（指本月、本年）已经实现的收入，不论是否收到款项（钱），会计上都应该作为当期的收入。凡是不属于当期（指本月、本年）的收入，即使收到了款项（钱），会计上也不能作为当期的收入。所以一次性收到的租金收入，应当按权属划分所属期，没有确认为收入的可以挂在其他应付款或预收款项，到期再计入收入。

任务 5：债务重组

4 日，债务重组（该应收账款已计提坏账准备 14 480.00 元），根据单据 5−1～单据 5−4 编制记账凭证（凭证号 005）。

知识解读

债务重组，是指在不改变交易对手方的情况下，经债权人和债务人协定或法院裁定，就清偿债务的时间、金额或方式等重新达成协议的交易。

债务重组一般包括下列方式或下列一种以上方式的组合：

（1）债务人以资产清偿债务；

（2）债务人将债务转为权益工具；

（3）除本条第一项和第二项以外，采用调整债务本金、改变债务利息、变更还款期限等方式修改债权和债务的其他条款，形成重组债权和重组债务。

以资产清偿债务方式进行债务重组的，债权人初始确认受让的金融资产以外的资产时，应当按照下列原则以成本计量：

存货的成本，包括放弃债权的公允价值和使该资产达到当前位置和状态所发生的可直接归属于该资产的税金、运输费、装卸费、保险费等其他成本。

对联营企业或合营企业投资的成本，包括放弃债权的公允价值和可直接归属于该资产的税金等其他成本。

投资性房地产的成本，包括放弃债权的公允价值和可直接归属于该资产的税金等其他成本。

固定资产的成本，包括放弃债权的公允价值和使该资产达到预定可使用状态前所发生的可直接归属于该资产的税金、运输费、装卸费、安装费、专业人员服务费等其他成本。

生物资产的成本，包括放弃债权的公允价值和可直接归属于该资产的税金、运输费、保险费等其他成本。

无形资产的成本，包括放弃债权的公允价值和可直接归属于使该资产达到预定用途所发生的税金等其他成本。

放弃债权的公允价值与账面价值之间的差额，应当计入当期损益。

实训指导

本任务属于以固定资产及现金进行清偿债务，且债权人对债权做出了让步。

任务 6：提取现金以备用

4 日，提取现金以备用，根据资金出纳岗位实训任务 2 编制记账凭证（凭证号 006）。

任务 7：采购原材料

5 日，采购原材料，根据资金出纳岗位实训任务 8 及单据 7-2~ 单据 7-6 编制记账凭证（凭证号 007）。

任务 8：销售废料

5 日，销售废料，根据单据 8-1～单据 8-3 编制记账凭证（凭证号 008）。

任务 9：购入股票

6 日，支付价款 364 000 元从二级市场购入新阳股份有限公司发行的股票 2 万股，另支付交易费用 900 元。公司将其分类为以公允价值计量且其变动计入当期损益的金融资产，根据单据 10-1 编制记账凭证（凭证号 010）。

任务 10：支付税控设备维护费

6 日，支付税控设备维护费，根据资金出纳岗位实训任务 9 及单据 11-2、单据 11-3 编制记账凭证（凭证号 011）。

任务 11：申请办理银行汇票

7 日，申请办理银行汇票，根据资金出纳岗位实训任务 3 编制记账凭证（凭证号 012）。

任务 12：报销差旅费

7 日，总经办报销差旅费，根据单据 13-1～单据 13-6 编制记账凭证（凭证号 013）。

知识解读

根据《财政部　税务总局　海关总署关于深化增值税改革有关政策的公告》（财政部　税务总局　海关总署公告 2019 年第 39 号）第六条，纳税人购进国内旅客运输服务，其进项税额允许从销项税额中抵扣。

纳税人未取得增值税专用发票的，暂按照以下规定确定进项税额：

（1）取得增值税电子普通发票的，为发票上注明的税额；

（2）取得注明旅客身份信息的航空运输电子客票行程单的，为按照下列公式计算进项税额：

航空旅客运输进项税额 =（票价 + 燃油附加费）÷（1 + 9%）× 9%

（3）取得注明旅客身份信息的铁路车票的，为按照下列公式计算的进项税额：

铁路旅客运输进项税额 = 票面金额 ÷（1 + 9%）× 9%

（4）取得注明旅客身份信息的公路、水路等其他客票的，按照下列公式计算进项税额：

公路、水路等其他旅客运输进项税额 = 票面金额 ÷（1 + 3%）× 3%

易错点解析

本任务中的机票属于注明旅客身份信息的航空运输电子客票行程单，应按规定计算进项税额，要特别注意机场建设费不可以抵扣进项税额。

任务 13：采购原材料

8 日，用银行汇票采购原材料一批，多余款退回，根据单据 14-1～单据

14-5 编制记账凭证（凭证号 014）。

任务 14：发放上月工资

11 日，发放上月工资，根据资金出纳岗位实训任务 4、任务 5 及单据 15-4 编制记账凭证（凭证号 015）。

任务 15：缴纳本月住房公积金

12 日，缴纳本月住房公积金，根据单据 16-1~单据 16-3 编制记账凭证（凭证号 016）。

知识解读

住房公积金，是指企业按照国家规定的基准和比例计算，向住房公积金管理机构缴存的住房公积金。

根据《关于规范和阶段性适当降低住房公积金缴存比例的通知》规定，凡住房公积金缴存比例高于 12% 的，一律予以规范调整，不得超过 12%。

实训指导

“公司会计核算方法及财务管理制度”第 7 条规定，住房公积金的缴存比例为 24%，其中企业承担 12%，个人承担 12%，由个人承担的住房公积金在缴纳时直接从“应付职工薪酬——短期薪酬（工资）”明细账中冲销，不通过“其他应付款”账户进行核算。

本任务住房公积金当月缴交的时候包含企业承担的 12%，以及个人承担的 12%，所涉及的科目是“应付职工薪酬——短期薪酬（住房公积金）”“应付职工薪酬——短期薪酬（工资）”。

任务 16：缴纳本月社会保险费

12 日，缴纳本月社会保险费，根据单据 17-1、单据 17-2 编制记账凭证（凭证号 017）。

知识解读

医疗保险费、工伤保险费和生育保险费等社会保险，是指企业按照国家规定的基准和比例计算，向社会保险经办机构缴纳的医疗保险费、工伤保险费和生育保险费。

离职后福利，是指企业为获得职工提供的服务而在职工退休或与企业解除劳动关系后，提供的各种形式的报酬和福利。一般是指基本养老保险和失业保险。

实训指导

“公司会计核算方法及财务管理制度”第7条规定，公司按有关规定计算缴纳社会保险费，基本养老保险为24%，其中企业承担16%，个人承担8%；医疗保险为12%，其中企业承担10%，个人承担2%，另每月个人需缴纳大额互助基金3元；失业保险为1%，其中企业承担0.8%，个人承担0.2%；工伤保险为0.2%，全部由企业承担；生育保险为0.8%，全部由企业承担。

本任务医疗保险费、工伤保险费和生育保险费及离职后福利当月缴交时，公司承担部分通过固定科目进行核算，个人承担部分通过“应付职工薪酬——短期薪酬（工资）”账户进行核算。

任务17：拨缴上月工会经费

12日，拨缴上月工会经费，根据单据18-1～单据18-3编制记账凭证（凭证号018）。

任务18：缴纳上月税费

12日，通过银企税系统缴纳上月税费，根据单据19-1～单据19-3编制记账凭证（凭证号019）。

易错点解析

缴纳上月税费对于增值税的账务处理，仅通过背景单据不能完全反映业务的实质，还需结合应交税费明细账户上月期末余额判断，再进行相应的账务处理。

本任务背景单据的增值税缴税付款凭证在上月期末余额中除了未交增值税

账户贷方有数值外，其余都为零，所以账务处理可以直接记入“应交税费——未交增值税”账户，但是在平时实训中上月期末在“应交税费——简易计税”“应交税费——转让金融商品应交增值税”等账户中还有可能出现贷方余额，这时账务处理就要注意判断，不能仅根据背景单据来编制凭证。

任务 19：支付顾问费

13 日，支付顾问费，根据资金出纳岗位实训任务 10 及单据 20-2~单据 20-10 编制记账凭证（凭证号 020）。

任务 20：采购周转材料

13 日，采购周转材料，根据单据 21-1~单据 21-3 编制记账凭证（凭证号 021）。

任务 21：支付总经办招待费

自动生成记账凭证操作

14 日，支付总经办招待费，根据单据 22-1、单据 22-2 编制记账凭证（凭证号 022）。

任务 22：支付清理费

15 日，支付垃圾清理费，根据单据 23-1、单据 23-2 编制记账凭证（凭证号 023）。

任务 23：捐赠支出

15 日，捐赠支出，根据资金出纳岗位实训任务 6、任务 7 及单据 24-4 编制记账凭证（凭证号 024）。

任务 24：委外入库产品数量汇总表

15 日，根据单据 25-4 填制委外入库产品数量汇总表（单据 25-1）（本批次委外合格产品已全部入库，“报废率”保留百分号前2位小数）。

任务25：超额报废产品（委外）成本计算表

15日，承任务24，填制超额报废产品（委外）成本计算表（单据25-2）。（提示：“单位材料成本”计算结果保留小数点后4位小数，“成本金额”保留2位小数）

重难点解析

由于“公司会计核算方法及财务管理制度”第4条规定，对于委托加工物资的核算，报废率在1%以内为正常报废，本任务首先要计算出单位材料成本并根据上笔任务计算的报废率计算出超额报废数量。

某产品单位材料成本＝某产品对应批次的材料成本/某产品委外加工数量

然后计算出超额报废产品（委外）成本。

任务26：委外入库产品成本计算表

15日，根据任务24、任务25及单据25-5填制委外入库产品成本计算表（单据25-3）。

易错点解析

由于超额报废品由委外商承担该材料损失，本任务在计算某产品委外入库的材料金额时，需将某产品对应批次的材料成本减去某产品超额报废材料成本，而不是直接等于某产品对应批次的材料成本。

任务27：委外加工入库

15日，承任务24～任务26，委外完工入库，编制记账凭证（凭证号025）。

任务28：预付材料款

18日，预付材料款，根据单据26-1编制记账凭证（凭证号026）。

任务 29：支付员工聚餐费

19 日，支付员工聚餐费，根据资金出纳岗位实训任务 11 及单据 27-2、单据 27-3 编制记账凭证（凭证号 027）。

知识解读

职工福利费，是指企业为职工提供的除职工工资、奖金、津贴和补贴、职工教育经费、社会保险费及住房公积金等以外的福利待遇支出。

易错点解析

“公司会计核算方法及财务管理制度”第 8 条规定，职工福利费不预提，按实际发生金额列支。

本任务职工福利费在核算时注意先不直接计入成本费用，而是通过“应付职工薪酬——短期薪酬（职工福利费）”账户核算，月末再统一按部门分配计入相关成本费用。

任务 30：销售商品

20 日，销售商品，货物已送达并交付，根据单据 28-1～单据 28-4 编制记账凭证（凭证号 028）。

任务 31：存款利息收入

21 日，收到存款利息，根据单据 29-1、单据 29-2 编制记账凭证（凭证号 029）。

任务 32：支付账户维护费

21 日，支付账户维护费，根据单据 30-1、单据 30-2 编制记账凭证（凭证号 030）。

任务 33：报销销售商品运费

22 日，销售部门报销销售商品运费，根据单据 31-1、单据 31-2 编制记账凭证（凭证号 031）。

任务 34：转让股票

22 日，通过二级市场出售 50 000 股新阳股份有限公司股票，每股售价为 18.30 元（注：2019 年 8 月 22 日以每股 17.90 元的价格购入 40 000 股新阳股份有限公司股票，购入时支付手续费 1 800.00 元，公司将其分类为以公允价值计量且其变动计入当期损益的金融资产。2019 年 12 月 31 日，该股票价格每股 18.50 元，已确认公允价值变动），根据单据 32-1 编制记账凭证（凭证号 032）。

重难点解析

“公司会计核算方法及财务管理制度”第 14 条规定，金融商品的买入价，按照移动加权平均法进行核算，本任务在计算出售股票的成本时要先按移动加权平均法计算出每股的成本价，然后再计算出总成本，而不是简单地根据出售数量先把之前购入的成本价抵掉，剩下的数量按后面购入的成本价计算，最后再加总起来就是本次出售股票的成本。一定要注意金融商品的成本不能按先进先出法计算，按先进先出法计算出来的结果是不正确的。

任务 35：支付货款

22 日，支付货款，根据单据 33-1 编制记账凭证（凭证号 033）。

任务 36：销售商品

25 日，销售商品，货物已送达并交付，根据单据 34-1～单据 34-3 编制记账凭证（凭证号 034）。

任务 37：分期付款购入生产线

25 日，分期付款购入生产线，根据单据 35-1～单据 35-5 编制记账凭证

（凭证号 035）。[折现率为 8%，$(P/A, 8\%, 5) = 3.992\,7$]

知识解读

年金分为：普通年金（后付年金）、先付年金、递延年金、永续年金等几种。对应地，年金现值也可分为：普通年金现值、先付年金现值、递延年金现值、永续年金现值。

（1）普通年金现值。普通年金现值是以计算期期末为基准，在给定投资报酬率下按照货币时间价值计算出的未来一段期间内每年或每月收取或给付的年金现金流的折现值之和。类似普通年金终值，计算普通年金现值时，同样要考虑到现金流是期初年金还是期末年金。计算公式：

$$P(A, i, n) = A * (P/A, i, n)$$

（2）先付年金现值。先付年金现值是其最后一期期末时的本利和，相当于各期期初等额收付款项的复利现值之和。

n 期先付年金与 n 期普通年金的收付款次数相同，但由于付款时间不同，n 期先付年金现值比 n 期普通年金现值多计算一期利息。因此在 n 期普通年金现值的基础上乘以（$1+i$）而将分母加 1 就得出 n 期先付年金的现值了。计算公式：

$$P(A, i, n) = A * [(P/A, i, n-1) + 1]$$

（3）递延年金现值。递延年金现值，完全可以利用普通年金现值公式来计算（因为递延期内没有年金）。

（4）永续年金现值。永续年金因为是无限期收付的，所以其计算公式反而简单。计算公式：

$$P(A, i) = A/i$$

重难点解析

本任务为分期付款，“剩余款项分 5 期于次年起每年 3 月 25 日平均支付”，结合普通年金的概念，应理解成付款期为每期期末，适用普通年金现值的计算。

任务 38：支付研发费用

25 日，支付新产品研发设计费（不符合资本化条件），根据资金出纳岗位实训任务 12 及单据 36-2、单据 36-3 编制记账凭证（凭证号 036）。

知识解读

研发费用是指研究与开发某项目所支付的费用。研发费用处理分为两大部分：一是研究阶段发生的费用及无法区分研究阶段研发支出和开发阶段研发的支出全部费用化；二是企业内部研究开发项目开发阶段的支出，能够证明符合无形资产条件的支出资本化，分期摊销。

依据财税〔2018〕99号《财政部 税务总局 科技部关于提高研究开发费用税前加计扣除比例的通知》规定，企业开展研发活动中实际发生的研发费用，未形成无形资产计入当期损益的，在按规定据实扣除的基础上，在2018年1月1日至2020年12月31日期间，再按照实际发生额的75%在税前加计扣除；形成无形资产的，在上述期间按照无形资产成本的175%在税前摊销。

任务39：支付职工培训费

26日，支付职工培训费，根据单据37-1、单据37-2编制记账凭证（凭证号037）。

知识解读

职工教育经费是指企业为了改善职工文化生活、为职工学习先进技术和提高文化水平和业务素质，用于职工教育及职业技能培训等相关支出。

易错点解析

“公司会计核算方法及财务管理制度”第8条规定，职工教育经费按实际发生金额列支。

本任务职工教育经费在核算时注意先不直接计入成本费用，而是通过“应付职工薪酬——短期薪酬（职工教育经费）”账户核算，月末再统一按部门分配计入相关成本费用。

任务40：报销设备修理费

26日，管理部门报销设备修理费，根据单据38-1、单据38-2编制记账凭证（凭证号038）。

任务 41：支付广告费

27 日，支付广告费，根据单据 39-1、单据 39-2 编制记账凭证（凭证号 040）。

任务 42：支付电话费及网络服务费

31 日，支付电话费及网络服务费，根据单据 40-1～单据 40-3 编制记账凭证（凭证号 040）。

任务 43：支付员工借款

31 日，支付员工借款，根据资金出纳岗位实训任务 13 及单据 41-2 编制记账凭证（凭证号 041）。

任务 44：销售商品

31 日，销售商品，货物已送达并交付，根据单据 42-1～单据 42-4 编制记账凭证（凭证号 042）。

任务 45：收到政府补助款

31 日，收到政府财政拨款，用于购买专用生产设备 1 台，根据单据 43-1 编制记账凭证（凭证号 043）。

知识解读

政府补助是指企业从政府无偿取得货币性资产或非货币性资产。政府补助主要分为与资产相关的政府补助和与收益相关的政府补助。

与资产相关的政府补助：

通常情况下，相关补助文件会要求企业将补助资金用于取得长期资产。长期资产将在较长的期间内给企业带来经济利益，政府补助的受益期也较长。

与收益相关的政府补助：

主要用于补偿企业已发生或即将发生的相关成本费用或损失，受益期相对较短，通常在满足补助所附条件时计入当期损益或冲减相关成本。

实训指导

本任务收到政府财政拨款，用于购买专用生产设备，属于与资产相关的政府补助。

任务 46：无形资产摊销表

31 日，填制无形资产摊销表（单据 44-1）。

知识解读

无形资产的成本，应自取得当月起在预计使用年限内分期平均摊销。根据准则无形资产应该在取得的当月就进行摊销，当月减少的无形资产当月不进行摊销。

任务 47：无形资产摊销

31 日，承任务 46，计提本月无形资产摊销，编制记账凭证（凭证号 044）。

任务 48：个人所得税计算表

31 日，填制个人所得税计算表（单据 45-1）（假设均不存在专项附加扣除项目）。

任务 49：计提个人所得税

31 日，承任务 48，计提本月应代扣个人所得税，编制记账凭证（凭证号 045）。

任务 50：产品销售成本计算表

31 日，根据单据 63-2～单据 63-4 填制产品销售成本计算表（单据 63-1）。

任务 51：结转本月产品销售成本

31 日，承任务 50，结转本月产品销售成本，编制记账凭证（凭证号 063）。

任务 52：废料销售成本计算表

31 日，根据单据 64-2 填制废料销售成本计算表（单据 64-1）。

任务 53：结转本月废料销售成本

31 日，承任务 52，结转本月废料销售成本，编制记账凭证（凭证号 064）。

任务 54：结转新产品研发支出费用

31 日，结转新产品研发支出费用，编制记账凭证（凭证号 065）。

任务 55：生产设备转入改造

31 日，生产设备转入改造，根据单据 66-1、单据 66-2 编制记账凭证（凭证号 066）。

知识解读

固定资产改造：是指以新的固定资产替换到期报废的旧固定资产或以新的技术装备对原有的技术装备进行改造，提高固定资产使用性能、延长其使用寿命。因此，固定资产更新改造支出符合固定资产确认条件时应予以资本化。

固定资产修理：是指保持固定资产处于正常运行状态的行为，如添加润滑油、清洗机器、更换小部件、喷漆等。固定资产修理不会增加资产的经济利益，也不会提高资产的效率，其费用在发生时计入当期费用。

任务 56：原材料盘亏

31 日，原材料盘点损失，根据单据 67-1 编制记账凭证（凭证号 067）。

任务 57：原材料盘亏批准处理

31 日，原材料盘亏批准处理，根据单据 68-1 编制记账凭证（凭证号 068）。

知识解读

存货盘亏类型：

（1）属于定额内损耗以及存货日常收发计量上的差错，经批准后转作管理费用；

（2）对于自然灾害等不可抗拒的原因而发生的存货损失，先扣除处置收入，可以收回保险赔偿和过失人赔偿，将净损失计入营业外支出；

（3）对于管理不善造成的存货短缺，先扣除处置收入、可以收回的保险赔偿和过失人赔偿，将净损失计入管理费用。

因非正常原因导致的存货盘亏或毁损，按规定不能抵扣的增值税进项税额应当予以转出。

实训指导

本任务是由于内部管理不善造成损失，属于非正常原因导致的存货盘亏，应将涉及的增值税作进项税额转出处理。

易错点解析

公司原材料采用计划成本计价法组织日常核算，对原材料进行盘盈盘亏处理时要同时结转材料成本差异。

任务 58：公允价值变动计算表

31 日，北京新阳股份有限公司的股票价格为 18.80 元 / 股，北京海投集团有限公司的股票价格为 18.54 元，北京鸿发集团有限公司的股票价格为 13.83 元，出租房产 3# 楼的公允价值为 3 890 000 元，填制公允价值变动计算表（单据 69-1）。

任务 59：公允价值变动

31 日，承任务 58，确认公允价值变动，编制记账凭证（凭证号 069）。

任务 60：税控设备维护费抵减税费

31 日，税控设备维护费抵减税费，编制记账凭证（凭证号 070）。

知识解读

《财政部　国家税务总局关于增值税税控系统专用设备和技术维护费用抵减增值税税额有关政策的通知》（财税〔2012〕15 号）规定：

自 2011 年 12 月 1 日起，增值税纳税人购买增值税税控系统专用设备支付的费用以及缴纳的技术维护费（以下称二项费用）可在增值税应纳税额中全额抵减。现将有关政策通知如下：

（1）增值税纳税人 2011 年 12 月 1 日（含，下同）以后初次购买增值税税控系统专用设备（包括分开票机）支付的费用，可凭购买增值税税控系统专用设备取得的增值税专用发票，在增值税应纳税额中全额抵减（抵减额为价税合计额），不足抵减的可结转下期继续抵减。增值税纳税人非初次购买增值税税控系统专用设备支付的费用，由其自行负担，不得在增值税应纳税额中抵减。

（2）增值税纳税人 2011 年 12 月 1 日以后缴纳的技术维护费（不含补缴的 2011 年 11 月 30 日以前的技术维护费），可凭技术维护服务单位开具的技术维护费发票，在增值税应纳税额中全额抵减，不足抵减的可结转下期继续抵减。

（3）增值税一般纳税人支付的二项费用在增值税应纳税额中全额抵减的，其增值税专用发票不作为增值税抵扣凭证，其进项税额不得从销项税额中抵扣。

任务 61：计提转让金融商品应交增值税

31 日，计提转让金融商品应交增值税，编制记账凭证（凭证号 071）。

知识解读

金融商品转让，按照卖出价扣除买入价后的余额为销售额。

转让金融商品出现的正负差，按盈亏相抵后的余额为销售额。若相抵后出现负差，可结转下一纳税期与下期转让金融商品销售额相抵，若年末仍出现负差的，不得转入下一个会计年度。金融商品的买入价，可以选择按照加权平均法或者移动加权平均法进行核算，选择后 36 个月内不得变更。

实训指导

转让金融商品应交增值税 =（卖出价 − 买入价）÷（1 + 6%）× 6%

任务 62：未交增值税计算表

31 日，填制未交增值税计算表（单据 72−1）。

任务 63：结转本月未交增值税

31 日，承任务 62，结转本月未交增值税，编制记账凭证（凭证号 072）。

任务 64：应交城市维护建设税与教育费附加计算表

31 日，填制应交城市维护建设税与教育费附加计算表（单据 73−1）。

任务 65：计提城市维护建设税及教育费附加

31 日，承任务 64，计提城市维护建设税、教育费附加及地方教育费附加，编制记账凭证（凭证号 073）。

实训指导

城市维护建设税 =（增值税 + 消费税）实际缴纳税额 × 适用税率

（市区的税率为 7%，县城、镇的税率为 5%，不属于市区、县城或镇的税率为 1%）

教育费附加 =（增值税 + 消费税）实际缴纳税额 × 3%

地方教育费附加 =（增值税 + 消费税）实际缴纳税额 × 2%

易错点解析

上面公式中的增值税除了未交增值税外，还应加上简易计税、转让金融商品应交增值税等计税金额。

任务 66：计提第 1 季度所得税

31 日，计提第 1 季度所得税，编制记账凭证（凭证号 074）。

实训指导

季度所得税费用 = 当季度利润总额 × 适用税率

在计提季度所得税中一般不考虑纳税调整的影响，纳税调整一般在年度汇算清缴时统一进行纳税调整。

任务 67：结转本期损益

31 日，结转本期损益，编制记账凭证（凭证号 075）。

模块二 会计凭证审核

该模块手工实训由审核会计对出纳填制的相关会计凭证进行审核；审核会计编制的记账凭证，其中涉及收付款的记账凭证先由出纳签字，再由会计主管审核签字，其余的记账凭证都由会计主管审核签字。平台中实训按照平台设置流程处理。

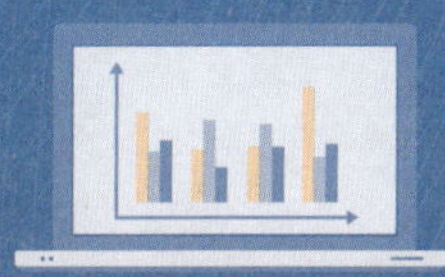

项目三　成本会计岗位实训

模块一　产品成本计算及凭证编制

成本会计岗位操作

任务 1：车间领用低值易耗品

6 日，车间领用低值易耗品，根据单据 9-1～单据 9-4 编制记账凭证（凭证号 009）。

Excel 操作

任务 2：职工薪酬分配表

31 日，根据单据 46-2 填制职工薪酬分配表（单据 46-1）。

实训指导

职工薪酬的分配方法有实际工时分配法、定额工时分配法、工作量法等。本实训采用的是实际工时分配法：

生产工资费用分配率 = 各种产品生产工资总额 / 各种产品生产工时之和

某种产品应分配的生产工资 = 该种产品生产工时 × 生产工资费用分配率

任务 3：分配职工薪酬

31 日，承任务 2，分配本月职工薪酬，编制记账凭证（凭证号 046）。

任务 4：职工福利费分配表

31 日，根据单据 47-2 填制职工福利费分配表（单据 47-1）。

实训指导

本实训中职工福利费的分配与人数挂钩，所以采用的是按人数进行分配：

分配率 = 职工福利费总额 / 受益总人数

各部门应分配的金额 = 部门受益人数 × 分配率

任务 5：分配职工福利费

31 日，承任务 4，分配本月发生的职工福利费，编制记账凭证（凭证号

047）。

任务 6：职工教育经费分配表

31 日，根据单据 48–2 填制职工教育经费分配表（单据 48–1）。

实训指导

本实训中职工教育经费的分配与人数挂钩，所以采用的是按人数进行分配：

分配率 = 职工教育经费总额 / 受益总人数

各部门应分配的金额 = 部门受益人数 × 分配率

任务 7：分配职工教育经费

31 日，承任务 6，分配本月发生的职工教育经费，编制记账凭证（凭证号 048）。

任务 8：固定资产折旧计算表

31 日，填制固定资产折旧计算表（单据 49–1）。

知识解读

固定资产折旧，是指固定资产在使用过程中逐渐损耗而转移到商品或费用中去的那部分价值，也是企业在生产经营过程中由于使用固定资产而在其使用年限内分摊的固定资产耗费。

固定资产计提折旧时应注意以下问题：

（1）除以下情况外，企业应对所有固定资产计提折旧。

① 已提足折旧仍继续使用的固定资产；

② 按照规定单独计价作为固定资产入账的土地；

③ 处于更新改造过程中而停止使用的固定资产；

④ 当月新增的固定资产，当月不计提折旧从下月开始计提折旧；

⑤ 以融资租赁租出的固定资产；

⑥ 提前报废的固定资产；

⑦ 持有待售的固定资产。

（2）未使用的机器设备、仪器仪表、运输工具、工具器具、季节性停用也要计提折旧。

（3）当月减少的固定资产当月仍计提折旧，从下月起不计提折旧。

（4）已达到预定可使用状态的固定资产，如果尚未办理竣工决算，应当按照估计价值暂估入账，并计提折旧。待办理了竣工决算手续后，再按照实际成本调整原来的暂估价值，不需要调整原已计提的折旧额。

任务 9：计提固定资产折旧

31 日，承任务 8，计提本月固定资产折旧，编制记账凭证（凭证号 049）。

任务 10：外购水费分配表

31 日，根据单据 50-2 填制外购水费分配表（单据 50-1）。

任务 11：支付并分配本月水费

31 日，承任务 10，支付并分配本月水费，根据单据 50-3 编制记账凭证（凭证号 050）。

任务 12：外购电费分配表

31 日，根据单据 51-2 填制外购电费分配表（单据 51-1）。

任务 13：支付并分配本月电费

31 日，承任务 12，支付并分配本月电费，根据单据 51-3 编制记账凭证（凭证号 051）。

任务 14：入库材料计划成本汇总表

31 日，填制入库材料计划成本汇总表（单据 52-1）。

任务 15：结转入库材料计划成本

31 日，承任务 14，结转入库材料计划成本，编制记账凭证（凭证号 052）。

任务 16：入库材料成本差异计算表

31 日，填制入库材料成本差异计算表（单据 53-1）。

实训指导

本任务在计算入库材料成本差异时，首先要计算出入库材料的实际总成本，入库材料的实际总成本通过查询相关采购材料业务的资料进行填列。

任务 17：结转入库材料成本差异

31 日，承任务 16，结转入库材料成本差异，编制记账凭证（凭证号 053）。

任务 18：发出材料汇总表

31 日，根据单据 54-5~单据 54-14 编制发出材料汇总表（单据 54-1）。

任务 19：一车间产品直接材料费用分配表

31 日，承任务 18，填制一车间产品直接材料费用分配表（单据 54-2）。

知识解读

材料费用的分配方法有定额耗用量比例法、系数比例法、产品产量比例法等。其中定额耗用量比例法包含定额消耗量比例法、定额费用比例法。

（1）定额消耗量比例法。定额消耗量是指一定产量下按照消耗定额计算可以消耗的数量。计算公式如下：

某种产品材料定额消耗量 = 该种产品实际产量 × 单位产品材料消耗定额

材料消耗定额分配率 = 材料实际总耗用量 ÷ 各种产品材料定额消耗量之和

某种产品应分配的材料数量 = 该种产品的材料定额消耗量 × 材料消耗定额分配率

某种产品应分配的材料费用 = 该种产品应分配的材料数量 × 材料单价

（2）定额费用比例法。在各种产品共同耗用原材料的种类较多的情况下，为了进一步简化分配计算工作，也可以按照各种材料的定额费用的比例分配材料实际费用。计算公式如下：

分配标准 = 该种产品实际产量 × 单位产品该种材料消耗定额

材料费用分配率 = 各种产品各种材料实际费用总额 ÷ 各种产品分配标准之和

某种产品分配负担的材料费用 = 分配标准 × 材料费用分配率

任务 20：二车间产品直接材料费用分配表

31 日，根据任务 18 填制二车间产品直接材料费用分配表（单据 54-3）。

任务 21：三车间产品直接材料费用分配表

31 日，根据任务 18 填制三车间产品直接材料费用分配表（单据 54-4）。

任务 22：分配结转车间耗用原材料计划成本

31 日，承任务 18~任务 21，分配结转生产车间耗用原材料计划成本，编制记账凭证（凭证号 054）。

任务 23：材料成本差异率计算表

成本核算：材料成本差异

31 日，填制材料成本差异率计算表（单据 55-1）。（注：材料成本差异率必须以百分号表示，且保留百分号前 2 位小数）

任务 24：生产耗用材料成本差异计算表

31 日，承任务 23，填制车间生产耗用原材料成本差异计算表（单据 55-2）。

任务 25：结转车间生产耗用原材料成本差异

31 日，承任务 23、任务 24，结转车间生产耗用原材料成本差异，编制记账凭证（凭证号 055）。

任务 26：发出委托加工材料汇总表

31 日，根据单据 56-3、单据 56-4 填制发出委托加工材料汇总表（单据 56-1）。

任务 27：发出委托加工材料成本差异计算表

31 日，根据任务 26 填制发出委托加工材料成本差异计算表（单据 56-2）。

任务 28：发出委托加工材料

31 日，承任务 26、任务 27，发出委托加工材料，编制记账凭证（凭证号 056）。

任务 29：制造费用分配表

31 日，填制本月发生的制造费用分配表（单据 57-1）。（注："分配率" 保留小数点后 4 位小数，"分配金额" 保留小数点后 2 位小数）

实训指导

"公司会计核算方法及财务管理制度" 第 11 条规定，制造费用按实际生产工时在各种产品之间进行分配。制造费用分配率及某产品应负担的制造费用公式如下：

制造费用分配率 = 产品制造费用总额 / 产品总耗用直接人工工时

某产品应负担的制造费用 = 该产品的生产工人实际工时数 × 制造费用分配率

易错点解析

对于制造费用分配率的计算结果没有根据描述的要求保留小数点后 4 位小数，而是习惯性地保留小数点后 2 位小数，导致最终的分配金额与正确答案不一致，进而影响到后面一系列相关任务的计算结果。

任务 30：分配制造费用

31 日，承任务 29，分配本月制造费用（制造费用需按明细结转），编制记账凭证（凭证号 057）。

任务 31：周转材料领用汇总表

31 日，根据单据 58-2、单据 58-3 填制周转材料领用汇总表（单据 58-1）。

任务 32：结转发出周转材料成本

31 日，承任务 31，结转发出周转材料成本，编制记账凭证（凭证号 058）。

任务 33：期末在产品约当产量计算表

成本核算：约当产量

31 日，填制一车间轻型伞车车架期末在产品约当产量（直接材料）计算表（单据 59-1）。

重难点解析

“公司会计核算方法及财务管理制度”第 11 条规定，轻型伞车车架和摇篮伞车车架的原材料分批投入，分别在第一道工序开始时投入 70%，在第六道工序开始时投入 30%，本任务直接材料的在产品约当产量需要与直接人工及制造费用的在产品约当产量分开计算，从第一道工序到第五道工序每道工序直接材料的完工程度按 70% 计算，到第六道工序时材料全部投入，完工程度按 100% 计算。注意不要将原材料在第一道工序开始时一次投入混淆，而将直接材料的在产品约当产量直接等于期末在产品的数量。

任务 34：期末在产品约当产量计算表

31 日，填制一车间轻型伞车车架期末在产品约当产量（直接人工及制造费用）计算表（单据 59-2）。（注：完工程度以百分号表示，且保留百分号前两位小数）

重难点解析

“公司会计核算方法及财务管理制度”第 11 条规定，直接人工费用和制造费用的完工程度分工序按定额生产工时计算，月末在产品在本工序的完工程度均为 50%，某工序在产品的完工程度计算公式如下：

某工序在产品完工程度 =（单位产品前面各道工序定额工时之和 + 本工序单位产品定额工时 ×50%）÷ 单位产品定额工时 ×100%

任务 35：期末在产品约当产量计算表

31 日，填制一车间摇篮伞车车架期末在产品约当产量（直接材料）计算表（单据 59-3）。

任务 36：期末在产品约当产量计算表

31 日，填制一车间摇篮伞车车架期末在产品约当产量（直接人工及制造费用）计算表（单据 59-4）。（注：完工程度以百分号表示，且保留百分号前两位小数）

任务 37：一车间产品成本计算表

31 日，根据任务 33～任务 36 及单据 59-6～单据 59-10 填制一车间产品成本计算表（单据 59-5）。（注："单位成本"保留小数点后 4 位小数，"单位成本合计"保留小数点后 2 位小数）

任务 38：结转一车间完工半成品成本

31 日，承任务 33～任务 37，结转一车间完工半成品成本，编制记账凭证（凭证号 059）。

任务 39：二车间产品成本计算表

31 日，根据单据 60-2～单据 60-5 填制二车间产品成本计算表（单据 60-1）。（注："单位成本"保留小数点后 4 位小数，"单位成本合计"保留小数点后 2 位小数）

任务 40：结转二车间完工半成品成本

31 日，承任务 39，结转二车间完工半成品成本，编制记账凭证（凭证号 060）。

任务 41：发出半成品单位成本计算表

31 日，填制发出半成品单位成本计算表（单据 61–1）。（注："发出半成品单位成本"保留小数点后 4 位小数）

任务 42：领用半成品成本计算表

31 日，根据任务 41 及单据 61–3～单据 61–8 编制三车间领用半成品成本计算表（单据 61–2）。

任务 43：领用半成品

31 日，承任务 41、任务 42，领用半成品，编制记账凭证（凭证号 061）。

任务 44：期末在产品约当产量计算表

31 日，填制三车间轻型伞车期末在产品约当产量计算表（单据 62–1）。（注：完工程度以百分号表示，且保留百分号前两位小数）

任务 45：期末在产品约当产量计算表

31 日，填制三车间摇篮伞车期末在产品约当产量计算表（单据 62–2）。（注：完工程度以百分号表示，且保留百分号前两位小数）

任务 46：三车间完工产品成本计算表

31 日，根据任务 44、任务 45 及单据 62–4～单据 62–7 填制三车间完工产品成本计算表（单据 62–3）。（注："单位成本"保留小数点后 4 位小数，"单位成本合计"保留小数点后 2 位小数）

任务 47：结转三车间完工产品成本

31 日，承任务 44～任务 46，结转三车间完工产品成本，编制记账凭证（凭证号 062）。

模块二　产品成本分析

成本分析

任务 48：三车间固定制造费用成本分配表

31 日，根据 2020 年 3 月份经济业务资料填制三车间本月固定制造费用成本分配表（见“第五部分：任务表单”表 6）。

任务 49：三车间固定制造费用成本差异分析表

31 日，承任务 48，根据 2020 年 3 月份经济业务资料及三车间固定制造费用标准成本表（见“第五部分：任务表单”表 7）填制三车间本月固定制造费用成本差异分析表（见“第五部分：任务表单”表 8）。

财务管理中所确定的固定制造费用差异即总差异为“固定制造费用实际数”与“实际产量下的固定制造费用标准费用额”的差额。其计算公式为：固定制造费用差异（总差异）= 固定制造费用实际数 − 标准固定制造费用 = 固定制造费用实际数 − 实际产量 × 单位产品标准工时 × 固定制造费用标准小时分配率。对这个算式分解，形成了目前对计算固定制造费用总差异的“三因素分析法”。相关的计算公式如下：

耗费差异 = 固定制造费用实际数 − 固定制造费用预算数

闲置能量差异 = 固定制造费用预算数 − 实际工时 × 固定制造费用标准分配率

效率差异 = 实际工时 × 固定制造费用标准分配率 − 实际产量 × 单位产品标准工时 × 固定制造费用标准小时分配率

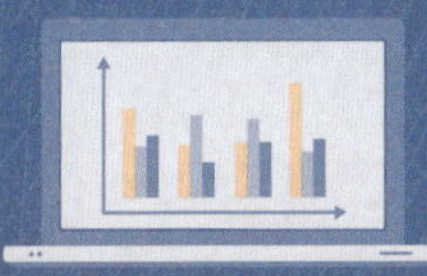

项目四 会计主管岗位实训

模块一 纳税申报表填制

会计主管岗位操作

任务 1：增值税纳税申报表主表及附表

根据 2020 年 3 月份经济业务资料填制本月增值税纳税申报表主表及附表（见“第五部分：任务表单”表 9～表 14）。

增值税纳税申报重难点分析

增值税申报：填表说明

实训指导

（1）转让金融商品增值税申报。

① 转让金融商品销售额填列在“增值税纳税申报表附列资料（一）”的第 5 行第 5 列，其适用税率为 6%，对应的应纳税额填列在“增值税纳税申报表附列资料（一）”的第 5 行第 6 列。

注：转让金融商品销售额不应扣除交易费用及佣金等费用（不含税）。

转让金融商品销售额 = 转让数量 × 转让单价 /（1 + 6%）

② 转让金融商品的成本通过填列“增值税纳税申报表附列资料（三）”（服务、不动产和无形资产扣除项目明细）第 4 行“6% 税率的金融商品转让项目”，第 1 列填写转让金融商品销售额（含税）；第 2 列填写，除了年初第一期填 0 外，其他期间填列应查看科目余额表“转让金融商品应交增值税”是否有借方余额，如果期初有借方余额，该列应该填写相应的扣除金额［转让金融商品应交增值税借方余额 /6% ×（1 + 6%）］；第 3 列填写当期出售金融商品对应的含税成本金额（不含交易费用及佣金），第 5 列填写当期实际扣除金额，最高不得超过第 1 列的金额。

（2）其他参考资料。根据“增值税纳税申报表（一般纳税人适用）”及其附列资料填写填制说明本月增值税纳税申报表主表及附表。

重难点解析

税控设备维护费抵减税费。

（1）在“增值税纳税申报表附列资料（四）”第 1 行“增值税税控系统专用设备费及技术维护费”中填写相应金额；

（2）在“增值税减免税申报明细表”中选择对应的减税性质代码及名称，填写相应金额；

（3）在“增值税纳税申报表”中第 23 行“应纳税额减征额”填写减免金额。

注：对于“减免金额”在填报“增值税纳税申报表”主表时要填列到第23行的“应纳税额减征额”。

任务2：增值税、教育费附加、地方教育附加税（费）申报表

根据2020年3月份经济业务资料填制本月教育费附加、地方教育附加税（费）申报表（见“第五部分：任务表单”表15）。

任务3：企业所得税年度纳税申报表主表及附表

年度所得税纳税申报重难点分析

企业所得税填表说明

企业所得税年度纳税申报相关涉税事项如下：

（1）期间费用：公司目前不存在境外业务，也没有境外相关费用。

（2）资产折旧、摊销情况：会计核算与税法一致，不存在调整事项，也不存在固定资产加速计提折旧。

（3）2019年1月，采用分期收款方式销售轻型伞车2 500辆，合同约定的不含税销售价格为2 500 000.00元，分5次于每年12月31日等额收取，在合同约定的收款日确认相关税费，该轻型伞车的成本单价为378.75元/辆，销售成本已于当期一次性结转。销售时编制记账凭证如下：

借：长期应收款——北京华美达进出口有限公司　　2 500 000

　　贷：主营业务收入——轻型伞车　　1 996 350

　　　　未实现融资收益　　503 650

（4）2019年9月30日将购入的房产出租时，出租房产原值3 580 000元，投资性房地产公允价值与固定资产账面价值一致，投资性房地产的折旧年限为20年。

（5）投资收益：分别为2019年7月购入20 000股城南科技股票支付手续费700元，及2019年9月购入40 000股新阳股份股票时支付手续费1 800元。

（6）研发费用：2019年累计支付委托境内机构研究开发新产品费用18 000元，并取得合法票据。

（7）营业外支出：其中：150 000元通过红十字会捐赠给山区小学，并取得合法票据；19 850元为政府部门行政性罚款支出，30 000元为税务罚款支出，9 650元为税收滞纳金。

（8）营业外收入：职工违规罚款8 950元。

（9）本年预缴企业所得税1 803 636.40元。

（10）职工教育经费不存在全额扣除人员支出。

（11）所有的费用以及职工薪酬都已实际全部发放，并且有合法票据，无股权激励发放，不存在税收优惠及其他特殊事项。

根据以上资料及2019年度科目余额表（见“第五部分：任务表单”表16）、2019年度利润表（见“第五部分：任务表单”表17）填制2019年度企业所得税年度纳税申报表主表及附表（见“第五部分：任务表单”表18~表29）。

实训指导

（1）A105000纳税调整项目明细表填写。

① 第3行“（二）未按权责发生制原则确认的收入”：根据《未按权责发生制确认收入纳税调整明细表》（A105020）填报。第1列“账载金额”填报表A105020第14行第2列金额。第2列“税收金额”填报表A105020第14行第4列金额。若表A105020第14行第6列≥0，第3列“调增金额”填报表A105020第14行第6列金额。若表A105020第14行第6列＜0，第4列“调减金额”填报表A105020第14行第6列金额的绝对值。

A105020第6列“纳税调整金额”：填报纳税人会计处理按权责发生制确认收入、税收规定未按权责发生制确认收入的差异需纳税调整金额，为第4−2列的余额。

② 第6行“（五）交易性金融资产初始投资调整”：第3列“调增金额”填报纳税人根据税收规定确认交易性金融资产初始投资金额与会计核算的交易性金融资产初始投资账面价值的差额。

③ 第7行“（六）公允价值变动净损益”：第1列“账载金额”填报纳税人会计核算的以公允价值计量的金融资产、金融负债以及投资性房地产类项目，计入当期损益的公允价值变动金额。若第1列≤0，第3列“调增金额”填报第1列金额的绝对值。若第1列＞0，第4列“调减金额”填报第1列金额。

④ 第16行“（四）广告费和业务宣传费支出”：取数为广告费和业务宣传费跨年度纳税调整明细表（A105060）第12行的绝对值。

（2）A107012研发费用加计扣除优惠明细表填写。《国家税务总局关于研发费用税前加计扣除归集范围有关问题的公告》（国家税务总局公告2017年第40号）规定研发费用税前加计扣除归集范围有：

① 人员人工费用；

② 直接投入费用；

③ 折旧费用；

④ 无形资产摊销费用；

⑤ 新产品设计费、新工艺规程制定费、新药研制的临床试验费、勘探开发技术的现场试验费。

⑥ 其他相关费用。根据《国家税务总局　科技部关于完善研究开发费用税前加计扣除政策的通知》（财税〔2015〕119号）文件规定，人工费用中可以加计扣除的项目包括：工资、薪金、“五险一金”以及外聘研发人员的劳务费用。

参考2017年第40号文规定，研发费用税前加计扣除归集范围中其他相关费用，指与研发活动直接相关的其他费用，如技术图书资料费、资料翻译费、专家咨询费、高新科技研发保险费，研发成果的检索、分析、评议、论证、鉴定、评审、评估、验收费用，知识产权的申请费、注册费、代理费，差旅费、会议费，职工福利费、补充养老保险费、补充医疗保险费。

（3）其他参考资料。中华人民共和国企业所得税年度纳税申报表（A类，2017年版）表单及填报说明（2018年修订）。

重难点解析

（1）A105060广告费和业务宣传费跨年度纳税调整明细表第8行“以前年度累计结转扣除额”需要通过查询期初余额表填列，计算公式为期初余额表“递延所得税资产——广告费”账户的借方余额 ÷ 该企业的所得税税率。

（2）公司研发人员发生的工会经费不允许加计扣除。

（3）研发费用加计扣除项目中的其他相关费用不得超过可加计扣除研发费用总额的10%，如果可加计扣除研发费用为100元，则其他相关费用不得超过10元。

模块二　税收筹划

税收筹划：个人所得税

任务4：税收筹划——个人所得税

公司管理部职员李阳的妻子张洁是北京居民，原是一家培训机构的高级培训讲师。2020年1月，因为家庭需要，她辞去工作成了一位全职太太。由于在培训界具有一定的知名度，2020年3月，某家上市公司邀请张洁以其个人的名义为该公司的管理人员进行为时5天的培训，张洁此次培训的住宿、餐饮等各种费用需要 5 000 元。该公司为此次培训报酬的支付方式提出了以下两个方案供其选择：

方案 1：按照培训费用 125 000 元签订合同，其他住宿、餐饮等所有费用均由张洁自理；

方案 2：按照培训费用 120 000 元签订合同，其他住宿、餐饮等所有费用均由公司承担。

假设：张洁在 2020 年度无其他收入，且无其他任何可扣除项目。

要求：根据以上资料，填制 2020 年度张洁的应交个人所得税计算表（见“第五部分：任务表单”表 30）。

知识解读

依据最新个人所得税法第六条规定：

（1）居民个人的综合所得，以每一纳税年度的收入额减除费用 6 万元以及专项扣除、专项附加扣除和依法确定的其他扣除后的余额，为应纳税所得额；劳务报酬所得、稿酬所得、特许权使用费所得以收入减除 20% 的费用后的余额为收入额。稿酬所得的收入额减按 70% 计算。

（2）非居民个人的工资、薪金所得，以每月收入额减除费用 5 000 元后的余额为应纳税所得额；劳务报酬所得、稿酬所得、特许权使用费所得，以每次收入额为应纳税所得额。

实训指导

本任务为居民个人的劳务报酬所得，应纳税所得额 = 收入 ×（1 − 20%）− 费用

任务 5：培训报酬支付方案的选择

承任务 4，从个人节税增收的角度出发，张洁应选择（　　）。

A. 方案 1　　　　B. 方案 2

税收筹划：增值税、附加税及所得税

任务 6：税收筹划——增值税、附加税及所得税

公司即将与甲公司签订摇篮伞车的代销协议，摇篮伞车不含税售价为 800 元 / 辆。甲公司为一般纳税人，所得税税率为 25%，城市维护建设税税率为

7%，教育费附加为 3%，地方教育费附加为 2%。有如下 3 个方案可供选择：

方案 1：甲公司按进价 800 元 / 辆（不含税）的价格对外销售，且另外开增值税专用发票收取代销手续费 106 元 / 辆（含税）；

方案 2：甲公司按 750 元 / 辆（不含税）的价格视同买断方式进行代销，在市场上仍旧以 800 元 / 辆（不含税）的价格销售，另外开增值税专用发票收取代销手续费 53 元 / 辆（含税）；

方案 3：甲公司按 700 元 / 辆（不含税）的价格视同买断方式进行代销，在市场上仍旧以 800 元 / 辆（不含税）的价格销售。

假设：

（1）摇篮伞车的单位成本为 450 元 / 辆，甲公司的销售量为 10 000 辆；

（2）该环节无其他期间费用，也无其他进项税可抵扣。

要求：根据以上资料，填制委托代销净收益计算表（见“第五部分：任务表单”表 31）。（不考虑税收优惠政策）

任务 7：委托代销商品方案的选择

承任务 6，从公司利润最大化的角度考虑，公司应选择（　　）。

A. 方案 1　　　　B. 方案 2　　　　C. 方案 3

模块三　报 表 编 制

任务 8：资产负债表

根据 2020 年 3 月份经济业务资料编制 2020 年 3 月 31 日资产负债表（见“第五部分：任务表单”表 32）。

易错点解析

在编制资产负债表的过程中，要特别注意的是，对于应收账款，预付款项，应付账款、预收款项一定要按各相关明细科目重分类后的金额计算填列，而不是简单地根据科目余额表中总账科目的期末余额来填列。

任务 9：利润表

根据 2020 年 3 月份经济业务资料编制 2020 年 3 月份利润表（见“第五部分：任务表单”表 33）。

重难点解析

利润表的填制项目中由于研发费用是单独罗列出来填写，所以在填写管理费用的本期金额过程中需要扣除研发费用本期的金额。

利润表中，在填制其他综合收益的税后净额项目时，如果实训任务中有涉及该点下面对应的项目，本期金额就需要单独罗列出来。本实训其他权益工具投资公允价值变动贷方有余额，则需在其他综合收益的税后净额下面的对应项目填列。综合收益总额等于净利润加上其他综合收益的税后净额。

任务 10：现金流量表

根据 2020 年 3 月份经济业务资料编制 2020 年 3 月份现金流量表（见“第五部分：任务表单”表 34）。

易错点解析

（1）缴纳个人所得税对应的现金流量项目是“支付给职工以及为职工支付的现金”，而不是“支付的各项税费”；

（2）支付水电费的现金流量项目需要分析计算填列，对于与生产相关的金额（含税）记入“购买商品、接受劳务支付的现金”，其他与生产无关的金额（含税）记入“支付其他与经营活动有关的现金”，而不是把支付的水电费金额全部记入“支付其他与经营活动有关的现金”或者全部记入“购买商品、接受劳务支付的现金”。

模块四 记账凭证审核

该模块手工实训由会计主管对审核会计、成本会计编制的记账凭证进行审核签字，平台中实训按照平台设置流程处理。

4
第四部分 业务单据

【业务 1】

单据 1-1

托收凭证（汇款依据或收账通知）　4

委托日期2020年03月01日　　付款期限　年　月　日

业务类型	委托收款（☐邮划、☑电划）　托收承付（☐邮划、☐电划）				
付款人	全称	交通银行北京酒仙桥支行	收款人	全称	北京艾贝优婴儿车有限公司
	账号			账号	110086859059086675019
	地址	省　市县　开户行		地址	省北京市县　开户行 交通银行北京西城支行
金额	人民币（大写）	玖拾捌万捌仟元整	亿千百十万千百十元角分		￥98800000
款项内容	货款	托收凭据名称	银行承兑汇票	附寄单证张数	1
商品发运情况	货物已发		合同名称号码	20190095	
备注： 复核　记账		上列款项已划回收入你方账户内。 收款人开户银行签章 2020年03月01日			

亿	千	百	十	万	千	百	十	元	角	分
		￥	9	8	8	0	0	0	0	0

交通银行 北京西城支行 2020.03.01 转讫 (01)

此联付款人开户行凭以汇款或收款人开户银行作收账通知

(2005) 10×17.5公分　15 角直印刷　0512-65011866

单据 1-2

银行承兑汇票

2

10535822
20371705

出票日期（大写） 贰零壹玖 年 壹拾贰 月 零壹 日

出票人全称	北京乐北鼻婴儿用品有限公司	收款人	全　称	北京艾贝优婴儿车有限公司
出票人账号	110000374194208666815		账　号	110086859059086675019
付款行名称	交通银行北京酒仙桥支行		开户银行	交通银行北京西城支行

出票金额	人民币（大写） 玖拾捌万捌仟元整	亿	千	百	十	万	千	百	十	元	角	分
				¥	9	8	8	0	0	0	0	0

汇票到期日（大写）	贰零贰零年零叁月零壹日	付款行	行号	105100183022
承兑协议编号	20190095		地址	北京市酒仙桥路68号丽港大厦B座1001室

本汇票请你行承兑，到期无条件付款。 （印章：北京乐北鼻婴儿用品有限公司 财务专用章）（印章：张兴 印振） 出票人签章	本汇票已经承兑，到期日由本行付款。 （印章：交通银行北京酒仙桥支行 105100183022 汇票专用章）（印章：周陌 印紫） 承兑行签章 承兑日期 2019 年 12 月 01 日 备注：	密押 复核　　记账

此联收款人开户行随托收凭证寄付款行作借方凭证附件

复印件与原件核对无误

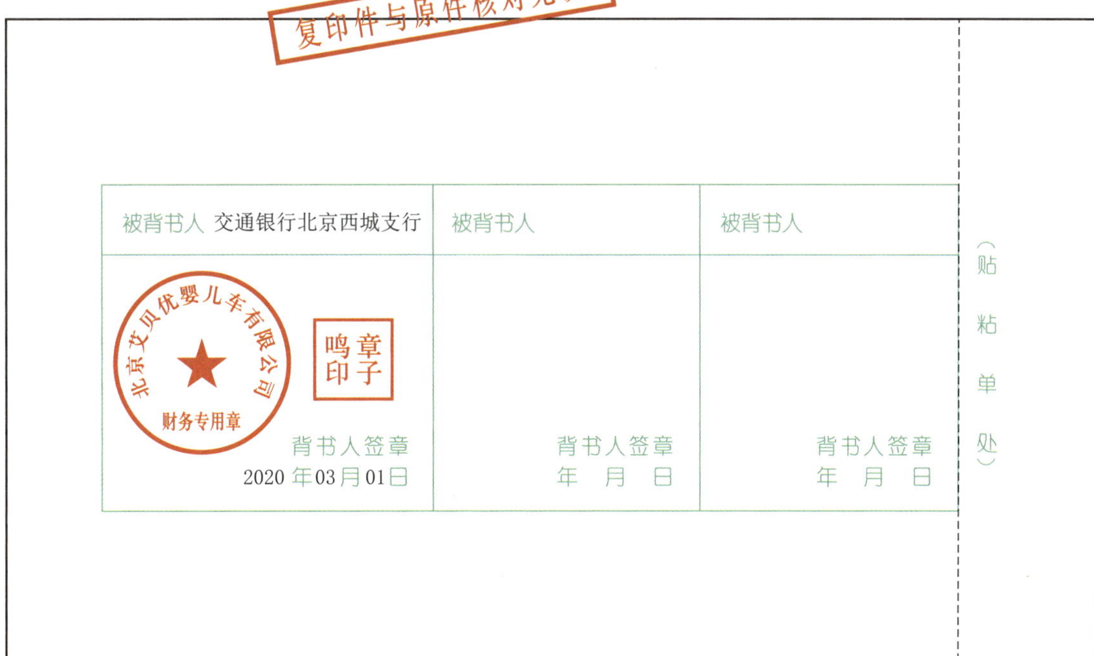
被背书人 交通银行北京西城支行	被背书人	被背书人
（印章：北京艾贝优婴儿车有限公司 财务专用章）（印章：章鸣 印子） 背书人签章 2020 年 03 月 01 日	背书人签章 年 月 日	背书人签章 年 月 日

（贴粘单处）

【业务2】

单据2-1

北京增值税专用发票

北京 发票联 国家税务总局监制

1101122815 No 00259803 1101122815 00259803

开票日期：2020年03月01日

购买方	名 称：北京艾贝优婴儿车有限公司 纳税人识别号：91110102063985686G 地 址、电 话：北京市西城区南横东街98号 010-88058186 开户行及账号：交通银行北京西城支行 110086859059086675019	密码区	02+408-7*85-13/〈5/47-5-500- 8+5+〉16〉**89980*-8-9+33434/ 53+411//385930-0-685999+231 54-1076-79-9*11087〈2—29*5/

货物或应税劳务、服务名称	规格型号	单位	数量	单价	金额	税率	税额
*有色金属冶炼压延品*铝合金管		千克	120 000	20.00	2 400 000.00	13%	312 000.00
*金属制品*不锈钢扁条		千克	48 200	15.15	730 230.00	13%	94 929.90
*金属制品*弹簧		条	90 000	7.80	702 000.00	13%	91 260.00
*金属制品*包塑钢丝		千克	11 000	3.65	40 150.00	13%	5 219.50
*金属制品*1#五金配件		套	22 500	3.25	73 125.00	13%	9 506.25
合 计					¥3 945 505.00		¥ 512 915.65
价税合计（大写）	⊗ 肆佰肆拾伍万捌仟肆佰贰拾元陆角伍分				（小写）¥ 4 458 420.65		

销售方	名 称：北京凯发金属材料有限公司 纳税人识别号：91110111093637509F 地 址、电 话：北京市房山区南大街158号 010-80330958 开户行及账号：中国工商银行北京房山支行 4100204905248666793	备注	北京凯发金属材料有限公司 91110111093637509F 发票专用章

收款人： 复核： 开票人：林帆 销售方：（章）

第三联：发票联 购买方记账凭证

税总函【××××】×××号 ××××××××公司

单据 2-2

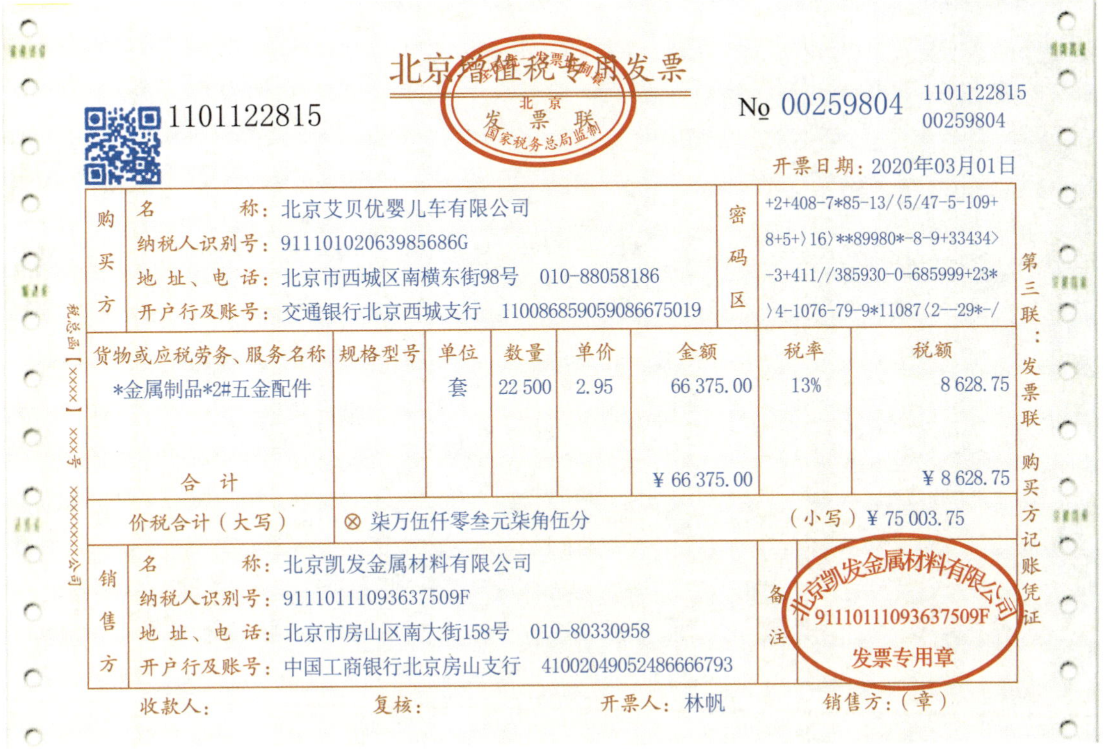

北京增值税专用发票

北京 发票联 国家税务总局监制

1101122815　　№ 00259804　1101122815 00259804

开票日期：2020年03月01日

购买方　名　称：北京艾贝优婴儿车有限公司
纳税人识别号：91110102063985686G
地址、电话：北京市西城区南横东街98号　010-88058186
开户行及账号：交通银行北京西城支行　110086859059086675019

密码区　+2+408-7*85-13/⟨5/47-5-109+
8+5+⟩16⟩**89980*-8-9+33434⟩
-3+411//385930-0-685999+23*
⟩4-1076-79-9*11087⟨2--29*-/

货物或应税劳务、服务名称	规格型号	单位	数量	单价	金额	税率	税额
*金属制品*2#五金配件		套	22 500	2.95	66 375.00	13%	8 628.75
合　计					¥ 66 375.00		¥ 8 628.75
价税合计（大写）	⊗ 柒万伍仟零叁元柒角伍分					（小写）¥ 75 003.75	

销售方　名　称：北京凯发金属材料有限公司
纳税人识别号：91110111093637509F
地址、电话：北京市房山区南大街158号　010-80330958
开户行及账号：中国工商银行北京房山支行　41002049052486666793

备注　北京凯发金属材料有限公司 91110111093637509F 发票专用章

收款人：　　复核：　　开票人：林帆　　销售方：（章）

第三联：发票联　购买方记账凭证

税总函【××××】×××号　××××××××公司

单据 2-3

收　料　单

供应单位：北京凯发金属材料有限公司　　　　编号：2286512

材料类别：原材料　　　　2020 年 03 月 01 日　　　　收料仓库：原材料库

材料编号	材料名称	规　格	计量单位	数　量		实际价格				计划价格	
				应　收	实　收	单　价	材料金额	运杂费	合　计	单　价	金　额
00101	铝合金管		千克	120 000	120 000						
00102	不锈钢扁条		千克	48 200	48 200						
00103	弹簧		条	90 000	90 000						
00104	包塑钢丝		千克	11 000	11 000						
备注：											

会计联

部门经理：魏凯峰　　质量检验员：周晓虹　　仓库：李明　　经办人：陈玉玲

单据 2–4

收 料 单

供应单位：北京凯发金属材料有限公司　　编号：2286513
材料类别：原材料　　2020 年 03 月 01 日　　收料仓库：原材料库

材料编号	材料名称	规 格	计量单位	数 量		实际价格				计划价格	
				应 收	实 收	单 价	材料金额	运杂费	合 计	单 价	金 额
00118	1#五金配件		套	22 500	22 500						
00119	2#五金配件		套	22 500	22 500						
备注：											

会计联

部门经理：魏凯峰　质量检验员：周晓虹　仓库：李明　经办人：陈玉玲

【业务 3】

单据 3–1

贴现凭证（收款通知） ④

填写日期 2020 年 03 月 01 日　　第 202000095 号

贴现汇票	种 类	银行承兑汇票	号码 28071632	申请人	名 称	北京艾贝优婴儿车有限公司
	出 票 日	2020 年 01 月 10 日			账 号	110086859059086675019
	到 期 日	2020 年 05 月 10 日			开户银行	交通银行北京西城支行
汇票承兑人（或银行）	名称	中国工商银行上海黄浦支行		账号		开户银行
汇票金额（即贴现金额）	人民币（大写）	壹佰叁拾陆万捌仟元整				千百十万千百十元角分：¥ 1 3 6 8 0 0 0 0 0
贴现率每月	6 ‰	贴现利息	千百十万千百十元角分：		实付贴现金额	千百十万千百十元角分：
上述款项已入你单位账号。 此致 贴现申请人 银行盖章						备注：

此联银行给申请人的收款通知

单据 3-2

银行承兑汇票

2

10235102
28071632

出票日期（大写） 贰零贰零 年 零壹 月 零壹拾 日

出票人全称	上海吉茂商贸有限公司	收款人	全　称	北京艾贝优婴儿车有限公司
出票人账号	31002049052480000878		账　号	110086859059086675019
付款行名称	中国工商银行上海黄浦支行		开户银行	交通银行北京西城支行

出票金额	人民币（大写）	壹佰叁拾陆万捌仟元整	亿	千	百	十	万	千	百	十	元	角	分
				¥	1	3	6	8	0	0	0	0	0

汇票到期日（大写）	贰零贰零年伍月零壹拾日	付款行	行号	102100183102
承兑协议编号	20200009		地址	上海市静安区昌平路100号

本汇票请你行承兑，到期无条件付款。 （印章：上海吉茂商贸有限公司 财务专用章）（印章：吴泉 印礼） 出票人签章	本汇票已经承兑，到期日由本行付款。 （印章：中国工商银行上海黄浦支行 102100183102 汇票专用章）（印章：林涛） 承兑行签章 承兑日期 2020 年 01 月 10 日 备注：	密押 复核　　记账

此联收款人开户行随托收凭证寄付款行作借方凭证附件

复印件与原件核对无误

被背书人 交通银行北京西城支行	被背书人	被背书人
（印章：北京艾贝优婴儿车有限公司 财务专用章）（印章：章鸣 印子） 背书人签章 2020 年 03 月 01 日	背书人签章 年　月　日	背书人签章 年　月　日

（贴粘单处）

【业务 4】

单据 4-1

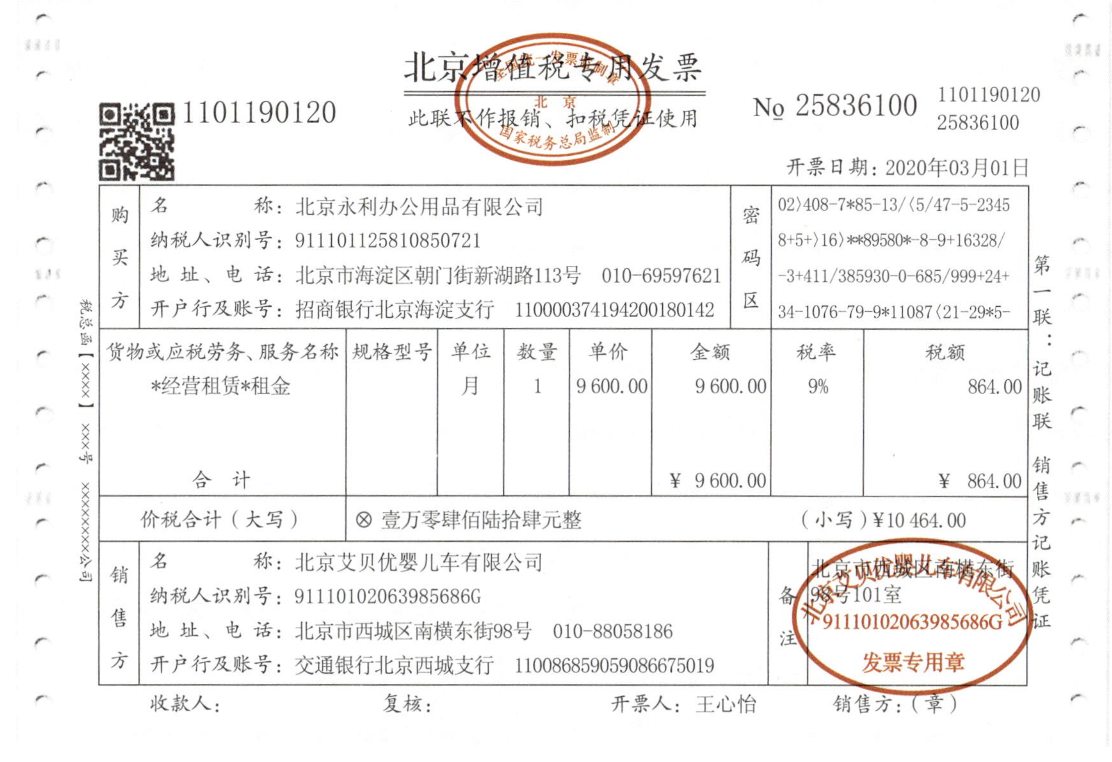

北京增值税专用发票

1101190120　　此联不作报销、扣税凭证使用　　№ 25836100　1101190120 25836100

开票日期：2020年03月01日

购买方	名称：北京永利办公用品有限公司 纳税人识别号：911101125810850721 地址、电话：北京市海淀区朝门街新湖路113号 010-69597621 开户行及账号：招商银行北京海淀支行 110000374194200180142					密码区	02>408-7*85-13/<5/47-5-2345 8+5+>16>**89580*-8-9+16328/ -3+411/385930-0-685/999+24+ 34-1076-79-9*11087<21-29*5-
货物或应税劳务、服务名称	规格型号	单位	数量	单价	金额	税率	税额
*经营租赁*租金		月	1	9 600.00	9 600.00	9%	864.00
合　计					¥ 9 600.00		¥ 864.00
价税合计（大写）	⊗ 壹万零肆佰陆拾肆元整				（小写）¥10 464.00		
销售方	名称：北京艾贝优婴儿车有限公司 纳税人识别号：91110102063985686G 地址、电话：北京市西城区南横东街98号 010-88058186 开户行及账号：交通银行北京西城支行 110086859059086675019					备注	北京市西城区南横东街98号101室

收款人：　　复核：　　开票人：王心怡　　销售方：（章）

第一联：记账联　销售方记账凭证

单据 4-2

交通银行电子回单凭证

回单编号：288422360403　　回单类型：网银业务　　业务名称：

凭证种类：　　凭证号码：　　借贷标志：贷记　　回单格式码：s

账号：110086859059086675019　　开户行名称：交通银行北京西城支行

户名：北京艾贝优婴儿车有限公司

对方账号：110000374194200180142　　开户行名称：招商银行北京海淀支行

对方户名：北京永利办公用品有限公司

币种：CNY　　金额：10 464.00　　金额大写：壹万零肆佰陆拾肆元整

兑换信息：兑换信息　　币种：　　金额：0.00　　牌价：0.00　　币种：　　金额：0.00

摘要：

附加信息：

打印次数：0001　　记账日期：20200301　　会计流水号：EEZ0000012060261

记账机构：010120003999　　经办柜员：EBB001　　记账柜员：EEZ000　　复核柜员：　　授权柜员：

打印机构：010120003999　　打印柜员：010210557511037　　批次号：

【业务 5】

单据 5-1

债务重组协议

债权人：北京艾贝优婴儿车有限公司（以下简称“甲方”）

债务人：深圳华泰商贸有限公司（以下简称“乙方”）

鉴于：

1. 甲方系依据中国法律在中国境内设立并合法存续的独立法人，具有履行本协议的权利能力和行为能力，有权独立作出处置自有资产决定，包括处置自有债权债务的决定。

2. 乙方系依据中国法律在中国境内设立并合法存续的独立法人，具有履行本协议的权利能力和行为能力，有权独立作出处置自有资产决定，包括处置自有债权债务的决定。

3. 协议双方有意就其因长期业务往来形成债权债务关系，进行相应的调整以实现债务重组的目的。

有鉴于此，甲乙双方经友好协商达成如下债务重组协议，以兹共同遵守：

一、截至本协议签署之时，乙方尚欠甲方货款人民币 362 000.00 元（金额大写：叁拾陆万贰仟元整）。

二、由于乙方生产经营遇到了前所未有的困难，资金匮乏，短期内无法偿付所欠甲方货款。双方经协商，进行债务重组。甲方同意乙方以其销售的数控折弯机抵偿债务，该数控折弯机市场不含税的价格为人民币 168 000 元（金额大写：壹拾陆万捌仟元整），另乙方通过银行转账的形式支付人民币 135 000 元（金额大写：壹拾叁万伍仟元整），剩余债务给予减免。

……

十、协议生效及其他

（1）本协议自双方代表签字并加盖公章之日起生效。

（2）本协议如有未尽事宜，由协议各方协商后另行签署相关补充协议。

（3）本协议正本一式二份，协议双方各持一份，均有同等法律效力。

甲方：北京艾贝优婴儿车有限公司

法定代表人：章子鸣　章子鸣印

日期：2020 年 03 月 04 日

乙方：深圳华泰商贸有限公司

法定代表人：郑庆坤　郑庆坤印

日期：2020 年 03 月 04 日

单据 5-2

固定资产验收单

资产编号	20200001	资产名称	数控折弯机		
规格（编号）	TZM-63/2500	资产代码		购置日期	2020年03月04日
计量单位	台	单价（元）	168 000.00	金额（元）	168 000.00
出厂日期	2020年01月15日	管理人	汪铭哲		
生产厂家	广州鑫盛自动设备有限公司		安装使用地点	北京市西城区南横东街98号	
附件情况					

固定资产验收情况说明：

本设备经过调试，可投入使用。

验收确认：

已验收

验收日期： 2020 年 03 月 04 日

管理部门经理签字：谢郁静

公司总经理签字：章子俊

注：此表一式三份，使用部门、保管部门、财务部门各一份。

单据 5-3

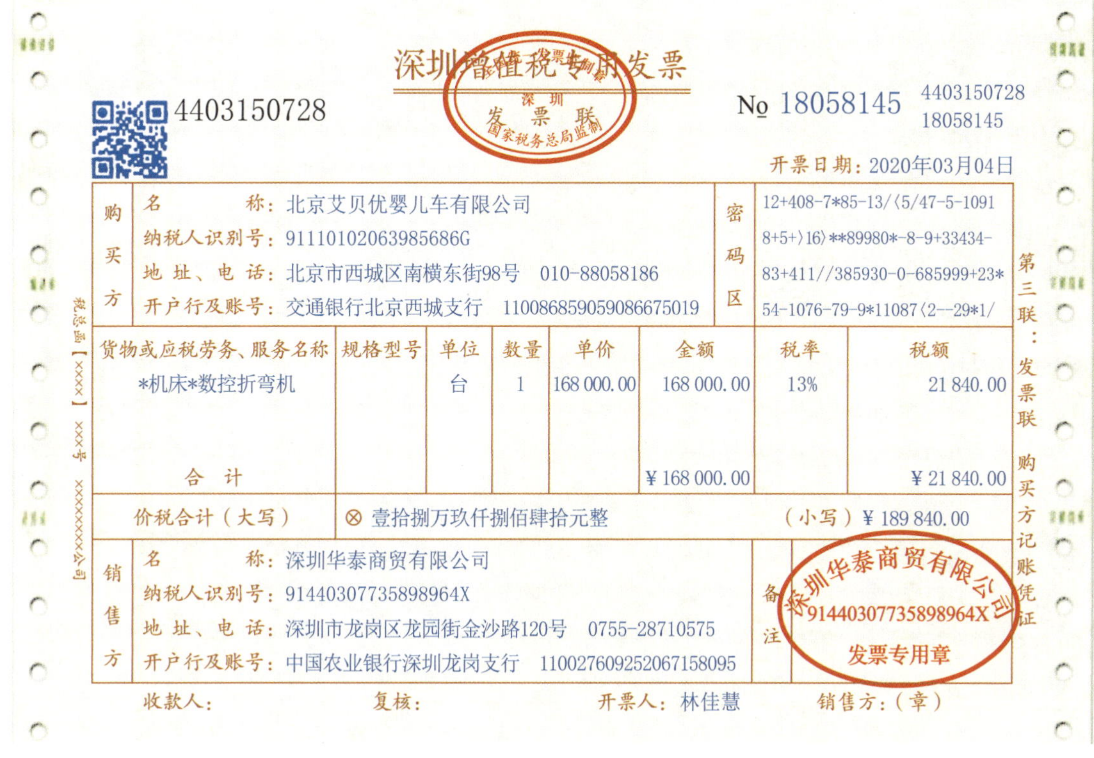

深圳增值税专用发票

4403150728

No 18058145　4403150728　18058145

开票日期：2020年03月04日

购买方	名　称：北京艾贝优婴儿车有限公司 纳税人识别号：91110102063985686G 地 址、电 话：北京市西城区南横东街98号　010-88058186 开户行及账号：交通银行北京西城支行　110086859059086675019				密码区	12+408-7*85-13/〈5/47-5-1091 8+5+〉16〉**89980*-8-9+33434- 83+411//385930-0-685999+23* 54-1076-79-9*11087〈2--29*1/	
货物或应税劳务、服务名称	规格型号	单位	数量	单价	金额	税率	税额
*机床*数控折弯机		台	1	168 000.00	168 000.00	13%	21 840.00
合　计					¥168 000.00		¥21 840.00
价税合计（大写）	⊗壹拾捌万玖仟捌佰肆拾元整				（小写）¥189 840.00		
销售方	名　称：深圳华泰商贸有限公司 纳税人识别号：91440307735898964X 地 址、电 话：深圳市龙岗区龙园街金沙路120号　0755-28710575 开户行及账号：中国农业银行深圳龙岗支行　110027609252067158095				备注		

收款人：　复核：　开票人：林佳慧　销售方：（章）

第三联：发票联　购买方记账凭证

单据 5-4

交通银行电子回单凭证

回单编号：288422360412　回单类型：网银业务　业务名称：

凭证种类：　凭证号码：　借贷标志：贷记　回单格式码：s

账号：110086859059086675019　开户行名称：交通银行北京西城支行

户名：北京艾贝优婴儿车有限公司

对方账号：110027609252067158095　开户行名称：中国农业银行深圳龙岗支行

对方户名：深圳华泰商贸有限公司

币种：CNY　金额：135 000.00　金额大写：壹拾叁万伍仟元整

兑换信息：兑换信息　币种：　金额：0.00　牌价：0.00　币种：　金额：0.00

摘要：

附加信息：

打印次数：0001　记账日期：20200304　会计流水号：EEZ0000012060261

记账机构：010120003999　经办柜员：EBB001　记账柜员：EEZ000　复核柜员：　授权柜员：

打印机构：010120003999　打印柜员：010210557511037　批次号：

【业务 6】

单据 6-1

交通银行
现金支票存根
10502812
25029021

附加信息

出票日期 年 月 日

收款人：

金 额：

用 途：

单位主管 会计

交通银行 现金支票 10502812
25029021

付款期限自出票之日起十天

出票日期（大写） 年 月 日 付款行名称：交通银行北京西城支行

收款人： 出票人账号：11008685905908667501 9

人民币（大写）	亿	千	百	十	万	千	百	十	元	角	分

用途 密码

上列款项请从
我账户内支付
出票人签章 复核 记账

单据 6-2

提现申请单

2020 年 03 月 04 日

收款单位	北京艾贝优婴儿车有限公司		
地址	北京市西城区南横东街 98 号	联系电话	010-88058186
收款人开户行	交通银行北京西城支行	开户账号	1100868590590866750 19
内容	提取备用金		
大写	人民币伍仟元整	¥ 5 000.00	

审批：章子俊 审核：陈俞璟 经办人：吕珊珊

附加信息：

收款人签章
年 月 日

身份证件名称： 发证机关：

号码

（贴粘单处）

根据《中华人民共和国票据法》等法律法规的规定，签发空头支票由中国人民银行处以票面金额5%但不低于1 000元的罚款。

【业务 7】

单据 7-1

付款申请书

2020 年 03 月 05 日

用途及情况	金额											收款单位（人）：广州兴林布业有限公司
采购原材料款	亿	千	百	十	万	千	百	十	元	角	分	账号：441011217632438003685
			¥	9	0	8	5	2	4	5	2	开户行：交通银行广州荔湾支行
金额（大写）合计：	人民币玖拾万捌仟伍佰贰拾肆元伍角贰分											结算方式：转账

总经理	章子俊	财务部门	经理	陈俞璟	业务部门	经　理	范丽琪
			会计	王心怡		经办人	吴莲荷

单据 7-2

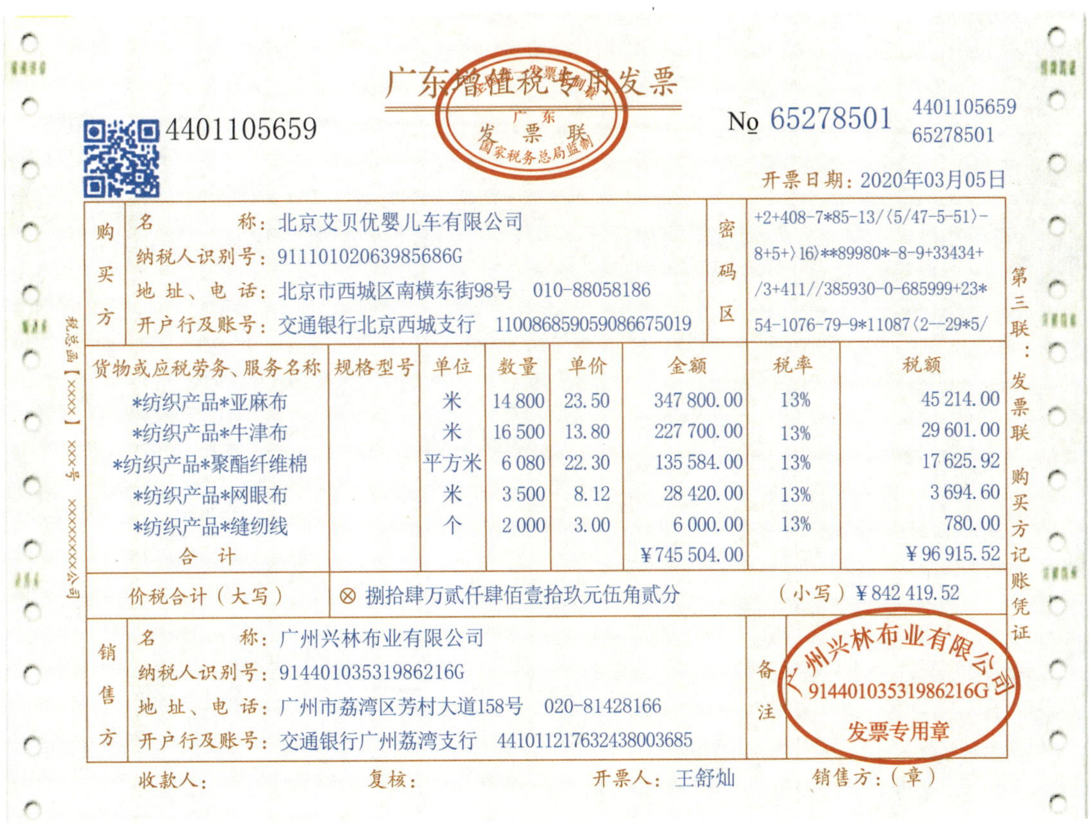

广东增值税专用发票

4401105659　　№ 65278501　4401105659　65278501

发　票　联

开票日期：2020年03月05日

购买方	
名　　称：	北京艾贝优婴儿车有限公司
纳税人识别号：	91110102063985686G
地　址、电　话：	北京市西城区南横东街98号　010-88058186
开户行及账号：	交通银行北京西城支行　110086859059086675019

密码区：
+2+408-7*85-13/〈5/47-5-51〉-
8+5+〉16〉**89980*-8-9+33434+
/3+411//385930-0-685999+23*
54-1076-79-9*11087〈2--29*5/

货物或应税劳务、服务名称	规格型号	单位	数量	单价	金额	税率	税额
*纺织产品*亚麻布		米	14 800	23.50	347 800.00	13%	45 214.00
*纺织产品*牛津布		米	16 500	13.80	227 700.00	13%	29 601.00
*纺织产品*聚酯纤维棉		平方米	6 080	22.30	135 584.00	13%	17 625.92
*纺织产品*网眼布		米	3 500	8.12	28 420.00	13%	3 694.60
*纺织产品*缝纫线		个	2 000	3.00	6 000.00	13%	780.00
合　计					¥745 504.00		¥96 915.52

价税合计（大写）　⊗ 捌拾肆万贰仟肆佰壹拾玖元伍角贰分　（小写）¥842 419.52

销售方	
名　　称：	广州兴林布业有限公司
纳税人识别号：	91440103531986216G
地　址、电　话：	广州市荔湾区芳村大道158号　020-81428166
开户行及账号：	交通银行广州荔湾支行　441011217632438003685

备注：（广州兴林布业有限公司　91440103531986216G　发票专用章）

收款人：　　复核：　　开票人：王舒灿　　销售方：（章）

第三联：发票联　购买方记账凭证

单据 7-3

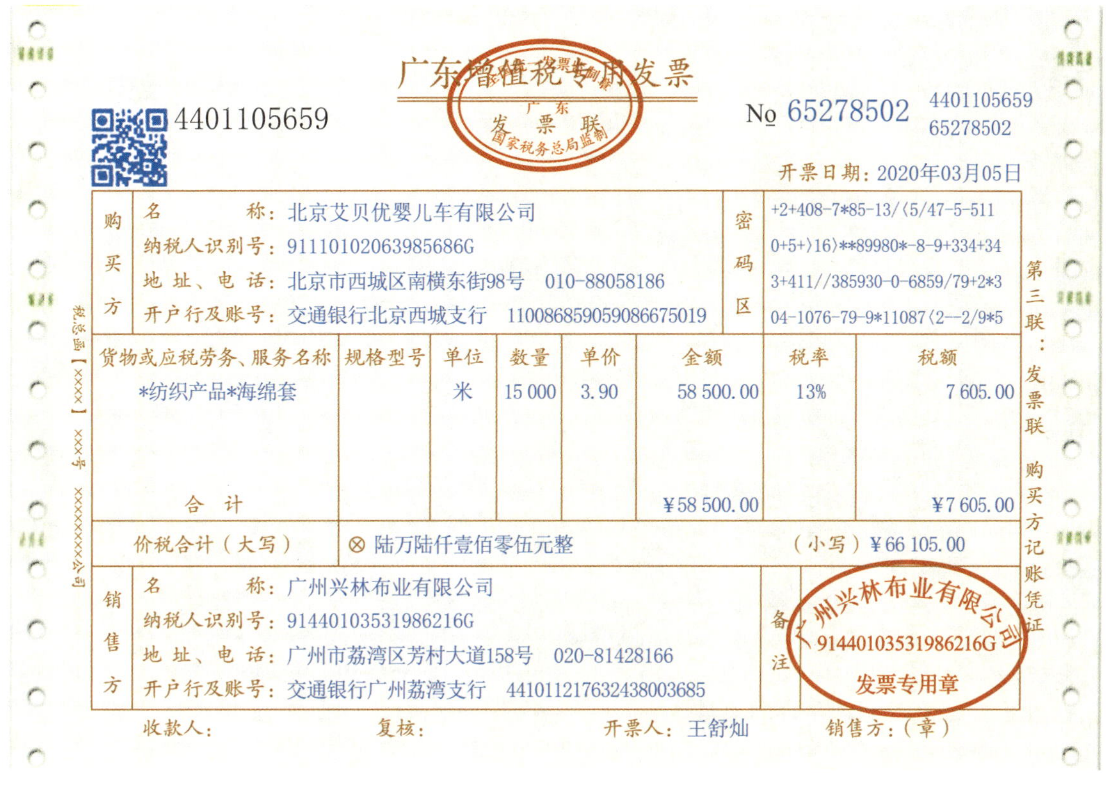

广东增值税专用发票

发票联

4401105659 No 65278502 4401105659 65278502

开票日期：2020年03月05日

购买方	名　　称：北京艾贝优婴儿车有限公司 纳税人识别号：91110102063985686G 地址、电话：北京市西城区南横东街98号 010-88058186 开户行及账号：交通银行北京西城支行 11008685905908667501 9	密码区	+2+408-7*85-13/<5/47-5-511 0+5+>16)**89980*-8-9+334+34 3+411//385930-0-6859/79+2*3 04-1076-79-9*11087<2--2/9*5

货物或应税劳务、服务名称	规格型号	单位	数量	单价	金额	税率	税额
*纺织产品*海绵套		米	15 000	3.90	58 500.00	13%	7 605.00
合　计					¥58 500.00		¥7 605.00
价税合计（大写）	⊗ 陆万陆仟壹佰零伍元整					（小写）¥66 105.00	

销售方	名　　称：广州兴林布业有限公司 纳税人识别号：91440103531986216G 地址、电话：广州市荔湾区芳村大道158号 020-81428166 开户行及账号：交通银行广州荔湾支行 441011217632438003685	备注	广州兴林布业有限公司 91440103531986216G 发票专用章

收款人：　　复核：　　开票人：王舒灿　　销售方：（章）

第三联：发票联 购买方记账凭证

单据 7-4

收　料　单

供应单位：广州兴林布业有限公司　　　　编号：2286514

材料类别：原材料　　2020年03月05日　　收料仓库：原材料库

材料编号	材料名称	规格	计量单位	数量		实际价格				计划价格	
				应收	实收	单价	材料金额	运杂费	合计	单价	金额
00105	亚麻布		米	14 800	14 800						
00106	牛津布		米	16 500	16 500						
00107	聚酯纤维棉		平方米	6 080	6 080						
00108	网眼布		米	3 500	3 500						
备注：											

会计联

部门经理：魏凯峰　　质量检验员：周晓虹　　仓库：李明　　经办人：陈玉玲

单据 7-5

收　料　单

供应单位：广州兴林布业有限公司　　　　编号：2286515
材料类别：原材料　　　　2020年03月05日　　　　收料仓库：原材料库

材料编号	材料名称	规　格	计量单位	数　量		实际价格				计划价格	
				应　收	实　收	单　价	材料金额	运杂费	合　计	单　价	金　额
00109	缝纫线		个	2 000	2 000						
00115	海绵套		米	15 000	15 000						
备注：											

会计联

部门经理：魏凯峰　　质量检验员：周晓虹　　仓库：李明　　经办人：陈玉玲

单据 7-6

交通银行电子回单凭证

回单编号：288422361715　　回单类型：网银业务　　业务名称：
凭证种类：　　凭证号码：　　借贷标志：借记　　回单格式码：s
账号：110086859059086675019　　开户行名称：交通银行北京西城支行
户名：北京艾贝优婴儿车有限公司
对方账号：441011217632438003685　　开户行名称：交通银行广州荔湾支行
对方户名：广州兴林布业有限公司
币种：CNY　　金额：908 524.52　　金额大写：玖拾万捌仟伍佰贰拾肆元伍角贰分
兑换信息：兑换信息　　币种：　　金额：0.00　　牌价：0.00　　币种：　　金额：0.00

摘要：

附加信息：

打印次数：0001　　记账日期：20200305　　会计流水号：EEZ0000012060261
记账机构：010120003999　　经办柜员：EBB001　　记账柜员：EEZ000　　复核柜员：　　授权柜员：
打印机构：010120003999　　打印柜员：010210557511037　　批次号：

交通银行 北京分行 业务受理章

【业务 8】

单据 8-1

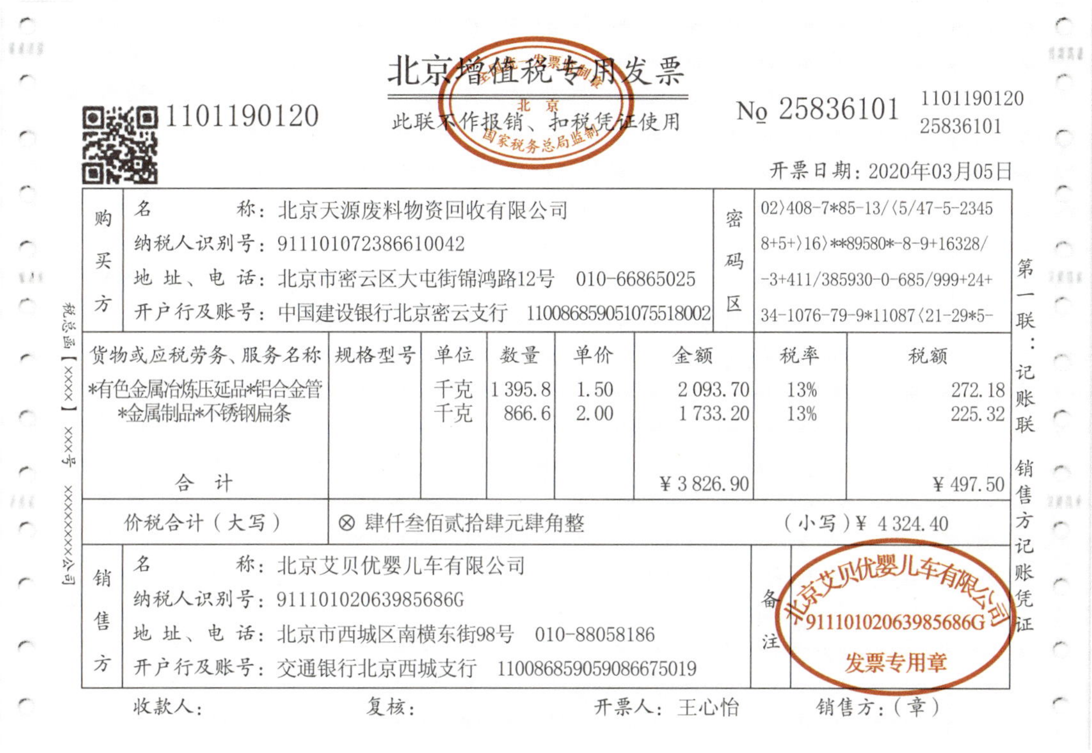

北京增值税专用发票

1101190120　此联不作报销、扣税凭证使用　№ 25836101　1101190120 25836101

开票日期：2020年03月05日

购买方　名称：北京天源废料物资回收有限公司
纳税人识别号：911101072386610042
地址、电话：北京市密云区大屯街锦鸿路12号　010-66865025
开户行及账号：中国建设银行北京密云支行　110086859051075518002

密码区　02>408-7*85-13/<5/47-5-2345 8+5+>16>**89580*-8-9+16328/ -3+411/385930-0-685/999+24+ 34-1076-79-9*11087<21-29*5-

货物或应税劳务、服务名称	规格型号	单位	数量	单价	金额	税率	税额
*有色金属冶炼压延品*铝合金管		千克	1 395.8	1.50	2 093.70	13%	272.18
*金属制品*不锈钢扁条		千克	866.6	2.00	1 733.20	13%	225.32
合　计					¥ 3 826.90		¥ 497.50
价税合计（大写）	⊗ 肆仟叁佰贰拾肆元肆角整				（小写）¥ 4 324.40		

销售方　名称：北京艾贝优婴儿车有限公司
纳税人识别号：91110102063985686G
地址、电话：北京市西城区南横东街98号　010-88058186
开户行及账号：交通银行北京西城支行　110086859059086675019

备注　北京艾贝优婴儿车有限公司 91110102063985686G 发票专用章

收款人：　复核：　开票人：王心怡　销售方：（章）

第一联：记账联　销售方记账凭证

税总函〔××××〕×××号　××××××××公司

单据 8-2

销　售　单

购货单位：北京天源废料物资回收有限公司　地址和电话：北京市密云区大屯街锦鸿路12号010-66865025　单据编号：3903012

纳税识别号：911101072386610042　开户行及账号：中国建设银行北京密云支行110086859051075518002　制单日期：2020年03月05日

编码	产品名称	规格	单位	单价	数量	金额	备注
00101	铝合金管		千克	1.50	1 395.8	2 093.70	不含税
00102	不锈钢扁条		千克	2.00	866.6	1 733.20	
合计	人民币（大写）：叁仟捌佰贰拾陆元玖角整				—	¥3 826.90	

会计联

销售经理：范丽琪　经手人：吴莲荷　会计：王心怡　签收人：

单据 8-3

交通银行电子回单凭证

回单编号：288422360625　回单类型：网银业务　业务名称：
凭证种类：　凭证号码：　借贷标志：贷记　回单格式码：s
账号：110086859059086675019　开户行名称：交通银行北京西城支行
户名：北京艾贝优婴儿车有限公司
对方账号：110086859051075518002　开户行名称：中国建设银行北京密云支行
对方户名：北京天源废料物资回收有限公司
币种：CNY　金额：4 324.40　金额大写：肆仟叁佰贰拾肆元肆角整
兑换信息：兑换信息　币种：　金额：0.00　牌价：0.00　币种：　金额：0.00

摘要：

附加信息：

打印次数：0001　记账日期：20200305　会计流水号：EEZ0000012060261
记账机构：010120003999　经办柜员：EBB001　记账柜员：EEZ000　复核柜员：　授权柜员：
打印机构：010120003999　打印柜员：010210557511037　批次号：

（印章：交通银行 北京分行 业务受理章）

【业务 9】

单据 9-1

领料单

领料部门：一车间
用　途：生产领用　2020 年 03 月 06 日　第 2241021 号

材料			单位	数量		成本	
编号	名称	规格		请领	实发	单价	总价
00301	防护眼镜		副	130	130		
合计	—	—	—	—	—	—	

会计联

部门经理：范丽琪　会计：林建州　仓库：李明　经办人：展颓

单据 9-2

领 料 单

领料部门：二车间
用　　途：生产领用　　　　2020 年 03 月 06 日　　　　第 2241022 号

材料			单位	数量		成本	
编号	名称	规格		请领	实发	单价	总价
00302	画粉		盒	300	300		
合计	—	—	—	—	—	—	

会计联

部门经理：范丽琪　　会计：林建州　　仓库：李明　　经办人：展颓

单据 9-3

领 料 单

领料部门：三车间
用　　途：生产领用　　　　2020 年 03 月 06 日　　　　第 2241023 号

材料			单位	数量		成本	
编号	名称	规格		请领	实发	单价	总价
00303	防割手套		双	50	50		
合计	—	—	—	—	—	—	

会计联

部门经理：范丽琪　　会计：林建州　　仓库：李明　　经办人：展颓

单据 9-4

低值易耗品领用汇总表

2020 年 03 月 06 日　　　　金额单位：元

品名	单位	期初库存			本期领用						期末结存		
					一车间		二车间		三车间				
		数量	单价	金额	数量	金额	数量	金额	数量	金额	数量	单价	金额
防护眼镜	副	500	15.10	7 550.00	130	1 963.00					370	15.10	5 587.00
画粉	盒	650	4.342	2 822.30			300	1 302.60			350	4.342	1 519.70
防割手套	双	230	21.20	4 876.00					50	1 060.00	180	21.20	3 816.00
合计				15 248.30		1 963.00		1 302.60		1 060.00			10 922.70

审核：陈俞璟　　　　编制：林建州

【业务 10】

单据 10-1

北京正丰证券西城营业部对账单

客户编号：220015210　　姓名：北京艾贝[illegible]婴儿[illegible]有限公司　　对账日期：2020.03.06　　打印柜员：

资金信息：

币种	资金余额	可用金额	可取现金	资产总值
人民币	1 700.00	1 700.00	1 700.00	2 136 700.00

流水明细：

日期	币种	业务标志	证券名称	证券代码	发生数量	成交均价	佣金	印花税	其他费	收付金额	资金余额	备注
2018.01.22	人民币	股票买入	海投集团	501435	20 000	18.00			800.00	-360 800.00	91 100.00	
2019.07.05	人民币	股票买入	鸿发集团	400631	50 000	15.60			1 500.00	-781 500.00	1 101 100.00	
2019.07.22	人民币	股票买入	城南科技	602301	20 000	14.50			700.00	-290 700.00	810 400.00	
2019.08.22	人民币	股票买入	新阳股份	301956	40 000	17.90			1 800.00	-717 800.00	92 600.00	
2020.02.15	人民币	股票卖出	城南科技	602301	20 000	13.70				274 000.00	366 600.00	
2020.03.06	人民币	股票买入	新阳股份	301956	20 000	18.20			900.00	-364 900.00	1 700.00	
合计:											1 700.00	

汇总股票资料

证券名称	证券代码	当前数	可用数	最新价	市值	币种
海投集团	501435	20 000	20 000	16.50	330 000.00	人民币
鸿发集团	400631	50 000	50 000	14.50	725 000.00	人民币
新阳股份	301956	60 000	60 000	18.00	1 080 000.00	人民币

【业务 11】

单据 11-1

付款申请书

2020 年 03 月 06 日

<table>
<tr><td colspan="2">用途及情况</td><td colspan="11">金额</td><td colspan="3">收款单位（人）：北京联辉信息技术服务有限公司</td></tr>
<tr><td colspan="2" rowspan="2">支付税控设备维护费</td><td>亿</td><td>千</td><td>百</td><td>十</td><td>万</td><td>千</td><td>百</td><td>十</td><td>元</td><td>角</td><td>分</td><td colspan="3">账号：6227146391870359128</td></tr>
<tr><td></td><td></td><td></td><td></td><td></td><td>¥</td><td>2</td><td>8</td><td>0</td><td>0</td><td>0</td><td colspan="3">开户行：中国建设银行北京朝阳支行</td></tr>
<tr><td colspan="2">金额（大写）合计：</td><td colspan="12">人民币贰佰捌拾元整</td><td colspan="2">结算方式：转账</td></tr>
<tr><td rowspan="2">总经理</td><td rowspan="2">章子俊</td><td rowspan="2">财务部门</td><td colspan="3">经理</td><td colspan="3">陈俞璟</td><td colspan="3" rowspan="2">业务部门</td><td colspan="2">经理</td><td colspan="2">陈俞璟</td></tr>
<tr><td colspan="3">会计</td><td colspan="3">王心怡</td><td colspan="2">经办人</td><td colspan="2">吕珊珊</td></tr>
</table>

单据 11-2

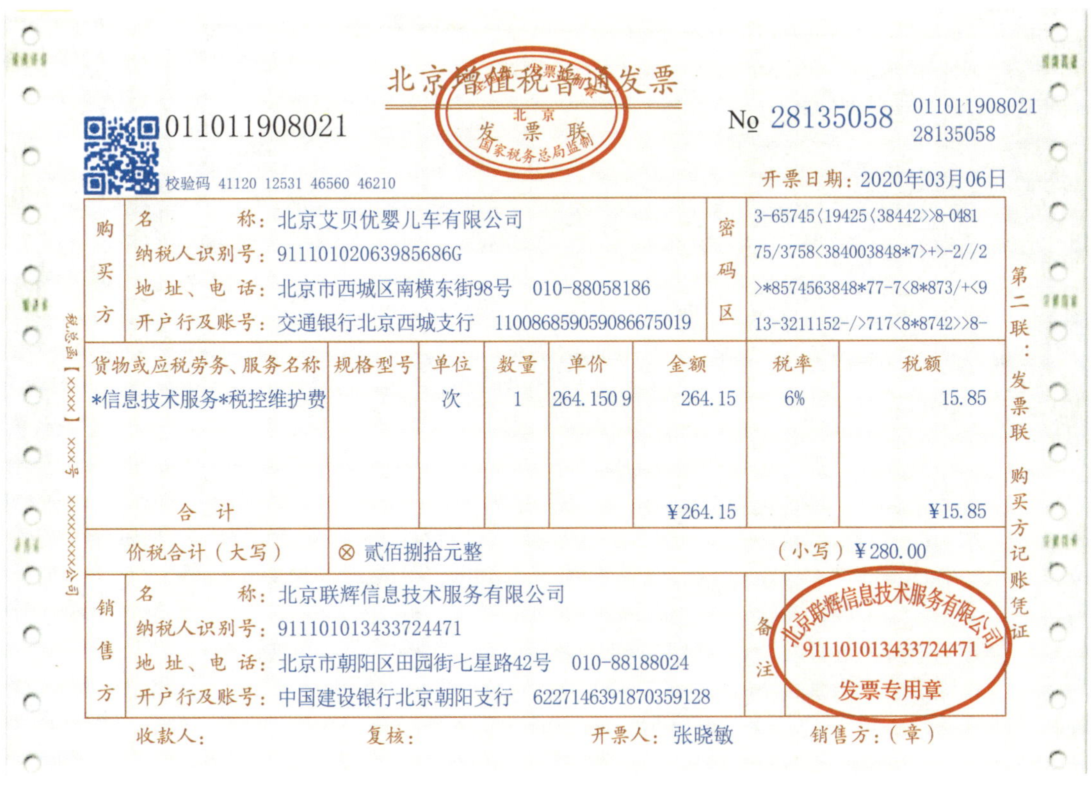

北京增值税普通发票

011011908021　　No 28135058　　011011908021　28135058

发票联

校验码 41120 12531 46560 46210　　开票日期：2020年03月06日

购买方	名　　称：北京艾贝优婴儿车有限公司 纳税人识别号：91110102063985686G 地址、电话：北京市西城区南横东街98号　010-88058186 开户行及账号：交通银行北京西城支行　110086859059086675019	密码区	3-65745<19425<38442>>8-0481 75/3758<384003848*7>+>-2//2 >*8574563848*77-7<8*873/+<9 13-3211152-/>717<8*8742>>8-

货物或应税劳务、服务名称	规格型号	单位	数量	单价	金额	税率	税额
*信息技术服务*税控维护费		次	1	264.150 9	264.15	6%	15.85
合　计					¥264.15		¥15.85
价税合计（大写）	⊗ 贰佰捌拾元整				（小写）¥280.00		

销售方	名　　称：北京联辉信息技术服务有限公司 纳税人识别号：911101013433724471 地址、电话：北京市朝阳区田园街七星路42号　010-88188024 开户行及账号：中国建设银行北京朝阳支行　6227146391870359128	备注	北京联辉信息技术服务有限公司 911101013433724471 发票专用章

收款人：　　复核：　　开票人：张晓敏　　销售方：（章）

第二联：发票联　购买方记账凭证

单据 11-3

交通银行电子回单凭证

回单编号：288422361658　　回单类型：网银业务　　业务名称：
凭证种类：　　凭证号码：　　借贷标志：借记　　回单格式码：s
账号：110086859059086675019　　开户行名称：交通银行北京西城支行
户名：北京艾贝优婴儿车有限公司
对方账号：6227146391870359128　　开户行名称：中国建设银行北京朝阳支行
对方户名：北京联辉信息技术服务有限公司
币种：CNY　　金额：280.00　　金额大写：贰佰捌拾元整
兑换信息：兑换信息　　币种：　　金额：0.00　　牌价：0.00　　币种：　　金额：0.00

摘要：

附加信息：

交通银行 北京分行 业务受理章

打印次数：0001　　记账日期：20200306　　会计流水号：EEZ0000012060261
记账机构：010120003999　　经办柜员：EBB001　　记账柜员：EEZ000　　复核柜员：　　授权柜员：
打印机构：010120003999　　打印柜员：010210557511037　　批次号：

【业务 12】

单据 12-1

交通银行 BANK OF COMMUNICATIONS

结算业务申请书 RMB SETTLEMENT APPLICATION FORM

AB 09783069

申请日期 Date：　　年 Y　　月 M　　日 D

业务类型 Type of Business：电汇 T/T □　信汇 M/T □　汇票申请书 D/D □　本票申请书 P/N □　其他 Other □

申请人 Applicant	全称 Full Name		收款人 Beneficiary	全称 Full Name	
	账号或地址 AC NO.Address			账号或地址 AC No. Address	
	开户银行 A/C Bank			开户银行 A/C Bank	
金额 Amount	人民币（大写） RMB in Words			亿 千 百 十 万 千 百 十 元 角 分	
银行签章 Bank's Aulherized Signature(s) and/or Stamp(s)			支付密码 Payment Pin NO.		
			电汇时需选择：Please Tick Where Applicable 普通 Regular □ 加急 Urget □	附加信息及用途：Message and Purpose：	

会计主管：　　授权：　　复核：　　记账：

第三联 此联付款行给付款人的回单

A-025-3000-3-2008-深圳光华印制有限公司

单据 12-2

付款申请书

2020 年 03 月 07 日

用途及情况	金额											收款单位（人）：北京领昕实业有限公司
申请银行汇票采购材料	亿	千	百	十	万	千	百	十	元	角	分	账号：41002049052486989635
		¥	2	6	5	0	0	0	0	0	0	开户行：中国工商银行北京通州支行
金额（大写）合计：	人民币贰佰陆拾伍万元整											结算方式：银行汇票

总经理	章子俊	财务部门	经理	陈俞璟	业务部门	经理	范丽琪
			会计	王心怡		经办人	吴莲荷

【业务 13】

单据 13-1

差旅费报销单

2020 年 03 月 07 日　　单据及附件共 4 张

所属部门		管理部		姓名	温求敏	出差事由	商务洽谈	
出发		到达		起止地点	交通费	住宿费	伙食费	其他
月	日	月	日					
03	03	03	06	北京—上海	980.00			
03	03	03	06			954.00	360.00	
03	06	03	06	上海—北京	980.00			
合计	大写金额：叁仟贰佰柒拾肆元整 ¥3 274.00				预支旅费	¥4 000.00	退回金额	¥726.00
							补付金额	¥0.00

总经理：章子俊　财务经理：陈俞璟　会计：王心怡　出纳：吕珊珊　部门经理：谢郁静　报销人：温求敏

单据 13-2

航空运输电子客票行程单
ITINERARY/RECEIPT OF E-TICKET FOR AIR TRANSPORT

印刷序号：SERIAL NUMBER: 4819205781 8

旅客姓名 NAME OF PASSENGER	有效身份证件号码 ID.NO.	签注 ENDORSEMENTS/RESTRICTIONS (CARBON)
温求敏	11010519800231253X	不得签转

	承运人 CARRIER	航班号 FLIGHT	座位等级 CLASS	日期 DATE	时间 TIME	客票级别/客票类别 FARE BASIS	客票生效日期 NOTVALID BEFORE	有效截止日期 NOTVALID AFTER	免费行李 ALLOW
自 FROM 北京	TY	MU4129	B	03MAR	1055	Y			20KG
至 TO 上海									
至 TO									
至 TO									
至 TO	票价 FARE CNY 880.00		机场建设费 AIRPORT TAX CNY 50.00		燃油附加费 FUEL SURCHARGE CNY 50.00		其他税费 OTHER TAXES	合计 TOTAL CNY 980.00	

电子客票号码 E-TICKET No 4719372890164	验证码 CK 0129	提示信息 INFORMATION	保险费 INSURANCE
销售单位代号 AGENT CODE FU01382947885	填开单位 ISSUED BY 北京捷达航空服务有限公司		填开日期 DATE OF ISSUE 2020-03-03

付款凭证 RECEIPT　手写无效 INVALID IN HANDWRITING

验真网址：WWW.TRAVELSKY.COM 服务热线：400-815-8888 短信验真：发送JP至10669018

请旅客登机前认真阅读《旅客须知》及承运人的运输总条件内容
The important Notice and the general conditions of carriage must be read before traveling.

单据 13-3

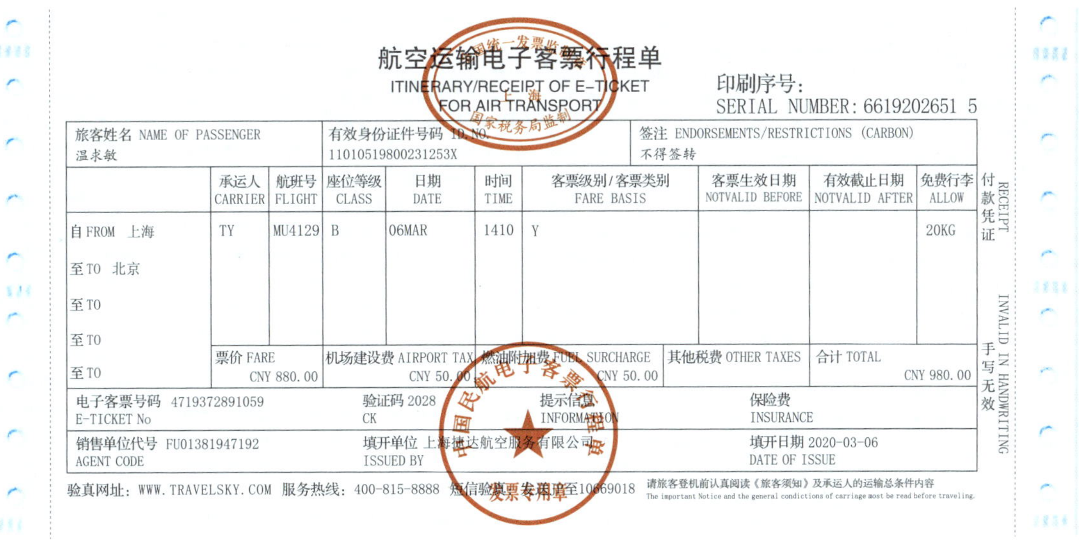

航空运输电子客票行程单
ITINERARY/RECEIPT OF E-TICKET FOR AIR TRANSPORT

印刷序号：SERIAL NUMBER: 6619202651 5

旅客姓名 NAME OF PASSENGER	有效身份证件号码 ID.NO.	签注 ENDORSEMENTS/RESTRICTIONS (CARBON)
温求敏	11010519800231253X	不得签转

	承运人 CARRIER	航班号 FLIGHT	座位等级 CLASS	日期 DATE	时间 TIME	客票级别/客票类别 FARE BASIS	客票生效日期 NOTVALID BEFORE	有效截止日期 NOTVALID AFTER	免费行李 ALLOW
自 FROM 上海	TY	MU4129	B	06MAR	1410	Y			20KG
至 TO 北京									
至 TO									
至 TO									
至 TO	票价 FARE CNY 880.00		机场建设费 AIRPORT TAX CNY 50.00		燃油附加费 FUEL SURCHARGE CNY 50.00		其他税费 OTHER TAXES	合计 TOTAL CNY 980.00	

电子客票号码 E-TICKET No 4719372891059	验证码 CK 2028	提示信息 INFORMATION	保险费 INSURANCE
销售单位代号 AGENT CODE FU01381947192	填开单位 ISSUED BY 上海捷达航空服务有限公司		填开日期 DATE OF ISSUE 2020-03-06

付款凭证 RECEIPT　手写无效 INVALID IN HANDWRITING

验真网址：WWW.TRAVELSKY.COM 服务热线：400-815-8888 短信验真：发送JP至10669018

请旅客登机前认真阅读《旅客须知》及承运人的运输总条件内容
The important Notice and the general conditions of carriage must be read before traveling.

单据 13-4

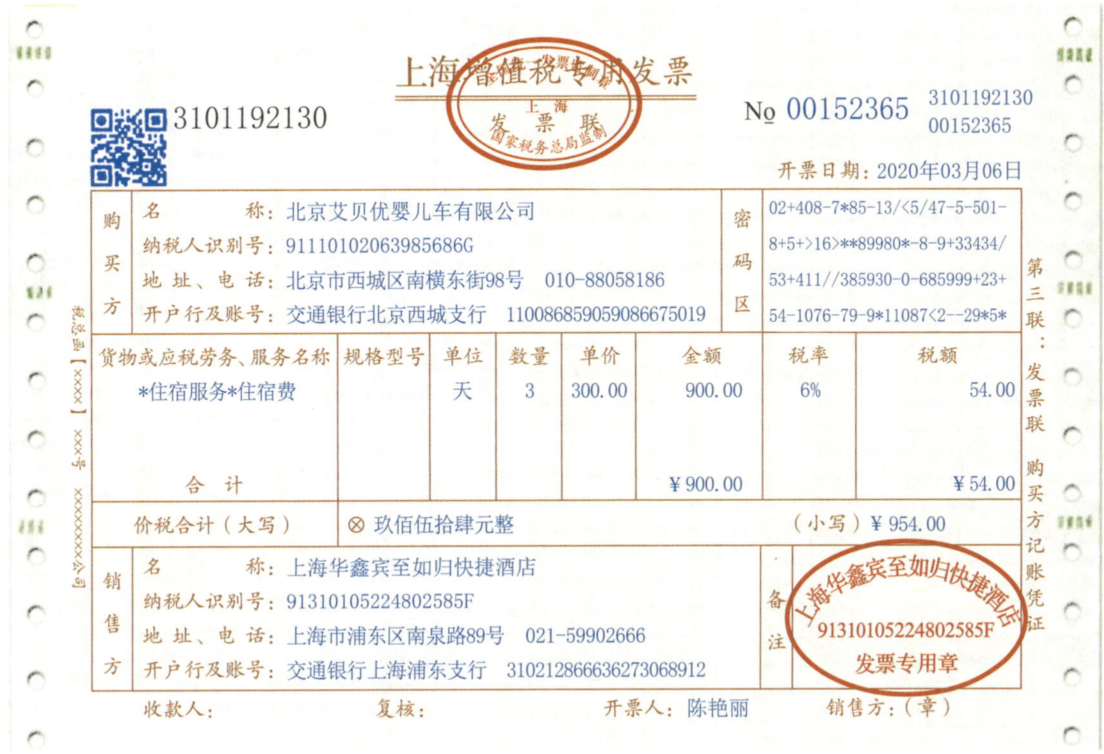

上海增值税专用发票

发票联

3101192130　№ 00152365　3101192130 00152365

开票日期：2020年03月06日

购买方	名　　称：北京艾贝优婴儿车有限公司 纳税人识别号：91110102063985686G 地 址、电 话：北京市西城区南横东街98号 010-88058186 开户行及账号：交通银行北京西城支行 110086859059086675019	密码区	02+408-7*85-13/<5/47-5-501- 8+5+>16>**89980*-8-9+33434/ 53+411//385930-0-685999+23+ 54-1076-79-9*11087<2--29*5*

货物或应税劳务、服务名称	规格型号	单位	数量	单价	金额	税率	税额
*住宿服务*住宿费		天	3	300.00	900.00	6%	54.00
合　计					¥900.00		¥54.00
价税合计（大写）	⊗ 玖佰伍拾肆元整				（小写）¥954.00		

销售方	名　　称：上海华鑫宾至如归快捷酒店 纳税人识别号：91310105224802585F 地 址、电 话：上海市浦东区南泉路89号 021-59902666 开户行及账号：交通银行上海浦东支行 310212866636273068912	备注	上海华鑫宾至如归快捷酒店 91310105224802585F 发票专用章

收款人：　复核：　开票人：陈艳丽　销售方：（章）

第三联：发票联 购买方记账凭证

单据 13-5

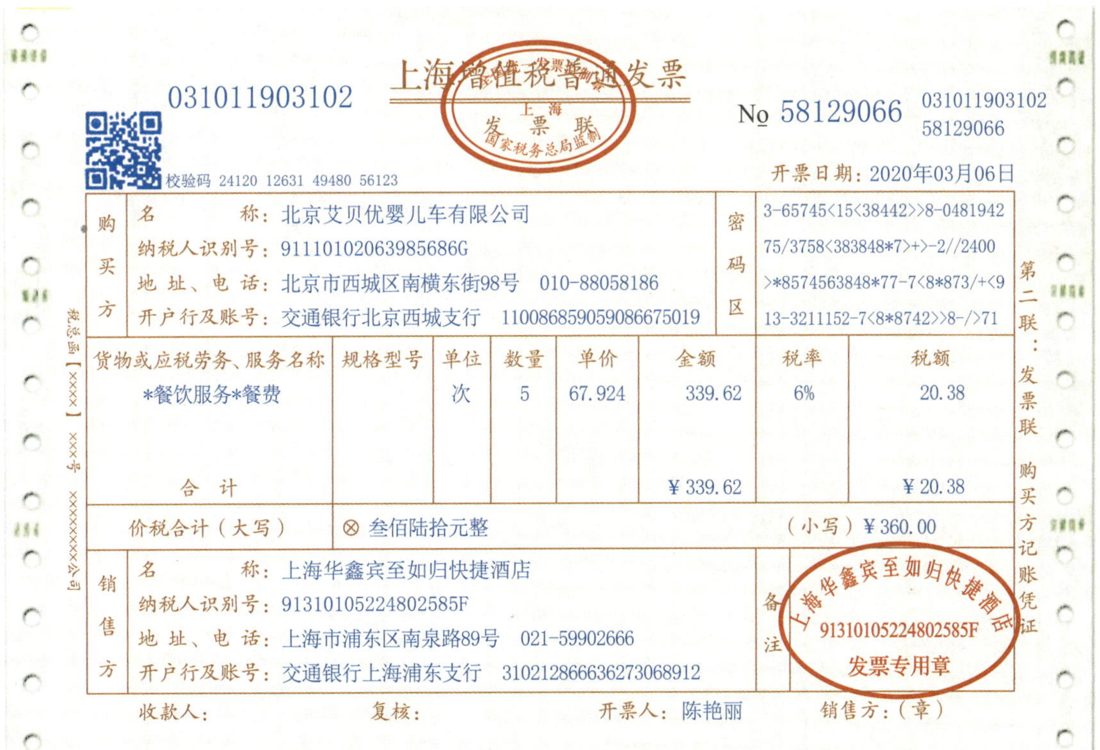

上海增值税普通发票

发票联

031011903102　№ 58129066　031011903102 58129066

校验码 24120 12631 49480 56123

开票日期：2020年03月06日

购买方	名　　称：北京艾贝优婴儿车有限公司 纳税人识别号：91110102063985686G 地 址、电 话：北京市西城区南横东街98号 010-88058186 开户行及账号：交通银行北京西城支行 110086859059086675019	密码区	3-65745<15<38442>>8-0481942 75/3758<383848*7>+>-2//2400 >*8574563848*77-7<8*873/+<9 13-3211152-7<8*8742>>8-/>71

货物或应税劳务、服务名称	规格型号	单位	数量	单价	金额	税率	税额
*餐饮服务*餐费		次	5	67.924	339.62	6%	20.38
合　计					¥339.62		¥20.38
价税合计（大写）	⊗ 叁佰陆拾元整				（小写）¥360.00		

销售方	名　　称：上海华鑫宾至如归快捷酒店 纳税人识别号：91310105224802585F 地 址、电 话：上海市浦东区南泉路89号 021-59902666 开户行及账号：交通银行上海浦东支行 310212866636273068912	备注	上海华鑫宾至如归快捷酒店 91310105224802585F 发票专用章

收款人：　复核：　开票人：陈艳丽　销售方：（章）

第二联：发票联 购买方记账凭证

单据 13-6

收 款 收 据

现金收讫

2020年03月07日 NO.0023021

今收到 温求敏

交来：预借差旅费剩余款

金额（大写） 零 佰 零 拾 零 万 零 仟 柒 佰 贰 拾 陆 元 零 角 零 分

¥ 726.00 ☑现金 ☐转账支票 ☐其他 收款单位（盖章）

第三联交财务

核准 会计 王心怡 记账 出纳 吕珊珊 经手人 温求敏

【业务 14】

单据 14-1

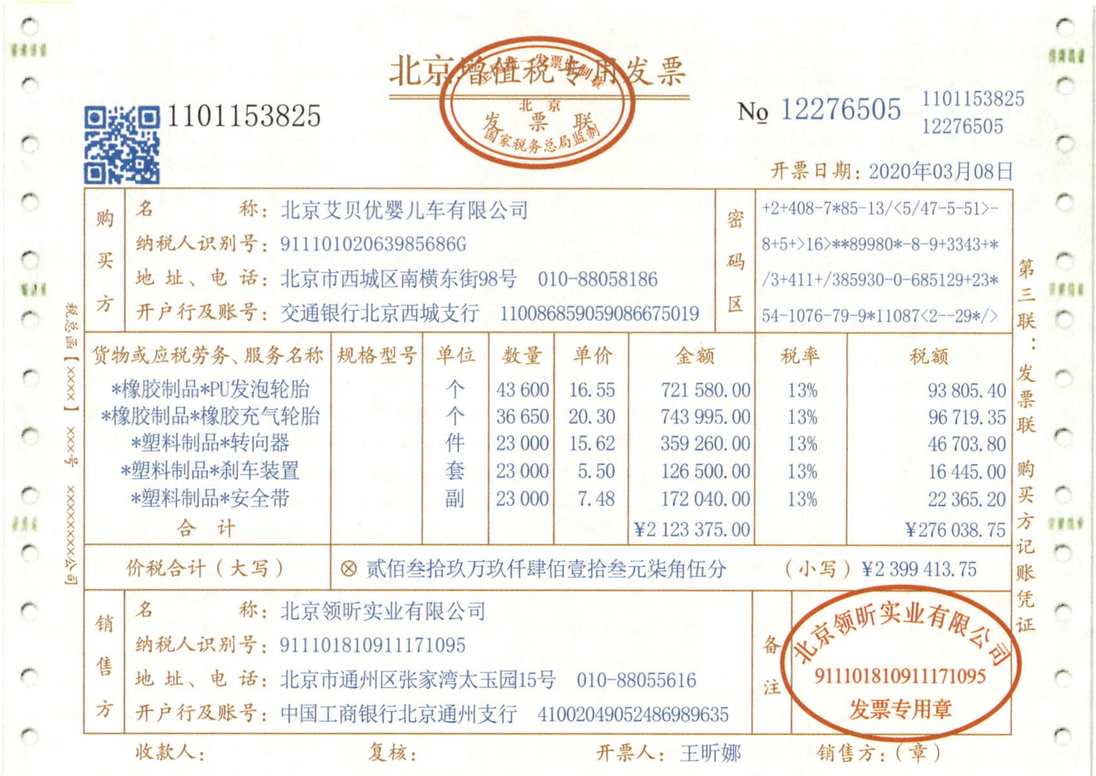

北京增值税专用发票

发票联

1101153825

№ 12276505 1101153825 12276505

开票日期：2020年03月08日

购买方	名称：北京艾贝优婴儿车有限公司 纳税人识别号：91110102063985686G 地址、电话：北京市西城区南横东街98号 010-88058186 开户行及账号：交通银行北京西城支行 110086859059086675019	密码区	+2+408-7*85-13/<5/47-5-51>- 8+5+>16>**89980*-8-9+3343+* /3+411+/385930-0-685129+23* 54-1076-79-9*11087<2--29*/>

货物或应税劳务、服务名称	规格型号	单位	数量	单价	金额	税率	税额
*橡胶制品*PU发泡轮胎		个	43 600	16.55	721 580.00	13%	93 805.40
*橡胶制品*橡胶充气轮胎		个	36 650	20.30	743 995.00	13%	96 719.35
*塑料制品*转向器		件	23 000	15.62	359 260.00	13%	46 703.80
*塑料制品*刹车装置		套	23 000	5.50	126 500.00	13%	16 445.00
*塑料制品*安全带		副	23 000	7.48	172 040.00	13%	22 365.20
合 计					¥2 123 375.00		¥276 038.75
价税合计（大写）	⊗ 贰佰叁拾玖万玖仟肆佰壹拾叁元柒角伍分				（小写）¥2 399 413.75		

销售方	名称：北京领昕实业有限公司 纳税人识别号：911101810911171095 地址、电话：北京市通州区张家湾太玉园15号 010-88055616 开户行及账号：中国工商银行北京通州支行 41002049052486989635	备注	北京领昕实业有限公司 911101810911171095 发票专用章

收款人： 复核： 开票人：王昕娜 销售方：（章）

第三联：发票联 购买方记账凭证

税总函【××××】×××号 ××××××××公司

单据 14-2

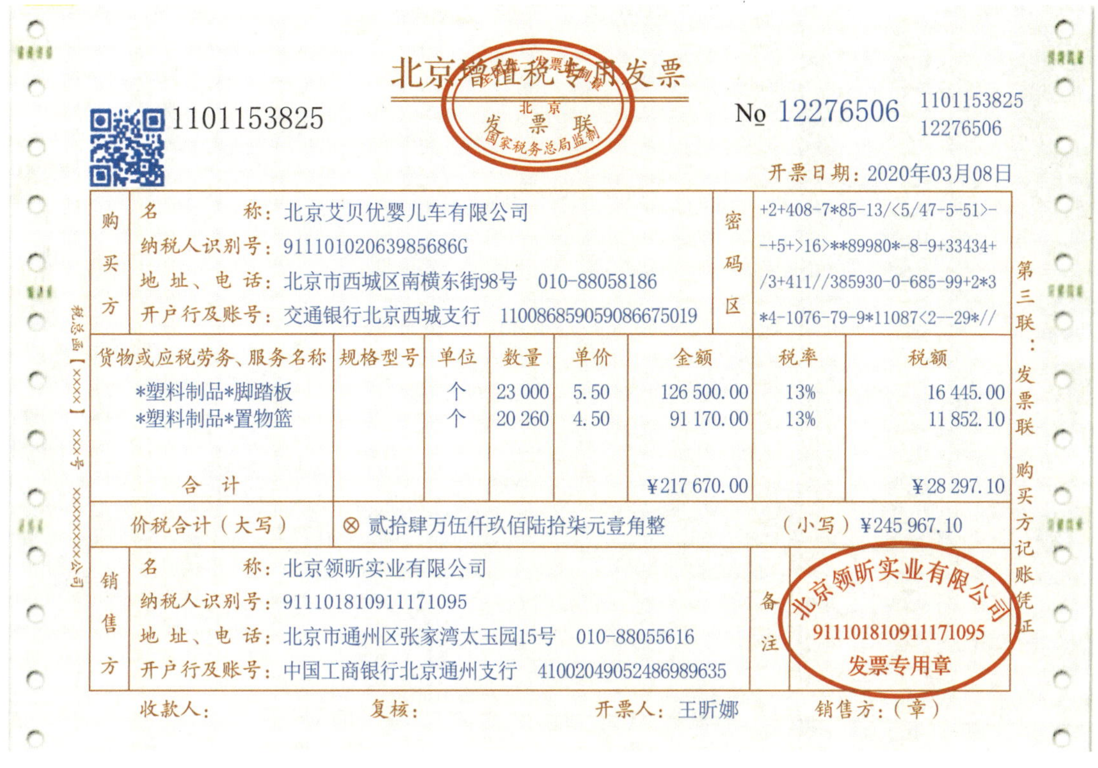

北京增值税专用发票

北京 发票联 国家税务总局监制

1101153825　　№ 12276506　　1101153825 12276506

开票日期：2020年03月08日

购买方	名称：北京艾贝优婴儿车有限公司 纳税人识别号：91110102063985686G 地址、电话：北京市西城区南横东街98号 010-88058186 开户行及账号：交通银行北京西城支行 110086859059086675019	密码区	+2+408-7*85-13/<5/47-5-51>- -+5+>16>**89980*-8-9+33434+ /3+411//385930-0-685-99+2*3 *4-1076-79-9*11087<2--29*//

货物或应税劳务、服务名称	规格型号	单位	数量	单价	金额	税率	税额
*塑料制品*脚踏板		个	23 000	5.50	126 500.00	13%	16 445.00
*塑料制品*置物篮		个	20 260	4.50	91 170.00	13%	11 852.10
合计					¥217 670.00		¥28 297.10
价税合计（大写）	⊗贰拾肆万伍仟玖佰陆拾柒元壹角整				（小写）¥245 967.10		

销售方	名称：北京领昕实业有限公司 纳税人识别号：911101810911171095 地址、电话：北京市通州区张家湾太玉园15号 010-88055616 开户行及账号：中国工商银行北京通州支行 41002049052486989635	备注	北京领昕实业有限公司 911101810911171095 发票专用章

收款人：　　复核：　　开票人：王昕娜　　销售方：（章）

第三联：发票联 购买方记账凭证

税总函【××××】×××号 ××××××××公司

单据 14-3

收　料　单

供应单位：北京领昕实业有限公司　　编号：2286516

材料类别：原材料　　2020年03月08日　　收料仓库：原材料库

材料编号	材料名称	规格	计量单位	数量		实际价格				计划价格	
				应收	实收	单价	材料金额	运杂费	合计	单价	金额
00110	PU发泡轮胎		个	43 600	43 600						
00111	橡胶充气轮胎		个	36 650	36 650						
00112	转向器		件	23 000	23 000						
00113	刹车装置		套	23 000	23 000						
备注：											

会计联

部门经理：魏凯峰　　质量检验员：周晓虹　　仓库：李明　　经办人：陈玉玲

单据 14-4

收 料 单

供应单位：北京领昕实业有限公司　　　　　　　　　　　　　　　　编号：2286517
材料类别：原材料　　　　　　2020年03月08日　　　　　　　　　收料仓库：原材料库

材料编号	材料名称	规格	计量单位	数量		实际价格				计划价格	
				应收	实收	单价	材料金额	运杂费	合计	单价	金额
00114	安全带		副	23 000	23 000						
00116	脚踏板		个	23 000	23 000						
00117	置物篮		个	20 260	20 260						
备注：											

会计联

部门经理：魏凯峰　　质量检验员：周晓虹　　仓库：李明　　经办人：陈玉玲

单据 14-5

交通银行
银行汇票（多余款收账通知）　4

付款期限 壹 月

GE 02 10558213

第012号

出票日期（大写）贰零贰零年 叁 月零柒日

代理付款行：中国工商银行北京通州支行　行号：301221000087

收款人：北京领昕实业有限公司　账号：4100204905248698963 5

出票金额 人民币（大写）贰佰陆拾伍万元整　¥ 2 650 000.00

实际结算金额 人民币（大写）	千	百	十	万	千	百	十	元	角	分
贰佰陆拾肆万伍仟叁佰捌拾元捌角伍分	¥	2	6	4	5	3	8	0	8	5

申请人：北京艾贝优婴儿车有限公司　账号或住址：11008685905908667501 9

出票行：交通银行北京西城支行　行号：301100000187

备注：

出票行签章

交通银行 北京西城支行 2020.03.08 转讫 (01)

2020年03月08日

多余金额									
千	百	十	万	千	百	十	元	角	分
			¥	4	6	1	9	1	5

左列退回多余金额已收入你账户内。

此联出票行作多余款后交申请人

上海证券印制有限公司 2015年印制

【业务 15】

单据 15-1

交通银行
转账支票存根
10528025
00125501
附加信息
出票日期 年 月 日
收款人：
金 额：
用 途：
单位主管 会计

XXXXXXXXX公司 · XXXX年印制

付款期限自出票之日起十天

交通银行 转账支票 10528025
00125501

出票日期（大写） 年 月 日 付款行名称：交通银行北京西城支行
收款人： 出票人账号：110086859059086675019

人民币（大写）	亿	千	百	十	万	千	百	十	元	角	分

用途 密码
上列款项请从 行号
我账户内支付
出票人签章 复核 记账

单据 15-2

交通银行 进账单（回单） 1

年 月 日

出票人	全 称		收款人	全 称	
	账 号			账 号	
	开户银行			开户银行	

金额	人民币（大写）	亿	千	百	十	万	千	百	十	元	角	分

票据种类		票据张数		
票据号码				
复核 记账				开户银行签章

此联是开户银行交给持票人的回单

8.5×17.5公分 交9 角直印刷 0512-6501866

××××××××××公司-××××年印制

附加信息：	被背书人	被背书人
	背书人签章 年　月　日	背书人签章 年　月　日

（贴粘单处）

根据《中华人民共和国票据法》等法律法规的规定，签发空头支票由中国人民银行处以票面金额5%但不低于1 000元的罚款。

单据 15-3

工资结算汇总表

2020 年 02 月 29 日　　　　金额单位：元

部门		短期薪酬		代扣工资						实发金额
		应付工资	三险一金基数	养老保险	失业保险	医疗保险	住房公积金	个人所得税	小计	
				8%	0.20%	2%+3	12%			
一车间	生产工人	270 620.80	254 000.00	20 320.00	508.00	5 230.00	30 480.00	739.60	57 277.60	213 343.20
	管理人员	20 025.00	10 160.00	812.80	20.32	209.20	1 219.20	167.42	2 428.94	17 596.06
二车间	生产工人	198 083.50	213 360.00	17 068.80	426.72	4 393.20	25 603.20	465.53	47 957.45	150 126.05
	管理人员	20 025.00	10 160.00	812.80	20.32	209.20	1 219.20	167.42	2 428.94	17 596.06
三车间	生产工人	110 685.20	101 600.00	8 128.00	203.20	2 092.00	12 192.00	298.35	22 913.55	87 771.65
	管理人员	20 025.00	10 160.00	812.80	20.32	209.20	1 219.20	167.42	2 428.94	17 596.06
管理部门		128 550.00	66 040.00	5 283.20	132.08	1 359.80	7 924.80	1 395.05	16 094.93	112 455.07
销售部门		67 220.50	45 720.00	3 657.60	91.44	941.40	5 486.40	795.46	10 972.30	56 248.20
合计		835 235.00	711 200.00	56 896.00	1 422.40	14 644.00	85 344.00	4 196.25	162 502.65	672 732.35

审核：陈俞璟　　　　编制：王心怡

单据 15-4

特色业务交通银行北京西城支行批量成功代付清单

机构代码：519　　机构名称：交通银行北京西城支行　　入账日期：2020 年 03 月 11 日

账号	姓名	金额
6227608852761052280	章子俊	12 809.15
6227608852761052702	范丽琪	10 109.72
6227608852761052608	陈俞璟	10 063.65
6227608852761052336	魏凯峰	7 985.13
6227608852761052090	谢郁静	6 184.37
6227608852761052009	陈玉玲	6 019.03
以下略	……	……
合计		672 732.35

【业务 16】

单据 16-1

住房公积金计算表

2020 年 03 月 12 日　　金额单位：元

部门		短期薪酬（住房公积金）			
		缴费基数	企业承担部分	个人承担部分	合计
			12%	12%	
一车间	生产工人	254 000.00	30 480.00	30 480.00	60 960.00
	管理人员	10 160.00	1 219.20	1 219.20	2 438.40
二车间	生产工人	213 360.00	25 603.20	25 603.20	51 206.40
	管理人员	10 160.00	1 219.20	1 219.20	2 438.40
三车间	生产工人	101 600.00	12 192.00	12 192.00	24 384.00
	管理人员	10 160.00	1 219.20	1 219.20	2 438.40
管理部门		66 040.00	7 924.80	7 924.80	15 849.60
销售部门		45 720.00	5 486.40	5 486.40	10 972.80
合计		711 200.00	85 344.00	85 344.00	170 688.00

审核：陈俞璟　　制单：王心怡

单据 16-2

交通银行

转账支票存根

10528025

00125502

附加信息

出票日期 2020 年 03 月 12 日

收款人：	北京艾贝优婴儿车有限公司
金 额：	¥170 688.00
用 途：	缴纳住房公积金

单位主管　　会计

XXXXXXXX公司·XXXX年印制

单据 16-3

住房公积金汇（补）缴书 No 18950289

2020 年 03 月 12 日　　附：缴存变更清册　页

缴款单位	单位名称	北京艾贝优婴儿车有限公司	收款单位	单位名称	北京艾贝优婴儿车有限公司
	单位账号	110086859059086675019		公积金账号	110086880960981577265
	开户银行	交通银行北京西城支行		开户银行	交通银行北京西城支行

缴款类型	☑汇缴　□补缴	补缴原因	
缴款人数	140	缴款时间	2020 年 03 月至 2020 年 03 月　月数 1
缴款方式	□现金　☑转账		百 十 万 千 百 十 元 角 分
金额（大写）	人民币 壹拾柒万零陆佰捌拾捌元整		¥ 1 7 0 6 8 8 0 0

上次汇缴		本次增加汇缴		本次减少汇缴		本次汇（补）缴	
人数	金额	人数	金额	人数	金额	人数	金额

上述款项已划转至市住房公积金管理中心住房公积金存款户内。（银行盖章）

复核：　　经办：　　年　月　日

交通银行 北京西城支行 2020.03.12 转讫 (01)

第一联：缴款单位开户行给缴款单位的回单

（贴粘单处）

根据《中华人民共和国票据法》等法律法规的规定，签发空头支票由中国人民银行处以票面金额5%但不低于1 000元的罚款。

【业务 17】

单据 17-1

社会保险费计算表

2020 年 03 月 12 日　　　　金额单位：元

部门		缴费基数	短期薪酬				离职后福利				合计
			医疗保险		工伤保险	生育保险	养老保险		失业保险		
			企业承担部分	个人承担部分	全部企业承担	全部企业承担	企业承担部分	个人承担部分	企业承担部分	个人承担部分	
			10.00%	2%+3	0.20%	0.80%	16.00%	8.00%	0.80%	0.20%	
一车间	生产工人	254 000.00	25 400.00	5 230.00	508.00	2 032.00	40 640.00	20 320.00	2 032.00	508.00	96 670.00
	管理人员	10 160.00	1 016.00	209.20	20.32	81.28	1 625.60	812.80	81.28	20.32	3 866.80
二车间	生产工人	213 360.00	21 336.00	4 393.20	426.72	1 706.88	34 137.60	17 068.80	1 706.88	426.72	81 202.80
	管理人员	10 160.00	1 016.00	209.20	20.32	81.28	1 625.60	812.80	81.28	20.32	3 866.80
三车间	生产工人	101 600.00	10 160.00	2 092.00	203.20	812.80	16 256.00	8 128.00	812.80	203.20	38 668.00
	管理人员	10 160.00	1 016.00	209.20	20.32	81.28	1 625.60	812.80	81.28	20.32	3 866.80
管理部门		66 040.00	6 604.00	1 359.80	132.08	528.32	10 566.40	5 283.20	528.32	132.08	25 134.20
销售部门		45 720.00	4 572.00	941.40	91.44	365.76	7 315.20	3 657.60	365.76	91.44	17 400.60
合计		711 200.00	71 120.00	14 644.00	1 422.40	5 689.60	113 792.00	56 896.00	5 689.60	1 422.40	270 676.00

审核：陈俞璟　　　　制单：王心怡

单据 17-2

交通银行电子缴税付款凭证

转账日期：2020 年 03 月 12 日　　　　凭证字号：04821701

纳税人全称及纳税人识别号：北京艾贝优婴儿车有限公司91110102063985686G

付款人全称：北京艾贝优婴儿车有限公司

付款人账号：110086859059086675019　　　　征收机关名称：国家税务总局北京市西城区税务局

付款人开户银行：交通银行北京西城支行　　　　收款国库（银行）名称：国家金库北京市西城区支库

小写（合计）金额：¥270 676.00　　　　缴款书交易流水号：2020031201037680

大写（合计）金额：贰拾柒万零陆佰柒拾陆元整　　　　税票号码：19308501

税（费）种名称	所属日期	实缴金额
社保费（养老）	20200301-20200331	170 688.00
社保费（医疗）	20200301-20200331	85 764.00
社保费（失业）	20200301-20200331	7 112.00
社保费（工伤）	20200301-20200331	1 422.40
社保费（生育）	20200301-20200331	5 689.60

（印章：交通银行北京西城支行 2020年03月12日 业务专用章）

打印时间：2020 年 03 月 12 日

会计流水号：　　　　复核：　　　　记账：

第二联　作付款回单（无银行收讫章无效）

XXXXXXXXXXXXXXXX印刷厂

【业务 18】

单据 18-1

交通银行
转账支票存根
10528025
00125503
附加信息
出票日期　2020 年 03 月 12 日
收款人：北京艾贝优婴儿车有限公司工会委员会
金　额：¥10 022.82
用　途：缴纳工会经费
单位主管　　会计

（贴粘单处）

根据《中华人民共和国票据法》等法律法规的规定，签发空头支票由中国人民银行处以票面金额5%但不低于1 000元的罚款。

单据 18-2

①　工会专用结算凭证（行政拨交工会经费缴款书）

缴款日期　2020 年 03 月 12 日

付款单位	全称	北京艾贝优婴儿车有限公司			收款单位	（1）全称		北京艾贝优婴儿车有限公司工会委员会	金额
	账号	11008685905908667 5019				比例60%	账号	110002045290192470218	万 千 百 十 元 角 分
	开户银行	交通银行北京西城支行					开户银行	交通银行北京西城支行	1 0 0 2 2 8 2
所属月份		02	职工人数	140		（2）全称		北京市西城区工会委员会	金额
上月职工工资总额		835 235.00	按2%计应缴交经费	16 704.70		比例40%	账号	110088880000259821791	万 千 百 十 元 角 分
迟交天数			按1%计应缴滞纳金				开户银行	交通银行北京西城支行	
合计金额（人民币大写）　壹万零贰拾贰元捌角贰分									十 万 千 百 十 元 角 分 ¥ 1 0 0 2 2 8 2
缴款单位盖章 （北京艾贝优婴儿车有限公司 财务专用章）（章子鸣印）					工会委员会盖章 年　月　日			银行盖章 （交通银行北京西城支行 2020年03月12日 业务专用章） 年　月　日	

此联交缴款单位作回单

单据 18-3

交通银行电子缴税付款凭证

转账日期：2020 年 03 月 12 日　　　　凭证字号：18207460

纳税人全称及纳税人识别号：北京艾贝优婴儿车有限公司91110102063985686G

付款人全称：北京艾贝优婴儿车有限公司
付款人账号：11008685905908667 5019　　　　征收机关名称：国家税务总局北京市西城区税务局
付款人开户银行：交通银行北京西城支行　　　　收款国库（银行）名称：国家金库北京市西城区支库
小写（合计）金额：¥6 681.88　　　　缴款书交易流水号：2020031206103928
大写（合计）金额：陆仟陆佰捌拾壹元捌角捌分　　　　税票号码：48710531

税（费）种名称	所属日期	实缴金额
工会经费	20200201-20200229	6 681.88

（交通银行北京西城支行 2020年03月12日 业务专用章）

打印时间：2020 年 03 月 12 日

会计流水号：　　　　复核：　　　　记账：

第二联　作付款回单（无银行收讫章无效）

XXXXXXXXXXXXX印刷厂

【业务19】

单据19-1

交通银行电子缴税付款凭证

转账日期：2020年03月12日　　凭证字号：18207460

纳税人全称及纳税人识别号：北京艾贝优婴儿车有限公司91110102063985686G

付款人全称：北京艾贝优婴儿车有限公司
付款人账号：110086859059086675019　　征收机关名称：国家税务总局北京市西城区税务局
付款人开户银行：交通银行北京西城支行　　收款国库（银行）名称：国家金库北京市西城区支库
小写（合计）金额：¥905 850.80　　缴款书交易流水号：2020031206103922
大写（合计）金额：玖拾万伍仟捌佰伍拾元捌角整　　税票号码：48710527

税（费）种名称	所属日期	实缴金额
增值税	20200201-20200229	905 850.80

打印时间：2020年03月12日

会计流水号：　　复核：　　记账：

第二联　作付款回单（无银行收讫章无效）

XXXXXXXXXXXXXXX印刷厂

单据19-2

交通银行电子缴税付款凭证

转账日期：2020年03月12日　　凭证字号：18207461

纳税人全称及纳税人识别号：北京艾贝优婴儿车有限公司91110102063985686G

付款人全称：北京艾贝优婴儿车有限公司
付款人账号：110086859059086675019　　征收机关名称：国家税务总局北京市西城区税务局
付款人开户银行：交通银行北京西城支行　　收款国库（银行）名称：国家金库北京市西城区支库
小写（合计）金额：¥108 702.10　　缴款书交易流水号：2020031206103923
大写（合计）金额：壹拾万捌仟柒佰零贰元壹角整　　税票号码：48710528

税（费）种名称	所属日期	实缴金额
城市维护建设税	20200201-20200229	63 409.56
教育费附加	20200201-20200229	27 175.52
地方教育费附加	20200201-20200229	18 117.02

打印时间：2020年03月12日

会计流水号：　　复核：　　记账：

第二联　作付款回单（无银行收讫章无效）

XXXXXXXXXXXXXXX印刷厂

单据 19-3

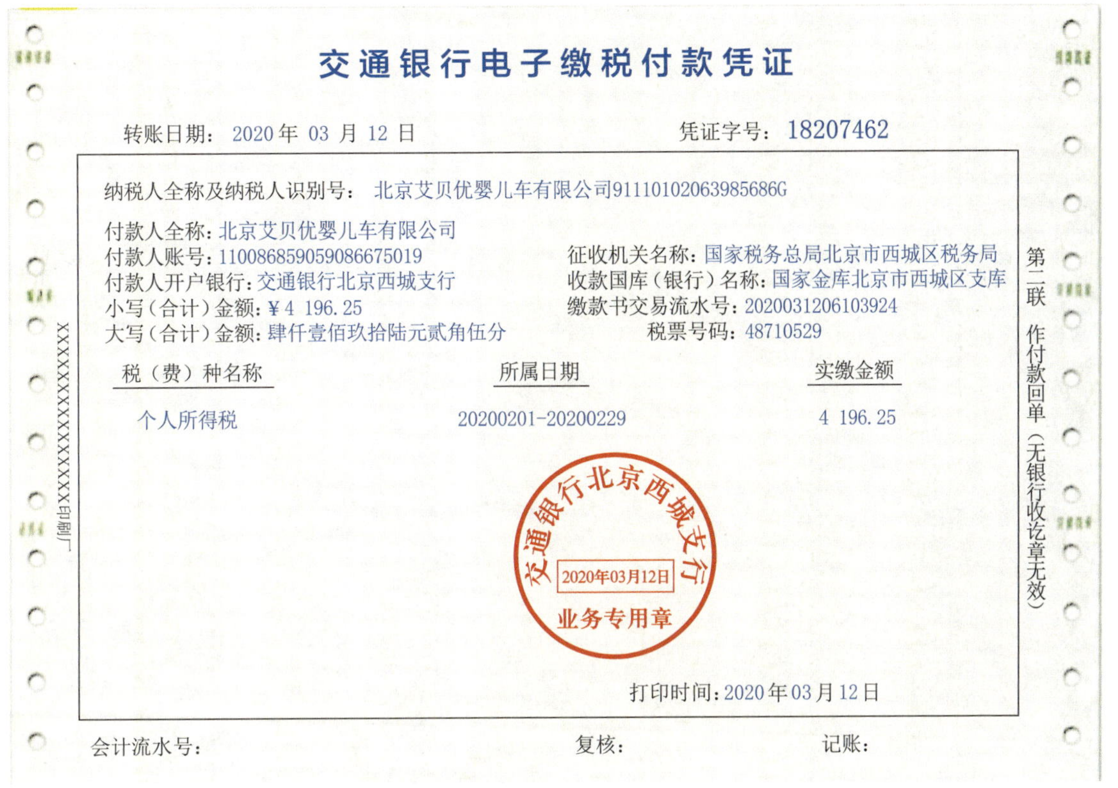

交通银行电子缴税付款凭证

转账日期：2020 年 03 月 12 日　　　凭证字号：18207462

纳税人全称及纳税人识别号：北京艾贝优婴儿车有限公司91110102063985686G

付款人全称：北京艾贝优婴儿车有限公司

付款人账号：110086859059086675019　　　征收机关名称：国家税务总局北京市西城区税务局

付款人开户银行：交通银行北京西城支行　　　收款国库（银行）名称：国家金库北京市西城区支库

小写（合计）金额：¥4 196.25　　　缴款书交易流水号：2020031206103924

大写（合计）金额：肆仟壹佰玖拾陆元贰角伍分　　　税票号码：48710529

税（费）种名称	所属日期	实缴金额
个人所得税	20200201-20200229	4 196.25

交通银行北京西城支行 2020年03月12日 业务专用章

打印时间：2020 年 03 月 12 日

会计流水号：　　　复核：　　　记账：

第二联　作付款回单（无银行收讫章无效）

XXXXXXXXXXXXXXX印刷厂

【业务 20】

单据 20-1

支付顾问费清单

2020 年 03 月 13 日　　　金额单位：元

序号	姓名	账号	开户行	金额
1	黄捷	6227549851581000865	中国银行北京朝阳支行	2 850.00
2	陆建洲	6215801959177985138	中国农业银行北京朝阳支行	3 550.00
3	杨奕航	6222146902384816597	交通银行北京朝阳支行	2 550.00
4	王丹	6222122815345111565	中国工商银行北京朝阳支行	3 850.00
合计		—	—	12 800.00

审核：陈俞璟　　　制单：王心怡

单据 20-2

财务顾问合同

聘请方：北京艾贝优婴儿车有限公司（以下简称“甲方”）

受聘方：黄捷、陆建洲、杨奕航、王丹（以下简称“乙方”）

甲方因发展需要，根据《合同法》相关规定，聘请乙方为财务顾问，经双方协商订立本合同，共同遵守履行：

一、合同期限：

本合同有效期为一年，自 2020 年 01 月 01 日起至 2020 年 12 月 31 日止。

二、顾问费用及付款方式：

1. 甲方每月向乙方（黄捷）支付顾问费 2 850 元，向乙方（陆建洲）支付顾问费 3 550 元，向乙方（杨奕航）支付顾问费 2 550 元，向乙方（王丹）支付顾问费 3 850 元。顾问费按月支付，乙方自行申报纳税，并到税务代开发票交予甲方，甲方收到乙方的发票后付清款项。

2. 付款方式：转账，开户行及账号如下：

黄捷：中国银行北京朝阳支行　6227549851581000865

陆建洲：中国农业银行北京朝阳支行　6215801959177985138

杨奕航：交通银行北京朝阳支行　6222146902384816597

王丹：中国工商银行北京朝阳支行　6222122815345111565

三、顾问职责：

1. 为甲方制定企业内部财务管理制度。

2. 为甲方设计企业内部财务管理体制，财务组织体系。

3. 对甲方的记账、报账、纳税申报等工作给予指导。

4. 对甲方业务核算进行合理税务筹划，降低税费成本。

5. 协助甲方完成财务管理中的成本分析、年度资本运营和经营管理等指标的管控，为甲方提供投资理财方案策划、项目评价的可行性建议。

四、权利和义务：

1. 甲方有权要求乙方履行其职责范围内事务，并提出合理化建议和意见。

2. 甲方有权要求乙方保守在工作中了解到的甲方商业机密和有关情况。

3. 甲方除按本合同约定每月支付乙方劳动报酬外，有权不提供此合同之外的一切费用。

4. 甲方向乙方提供有关财务顾问所需的基本资料和相关信息等，并确保真实、准确、完整。

5. 乙方应积极协助甲方开展工作，认真履行其顾问职责的义务。

……

七、其他：

1. 双方为本合同未尽事宜另行协商所产生之合约，为本合同不可分割之组成部分，因履行本合同而发生争议，双方协商解决，协商不成，任何乙方可向甲方所在地的法院起诉。

2. 本合同经双方签章之日起生效。

甲方：北京艾贝优婴儿车有限公司　　　　乙方：黄捷　杨奕航　陆建洲　王丹

法人代表：章子鸣

日期：2020 年 01 月 01 日　　　　日期：2020 年 01 月 01 日

单据 20-3

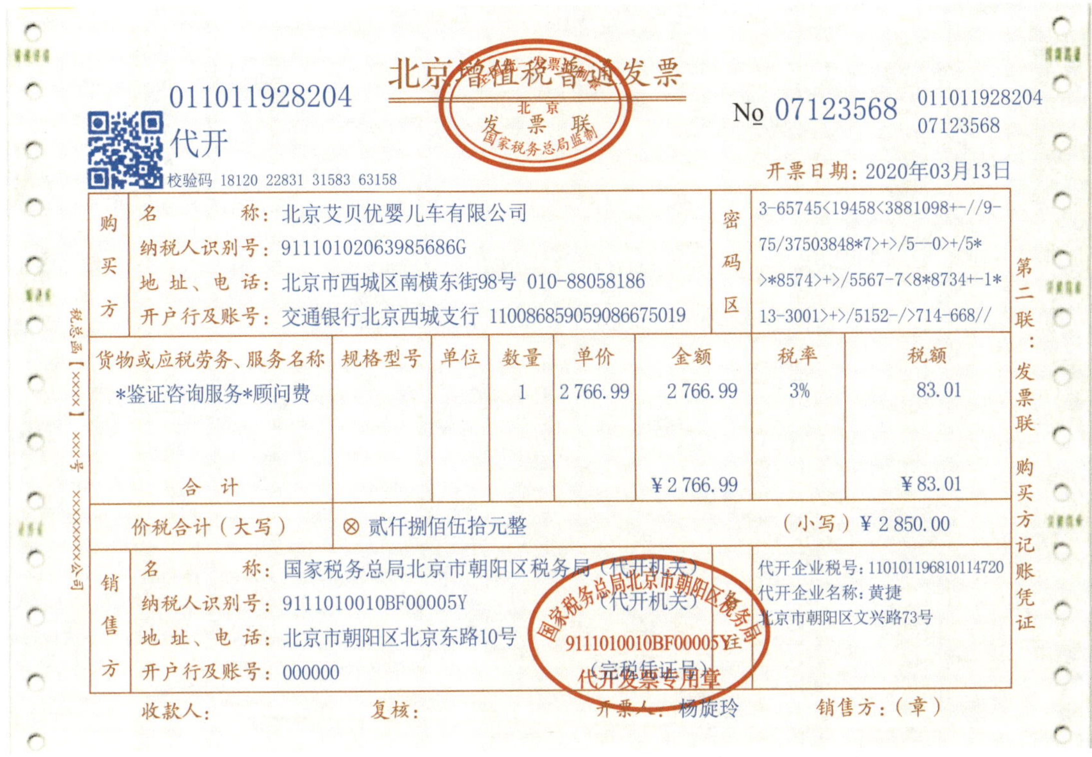

北京增值税普通发票

011011928204

代开

校验码 18120 22831 31583 63158

№ 07123568 011011928204 07123568

开票日期：2020年03月13日

购买方	名　　称：北京艾贝优婴儿车有限公司 纳税人识别号：91110102063985686G 地 址、电 话：北京市西城区南横东街98号 010-88058186 开户行及账号：交通银行北京西城支行 110086859059086675019	密码区	3-65745<19458<3881098+-//9- 75/37503848*7>+>/5--0>+/5* >*8574>+>/5567-7<8*8734+-1* 13-3001>+>/5152-/>714-668//

货物或应税劳务、服务名称	规格型号	单位	数量	单价	金额	税率	税额
*鉴证咨询服务*顾问费			1	2 766.99	2 766.99	3%	83.01
合　计					¥2 766.99		¥83.01
价税合计（大写）	⊗ 贰仟捌佰伍拾元整						（小写）¥2 850.00

销售方	名　　称：国家税务总局北京市朝阳区税务局（代开机关） 纳税人识别号：9111010010BF00005Y 地 址、电 话：北京市朝阳区北京东路10号 开户行及账号：000000	备注	代开企业税号：110101196810114720 代开企业名称：黄捷 北京市朝阳区文兴路73号

收款人：　　复核：　　开票人：杨旋玲　　销售方：（章）

第二联：发票联 购买方记账凭证

税总函【××××】×××号 ××××××××公司

单据 20-4

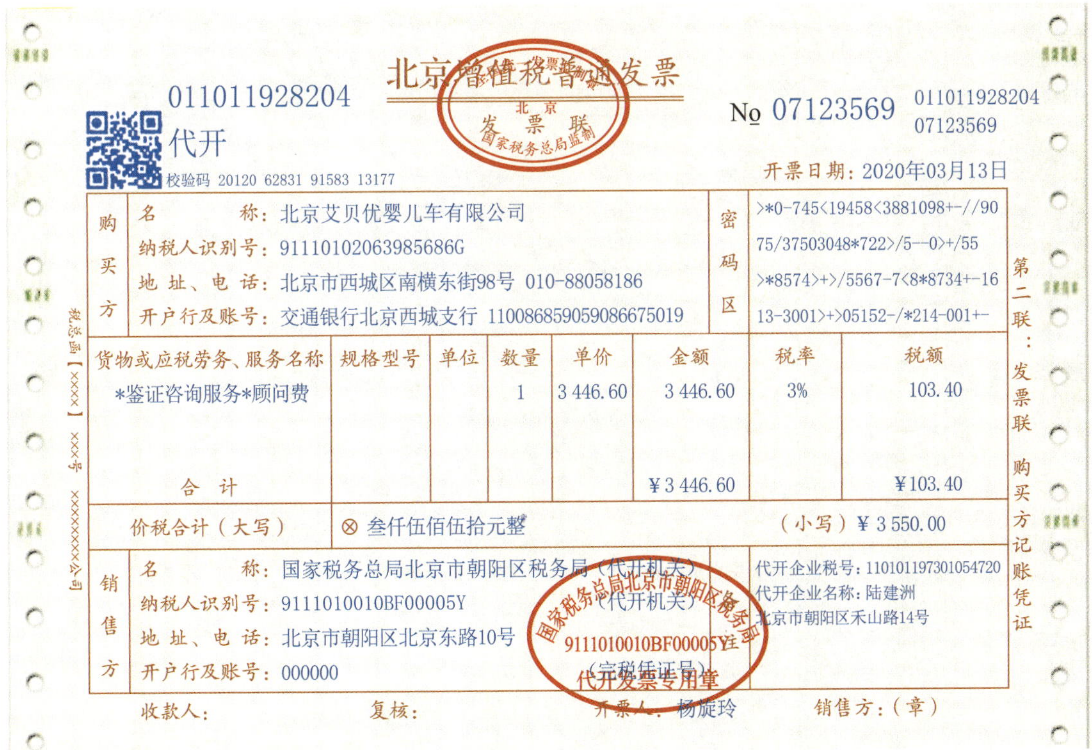

北京增值税普通发票

011011928204

代开

校验码 20120 62831 91583 13177

№ 07123569 011011928204 07123569

开票日期：2020年03月13日

购买方	名　　称：北京艾贝优婴儿车有限公司 纳税人识别号：91110102063985686G 地 址、电 话：北京市西城区南横东街98号 010-88058186 开户行及账号：交通银行北京西城支行 110086859059086675019	密码区	>*0-745<19458<3881098+-//90 75/37503048*722>/5--0>+/55 >*8574>+>/5567-7<8*8734+-16 13-3001>+>05152-/*214-001+-

货物或应税劳务、服务名称	规格型号	单位	数量	单价	金额	税率	税额
*鉴证咨询服务*顾问费			1	3 446.60	3 446.60	3%	103.40
合　计					¥3 446.60		¥103.40
价税合计（大写）	⊗ 叁仟伍佰伍拾元整						（小写）¥3 550.00

销售方	名　　称：国家税务总局北京市朝阳区税务局（代开机关） 纳税人识别号：9111010010BF00005Y 地 址、电 话：北京市朝阳区北京东路10号 开户行及账号：000000	备注	代开企业税号：110101197301054720 代开企业名称：陆建洲 北京市朝阳区禾山路14号

收款人：　　复核：　　开票人：杨旋玲　　销售方：（章）

第二联：发票联 购买方记账凭证

税总函【××××】×××号 ××××××××公司

单据 20-5

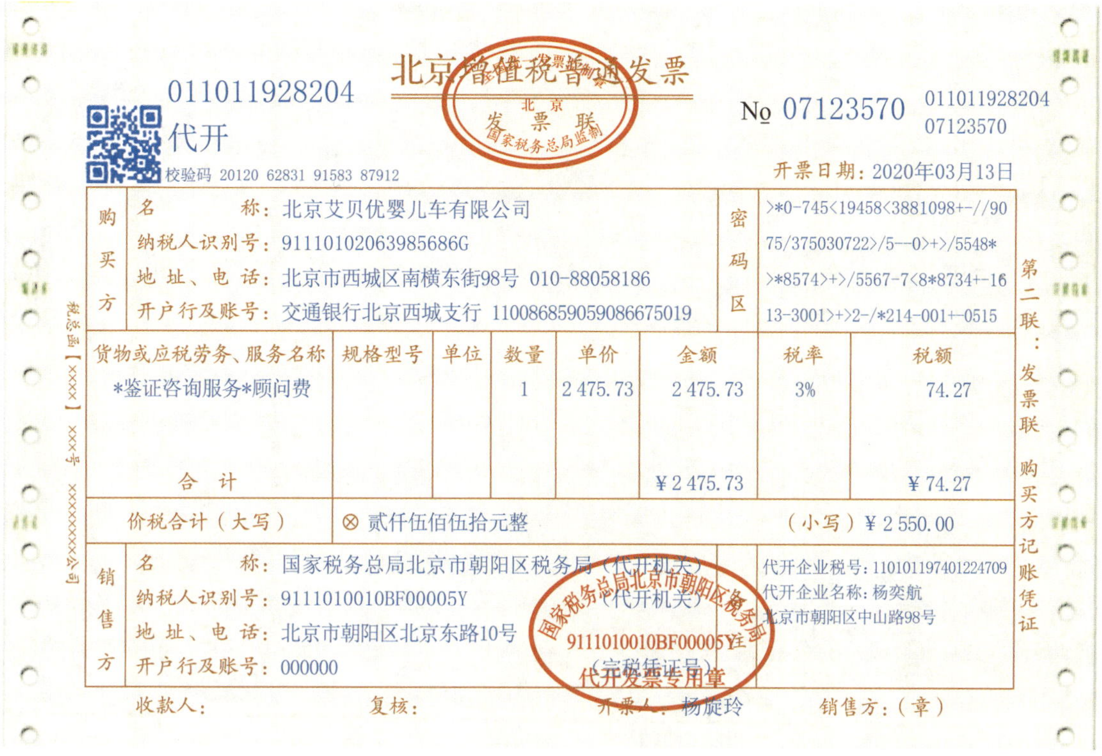

北京增值税普通发票

北京 发票联 国家税务总局监制

011011928204

代开

校验码 20120 62831 91583 87912

№ 07123570　011011928204 07123570

开票日期：2020年03月13日

购买方	名　　称：北京艾贝优婴儿车有限公司 纳税人识别号：91110102063985686G 地 址、电 话：北京市西城区南横东街98号 010-88058186 开户行及账号：交通银行北京西城支行 110086859059086675019	密码区	>*0-745<19458<3881098+-//90 75/375030722>/5--0>+>/5548* >*8574>+>/5567-7<8*8734+-16 13-3001>+>2-/*214-001+-0515

货物或应税劳务、服务名称	规格型号	单位	数量	单价	金额	税率	税额
*鉴证咨询服务*顾问费			1	2 475.73	2 475.73	3%	74.27
合　计					¥2 475.73		¥74.27
价税合计（大写）	⊗ 贰仟伍佰伍拾元整				（小写）¥2 550.00		

销售方	名　　称：国家税务总局北京市朝阳区税务局（代开机关） 纳税人识别号：9111010010BF00005Y 地 址、电 话：北京市朝阳区北京东路10号 开户行及账号：000000	备注	代开企业税号：110101197401224709 代开企业名称：杨奕航 北京市朝阳区中山路98号

国家税务总局北京市朝阳区税务局（代开机关）9111010010BF00005Y（完税凭证号）代开发票专用章

收款人：　　复核：　　开票人：杨旋玲　　销售方：（章）

第二联：发票联　购买方记账凭证

税总函【XXXX】XXX号　XXXXXXXX公司

单据 20-6

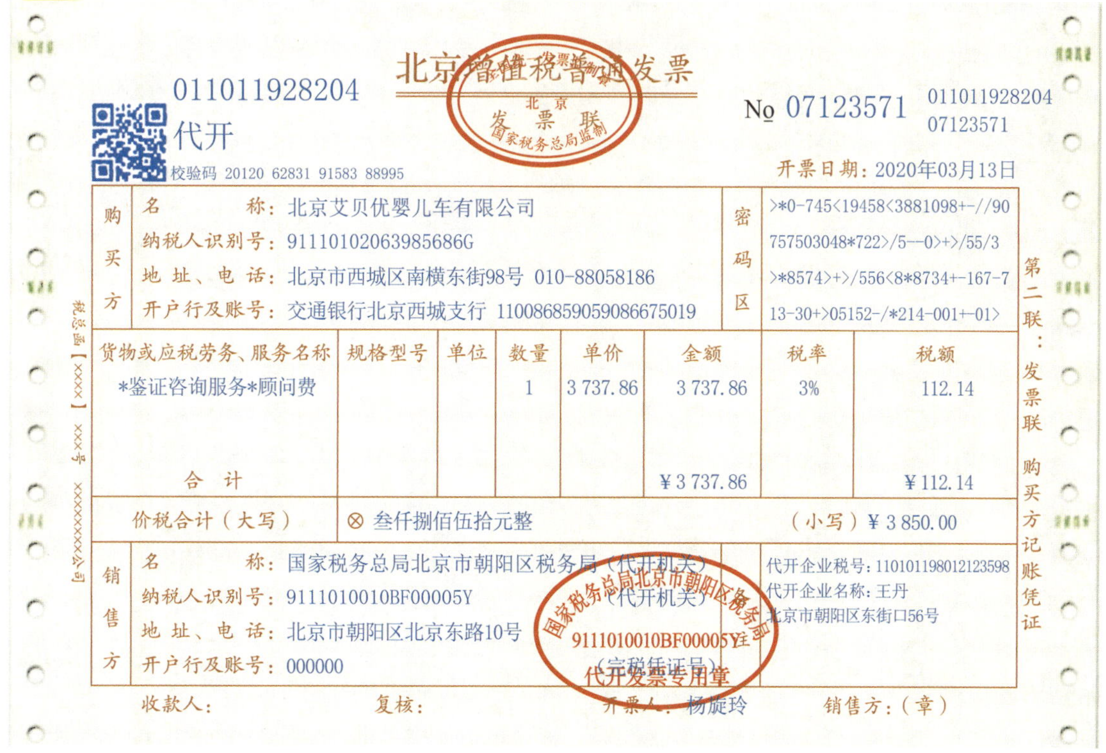

北京增值税普通发票

北京 发票联 国家税务总局监制

011011928204

代开

校验码 20120 62831 91583 88995

№ 07123571　011011928204 07123571

开票日期：2020年03月13日

购买方	名　　称：北京艾贝优婴儿车有限公司 纳税人识别号：91110102063985686G 地 址、电 话：北京市西城区南横东街98号 010-88058186 开户行及账号：交通银行北京西城支行 110086859059086675019	密码区	>*0-745<19458<3881098+-//90 757503048*722>/5--0>+>/55/3 >*8574>+>/556<8*8734+-167-7 13-30+>05152-/*214-001+-01>

货物或应税劳务、服务名称	规格型号	单位	数量	单价	金额	税率	税额
*鉴证咨询服务*顾问费			1	3 737.86	3 737.86	3%	112.14
合　计					¥3 737.86		¥112.14
价税合计（大写）	⊗ 叁仟捌佰伍拾元整				（小写）¥3 850.00		

销售方	名　　称：国家税务总局北京市朝阳区税务局（代开机关） 纳税人识别号：9111010010BF00005Y 地 址、电 话：北京市朝阳区北京东路10号 开户行及账号：000000	备注	代开企业税号：110101198012123598 代开企业名称：王丹 北京市朝阳区东街口56号

国家税务总局北京市朝阳区税务局（代开机关）9111010010BF00005Y（完税凭证号）代开发票专用章

收款人：　　复核：　　开票人：杨旋玲　　销售方：（章）

第二联：发票联　购买方记账凭证

税总函【XXXX】XXX号　XXXXXXXX公司

单据 20-7

交通银行电子回单凭证

回单编号：288422361715　回单类型：网银业务　业务名称：
凭证种类：　凭证号码：　借贷标志：借记　回单格式码：s
账号：110086859059086675019　开户行名称：交通银行北京西城支行
户名：北京艾贝优婴儿车有限公司
对方账号：6227549851581000865　开户行名称：中国银行北京朝阳支行
对方户名：黄捷
币种：CNY　金额：2 850.00　金额大写：贰仟捌佰伍拾元整
兑换信息：兑换信息　币种：　金额：0.00　牌价：0.00　币种：　金额：0.00
摘要：
附加信息：
打印次数：0001　记账日期：20200313　会计流水号：EEZ0000012060267
记账机构：010120003999　经办柜员：EBB001　记账柜员：EEZ000　复核柜员：　授权柜员：
打印机构：010120003999　打印柜员：010210557511037　批次号：

交通银行 北京分行 业务受理章

单据 20-8

交通银行电子回单凭证

回单编号：288422361716　回单类型：网银业务　业务名称：
凭证种类：　凭证号码：　借贷标志：借记　回单格式码：s
账号：110086859059086675019　开户行名称：交通银行北京西城支行
户名：北京艾贝优婴儿车有限公司
对方账号：6215801959177985138　开户行名称：中国农业银行北京朝阳支行
对方户名：陆建洲
币种：CNY　金额：3 550.00　金额大写：叁仟伍佰伍拾元整
兑换信息：兑换信息　币种：　金额：0.00　牌价：0.00　币种：　金额：0.00
摘要：
附加信息：
打印次数：0001　记账日期：20200313　会计流水号：EEZ0000012060268
记账机构：010120003999　经办柜员：EBB001　记账柜员：EEZ000　复核柜员：　授权柜员：
打印机构：010120003999　打印柜员：010210557511037　批次号：

交通银行 北京分行 业务受理章

单据 20-9

交通银行电子回单凭证

回单编号：288422361717 回单类型：网银业务 业务名称：
凭证种类： 凭证号码： 借贷标志：借记 回单格式码：s
账号：110086859059086675019 开户行名称：交通银行北京西城支行
户名：北京艾贝优婴儿车有限公司
对方账号：6222146902384816597 开户行名称：交通银行北京朝阳支行
对方户名：杨奕航
币种：CNY 金额：2 550.00 金额大写：贰仟伍佰伍拾元整
兑换信息：兑换信息 币种： 金额：0.00 牌价：0.00 币种： 金额：0.00

摘要：

附加信息：

打印次数：0001 记账日期：20200313 会计流水号：EEZ0000012060269
记账机构：010120003999 经办柜员：EBB001 记账柜员：EEZ000 复核柜员： 授权柜员：
打印机构：010120003999 打印柜员：010210557511037 批次号：

交通银行 北京分行 业务受理章

单据 20-10

交通银行电子回单凭证

回单编号：288422361718 回单类型：网银业务 业务名称：
凭证种类： 凭证号码： 借贷标志：借记 回单格式码：s
账号：110086859059086675019 开户行名称：交通银行北京西城支行
户名：北京艾贝优婴儿车有限公司
对方账号：6222122815345111565 开户行名称：中国工商银行北京朝阳支行
对方户名：王丹
币种：CNY 金额：3 850.00 金额大写：叁仟捌佰伍拾元整
兑换信息：兑换信息 币种： 金额：0.00 牌价：0.00 币种： 金额：0.00

摘要：

附加信息：

打印次数：0001 记账日期：20200313 会计流水号：EEZ0000012060270
记账机构：010120003999 经办柜员：EBB001 记账柜员：EEZ000 复核柜员： 授权柜员：
打印机构：010120003999 打印柜员：010210557511037 批次号：

交通银行 北京分行 业务受理章

【业务 21】

单据 21-1

北京增值税专用发票

1101153022

北京 发票联 全国统一发票监制章 国家税务总局监制

№ 32281709　1101153022 32281709

开票日期：2020年03月13日

购买方	名　　称：北京艾贝优婴儿车有限公司 纳税人识别号：91110102063985686G 地 址、电 话：北京市西城区南横东街98号 010-88058186 开户行及账号：交通银行北京西城支行 110086859059086675019	密码区	+2+408-7*85-13/<5/47-5-51>- 8+5+>16>**89980*-8-9+3343+* /3+411+/385930-0-685129+23* 54-1076-79-9*11087<2--29*/>

货物或应税劳务、服务名称	规格型号	单位	数量	单价	金额	税率	税额
*塑料制品*1#塑料袋		个	10 000	1.85	18 500.00	13%	2 405.00
*塑料制品*2#塑料袋		个	8 000	2.00	16 000.00	13%	2 080.00
*塑料制品*1#包装箱		个	10 000	4.35	43 500.00	13%	5 655.00
*塑料制品*2#包装箱		个	8 000	5.00	40 000.00	13%	5 200.00
合　计					¥118 000.00		¥15 340.00
价税合计（大写）	⊗ 壹拾叁万叁仟叁佰肆拾元整					（小写）	¥133 340.00

销售方	名　　称：北京翔发包装有限公司 纳税人识别号：911101058331184541 地 址、电 话：北京市朝阳区河园街广渠路28号 010-63406388 开户行及账号：中国工商银行北京朝阳支行 110000374194209150542	备注	北京翔发包装有限公司 911101058331184541 发票专用章

收款人：　　复核：　　开票人：张莲花　　销售方：（章）

第三联：发票联 购买方记账凭证

税总函【××××】×××号 ××××××××公司

单据 21-2

收　料　单

供应单位：北京翔发包装有限公司　　　　编号：2286518

材料类别：周转材料　　2020年03月13日　　收料仓库：周转材料库

材料编号	材料名称	规　格	计量单位	数量		实际价格				计划价格	
				应　收	实　收	单　价	材料金额	运杂费	合　计	单　价	金　额
00201	1#塑料袋		个	10 000	10 000						
00202	2#塑料袋		个	8 000	8 000						
00203	1#包装箱		个	10 000	10 000						
00204	2#包装箱		个	8 000	8 000						
备注：											

会计联

部门经理：魏凯峰　　质量检验员：周晓虹　　仓库：李明　　经办人：陈玉玲

单据 21-3

交通银行电子回单凭证

回单编号：288422361716　　回单类型：网银业务　　业务名称：

凭证种类：　　凭证号码：　　借贷标志：借记　　回单格式码：s

账号：110086859059086675019　　开户行名称：交通银行北京西城支行

户名：北京艾贝优婴儿车有限公司

对方账号：110000374194209150542　　开户行名称：中国工商银行北京朝阳支行

对方户名：北京翔发包装有限公司

币种：CNY　　金额：133 340.00　　金额大写：壹拾叁万叁仟叁佰肆拾元整

兑换信息：兑换信息　　币种：　　金额：0.00　　牌价：0.00　　币种：　　金额：0.00

摘要：

附加信息：

（印章：交通银行 北京分行 业务受理章）

打印次数：0001　　记账日期：20200313　　会计流水号：EEZ0000012060268

记账机构：010120003999　　经办柜员：EBB001　　记账柜员：EEZ000　　复核柜员：　　授权柜员：

打印机构：010120003999　　打印柜员：010210557511037　　批次号：

【业务 22】

单据 22-1

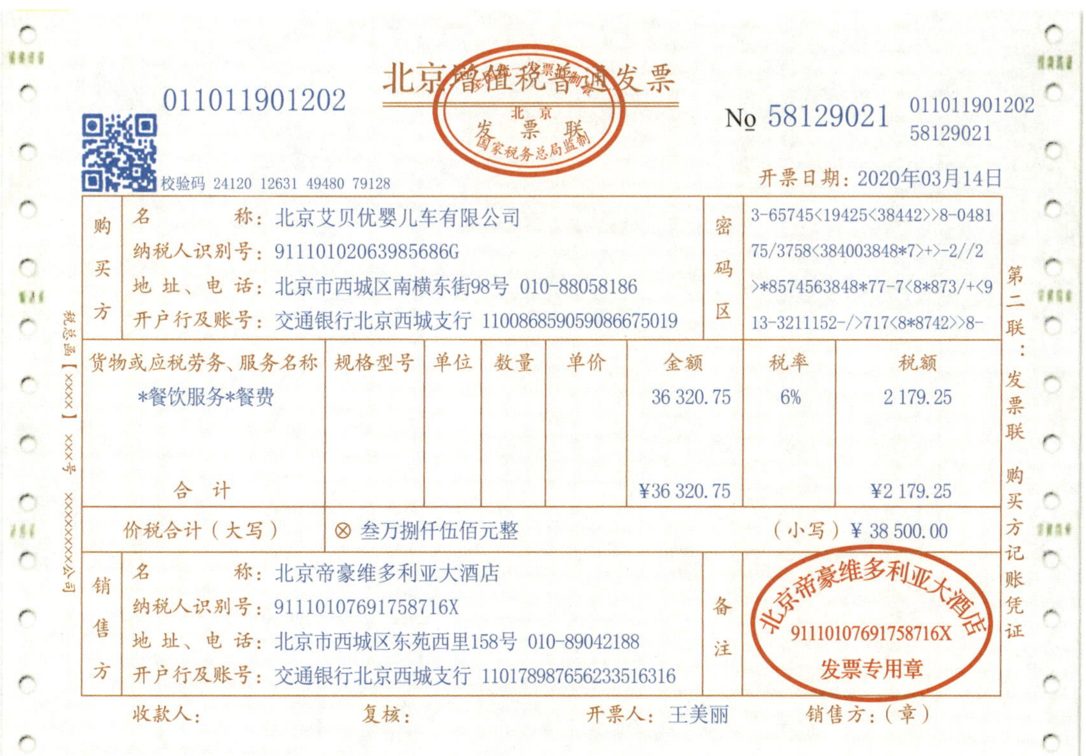

北京增值税普通发票

（印章：北京 发票联 国家税务总局监制）

011011901202　　№ 58129021　　011011901202　58129021

校验码 24120 12631 49480 79128

开票日期：2020年03月14日

购买方	名　　称：北京艾贝优婴儿车有限公司 纳税人识别号：91110102063985686G 地 址、电 话：北京市西城区南横东街98号 010-88058186 开户行及账号：交通银行北京西城支行 110086859059086675019				密码区	3-65745<19425<38442>>8-0481 75/3758<384003848*7>+>-2//2 >*8574563848*77-7<8*873/+<9 13-3211152-/>717<8*8742>>8-	
货物或应税劳务、服务名称	规格型号	单位	数量	单价	金额	税率	税额
*餐饮服务*餐费					36 320.75	6%	2 179.25
合　计					¥36 320.75		¥2 179.25
价税合计（大写）	⊗ 叁万捌仟伍佰元整				（小写）¥ 38 500.00		
销售方	名　　称：北京帝豪维多利亚大酒店 纳税人识别号：91110107691758716X 地 址、电 话：北京市西城区东苑西里158号 010-89042188 开户行及账号：交通银行北京西城支行 110178987656233516316				备注	（印章：北京帝豪维多利亚大酒店 91110107691758716X 发票专用章）	

收款人：　　复核：　　开票人：王美丽　　销售方：（章）

第二联：发票联　购买方记账凭证

税总函〔XXXX〕XXX号　XXXXXXXX公司

单据 22-2

交通银行电子回单凭证

回单编号：288422361726 回单类型：网银业务 业务名称：
凭证种类： 凭证号码： 借贷标志：借记 回单格式码：s
账号：110086859059086675019 开户行名称：交通银行北京西城支行
户名：北京艾贝优婴儿车有限公司
对方账号：110178987656233516316 开户行名称：交通银行北京西城支行
对方户名：北京帝豪维多利亚大酒店
币种：CNY 金额：38 500.00 金额大写：叁万捌仟伍佰元整
兑换信息：兑换信息 币种： 金额：0.00 牌价：0.00 币种： 金额：0.00

摘要：

附加信息：

打印次数：0001 记账日期：20200314 会计流水号：EEZ0000012060267
记账机构：010120003999 经办柜员：EBB001 记账柜员：EEZ000 复核柜员： 授权柜员：
打印机构：010120003999 打印柜员：010210557511037 批次号：

（印章：交通银行 北京分行 业务受理章）

【业务 23】

单据 23-1

报销单

现金付讫

填报日期：2020 年 03 月 15 日 单据及附件共 1 张

姓名	陈洁娜	所属部门	行政部	报销形式	现金	
				支票号码		
报销项目	摘要			金额		备注：
垃圾清理费				975.20		
合计				¥975.20		
金额大写：零拾零万零仟玖佰柒拾伍元贰角零分				原借款：¥0.00元	应退(补)款：¥975.20元	

总经理：章子俊 财务经理：陈俞璟 部门经理：汪铭哲 会计：王心怡 出纳：吕姗姗 报销人：陈洁娜

单据 23-2

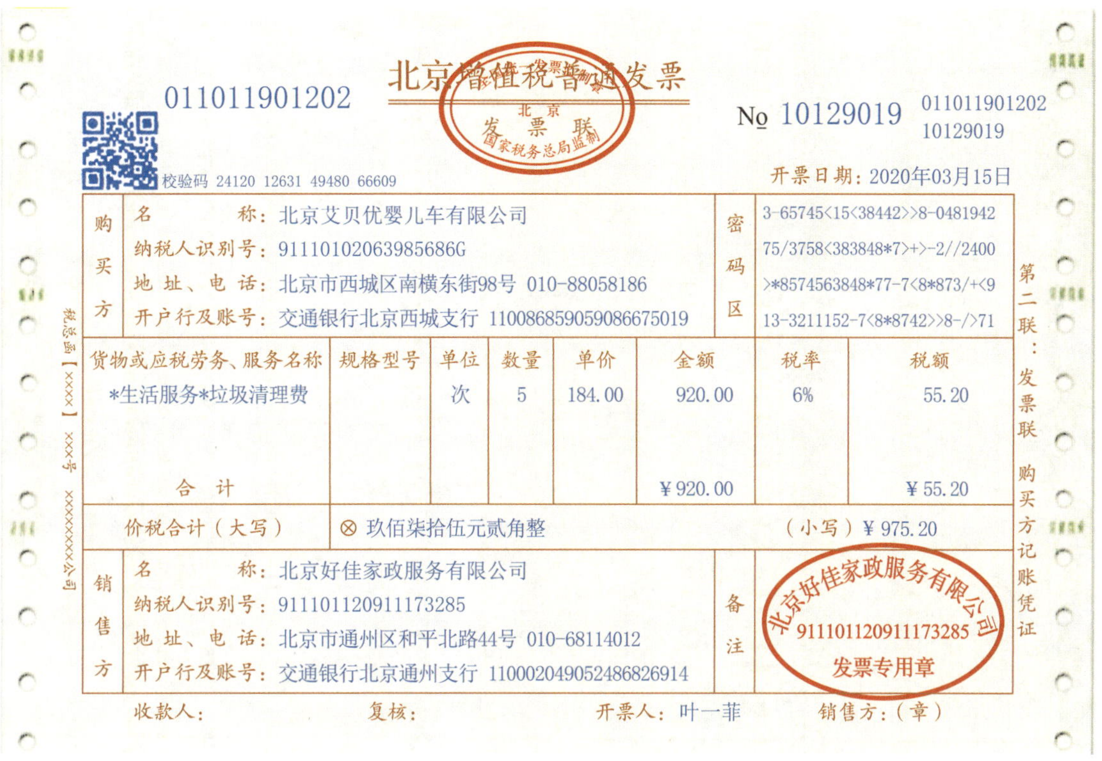

北京增值税普通发票

发票联

011011901202

№ 10129019　011011901202　10129019

校验码 24120 12631 49480 66609

开票日期：2020年03月15日

购买方	名　　称：北京艾贝优婴儿车有限公司 纳税人识别号：91110102063985686G 地 址、电 话：北京市西城区南横东街98号 010-88058186 开户行及账号：交通银行北京西城支行 110086859059086675019	密码区	3-65745<15<38442>>8-0481942 75/3758<383848*7>+>-2//2400 >*8574563848*77-7<8*873/+<9 13-3211152-7<8*8742>>8-/>71

货物或应税劳务、服务名称	规格型号	单位	数量	单价	金额	税率	税额
*生活服务*垃圾清理费		次	5	184.00	920.00	6%	55.20
合　计					¥920.00		¥55.20
价税合计（大写）	⊗ 玖佰柒拾伍元贰角整				（小写）¥975.20		

销售方	名　　称：北京好佳家政服务有限公司 纳税人识别号：911101120911173285 地 址、电 话：北京市通州区和平北路44号 010-68114012 开户行及账号：交通银行北京通州支行 110002049052486826914	备注	北京好佳家政服务有限公司 911101120911173285 发票专用章

收款人：　　复核：　　开票人：叶一菲　　销售方：（章）

第二联：发票联　购买方记账凭证

税总函【××××】×××号 ××××××××公司

【业务 24】

单据 24-1

交通银行
转账支票存根
10528025
00125504

附加信息

出票日期　　年　　月　　日

收款人：

金　额：

用　途：

单位主管　　会计

交通银行 转账支票　10528025　00125504

出票日期（大写）　　年　　月　　日　付款行名称：交通银行北京西城支行

收款人：　　出票人账号：110086859059086675019

人民币（大写）	亿	千	百	十	万	千	百	十	元	角	分

付款期限自出票之日起十天

用途　　密码

上列款项请从　　行号

我账户内支付

出票人签章　　复核　　记账

XXXXXXXXX公司 -XXXXX年印制

附加信息：	被背书人	被背书人
	背书人签章 年　月　日	背书人签章 年　月　日

（贴粘单处）

根据《中华人民共和国票据法》等法律法规的规定，签发空头支票由中国人民银行处以票面金额5%但不低于1 000元的罚款。

单据 24-2

交通银行 进账单（回单） 1

年 月 日

<table>
<tr><td rowspan="3">出票人</td><td>全 称</td><td></td><td rowspan="3">收款人</td><td>全 称</td><td colspan="11"></td></tr>
<tr><td>账 号</td><td></td><td>账 号</td><td colspan="11"></td></tr>
<tr><td>开户银行</td><td></td><td>开户银行</td><td colspan="11"></td></tr>
<tr><td rowspan="2">金额</td><td colspan="4" rowspan="2">人民币
（大写）</td><td>亿</td><td>千</td><td>百</td><td>十</td><td>万</td><td>千</td><td>百</td><td>十</td><td>元</td><td>角</td><td>分</td></tr>
<tr><td></td><td></td><td></td><td></td><td></td><td></td><td></td><td></td><td></td><td></td><td></td></tr>
<tr><td colspan="2">票据种类</td><td>票据张数</td><td colspan="13" rowspan="3">

开户银行签章</td></tr>
<tr><td colspan="2">票据号码</td><td></td></tr>
<tr><td colspan="3">
复核 记账</td></tr>
</table>

此联是开户银行交给持票人的回单

8.5×17.5公分 交9 角直印刷 0512-65011866

单据 24-3

付款申请书

2020 年 03 月 15 日

<table>
<tr><td colspan="2">用途及情况</td><td colspan="11">金额</td><td colspan="2">收款单位（人）：中国教育发展基金会北京分会</td></tr>
<tr><td colspan="2" rowspan="2">对外捐赠</td><td>亿</td><td>千</td><td>百</td><td>十</td><td>万</td><td>千</td><td>百</td><td>十</td><td>元</td><td>角</td><td>分</td><td colspan="2">账号：41002041052486985601</td></tr>
<tr><td></td><td></td><td></td><td>¥</td><td>2</td><td>0</td><td>0</td><td>0</td><td>0</td><td>0</td><td>0</td><td colspan="2">开户行：中国工商银行北京海淀支行</td></tr>
<tr><td colspan="2">金额（大写）合计：</td><td colspan="11">人民币贰万元整</td><td colspan="2">结算方式：转账支票</td></tr>
<tr><td rowspan="2">总经理</td><td rowspan="2">章子俊</td><td colspan="3" rowspan="2">财务部门</td><td colspan="3">经理</td><td colspan="3">陈俞璟</td><td colspan="2" rowspan="2">业务部门</td><td>经 理</td><td>汪铭哲</td></tr>
<tr><td colspan="3">会计</td><td colspan="3">王心怡</td><td>经办人</td><td>陈洁娜</td></tr>
</table>

单据 24-4

公益事业捐赠统一票据

UNIFIED INVOICE OF DONATION FOR PUBLIC WELFARE

国财 00202　　2020 年 03 月 15 日　　No 29180360

捐赠人Donor：北京艾贝优婴儿车有限公司　　Y M D

捐赠项目 For purpose	实物（外币）种类 Material objects (Currency)	数量 Amount	金额 Total amount
助学救助款	人民币		20 000.00
金额合计（小写）In Figures			¥ 20 000.00
金额合计（大写）In Words　贰万元整			

接受单位（盖章）：Receiver's Seal　　复核人：Verified by　　开票人：郭晓旭 Handing Person

第二联 收据

感谢您对公益事业的支持！Thank you for support of public welfare!

（印章：北京市财政部监制；中国教育发展基金会北京分会 财务专用章）

【业务 25】

单据 25-1

委外入库产品数量汇总表

批次：20200201　　2020 年 3 月 15 日

产品编码	产品名称	单位	合格数量	报废数量	委外加工数量	报废率
00305	轻型伞车遮阳篷	件			13 000	
00306	摇篮伞车遮阳篷	件			10 800	

审核：陈俞璟　　制表：王心怡

单据 25-2

超额报废产品（委外）成本计算表

批次：20200201　　2020 年 03 月 15 日　　金额单位：元

产品编码	产品名称	单位	超额报废数量	单位材料成本	金额
00305	轻型伞车遮阳篷	件			
00306	摇篮伞车遮阳篷	件			
合计					

审核：陈俞璟　　制表：王心怡

单据 25-3

委外入库产品成本计算表

批次：20200201　　2020 年 3 月 15 日　　金额单位：元

产品编码	产品名称	单位	数量	材料金额	加工费	总成本
00305	轻型伞车遮阳篷	件				
00306	摇篮伞车遮阳篷	件				
合计			—			

审核：陈俞璟　　制表：王心怡

单据 25-4

北京艾贝优婴儿车有限公司

委外加工入库单

委外商：北京红叶包袋制品有限公司　　批次：20200201

仓　库：半成品库　　2020 年　3 月 15 日　　NO：WWRK200301

序号	编码	名称	规格	单位	数量	备注
1	305	轻型伞车遮阳篷		件	12 792	
2	306	摇篮伞车遮阳篷		件	10 638	
3						
4						
5						
合计						

会计联

部门经理：范丽琪　　仓库：李明　　签收人：江毅宁

单据 25-5

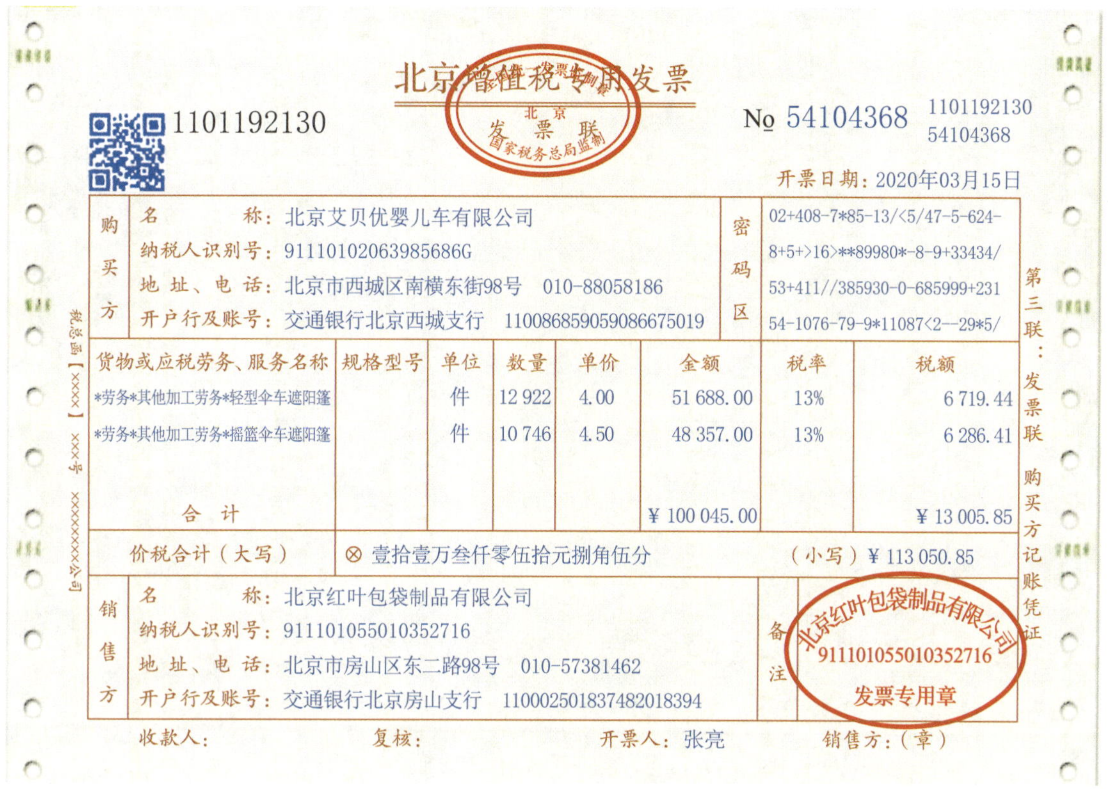

北京增值税专用发票

北京 发票联 国家税务总局监制

1101192130　　No 54104368　　1101192130 54104368

开票日期：2020年03月15日

购买方	名　　　称：北京艾贝优婴儿车有限公司 纳税人识别号：91110102063985686G 地 址、电 话：北京市西城区南横东街98号　010-88058186 开户行及账号：交通银行北京西城支行　110086859059086675019	密码区	02+408-7*85-13/<5/47-5-624- 8+5+>16>**89980*-8-9+33434/ 53+411//385930-0-685999+231 54-1076-79-9*11087<2--29*5/

货物或应税劳务、服务名称	规格型号	单位	数量	单价	金额	税率	税额
*劳务*其他加工劳务*轻型伞车遮阳篷		件	12 922	4.00	51 688.00	13%	6 719.44
*劳务*其他加工劳务*摇篮伞车遮阳篷		件	10 746	4.50	48 357.00	13%	6 286.41
合　计					¥ 100 045.00		¥ 13 005.85
价税合计（大写）	⊗ 壹拾壹万叁仟零伍拾元捌角伍分				（小写）¥ 113 050.85		

销售方	名　　　称：北京红叶包袋制品有限公司 纳税人识别号：911101055010352716 地 址、电 话：北京市房山区东二路98号　010-57381462 开户行及账号：交通银行北京房山支行　110002501837482018394	备注	北京红叶包袋制品有限公司 911101055010352716 发票专用章

收款人：　　复核：　　开票人：张亮　　销售方：（章）

第三联：发票联　购买方记账凭证

税总函【××××】×××号　×××××××公司

【业务 26】

单据 26-1

交通银行电子回单凭证

回单编号：288422362810　　回单类型：网银业务　　业务名称：

凭证种类：　　凭证号码：　　借贷标志：借记　　回单格式码：s

账号：110086859059086675019　　开户行名称：交通银行北京西城支行

户名：北京艾贝优婴儿车有限公司

对方账号：441011214032438083621　　开户行名称：中国银行北京东城支行

对方户名：北京元丰实业有限公司

币种：CNY　　金额：356 000.00　　金额大写：叁拾伍万陆仟元整

兑换信息：兑换信息　　币种：　　金额：0.00　　牌价：0.00　　币种：　　金额：0.00

摘要：

附加信息：

交通银行 北京分行 业务受理章

打印次数：0001　　记账日期：20200318　　会计流水号：EEZ0000012060261

记账机构：010120003999　　经办柜员：EBB001　　记账柜员：EEZ000　　复核柜员：　　授权柜员：

打印机构：010120003999　　打印柜员：010210557511037　　批次号：

【业务 27】

单据 27-1

付款申请书

2020 年 03 月 19 日

用途及情况	金额											收款单位（人）：北京味正餐饮服务有限公司
支付员工聚餐费	亿	千	百	十	万	千	百	十	元	角	分	账 号：110002044152456188065
				¥	3	6	4	0	0	0	0	开户行：交通银行北京东城支行
金额（大写）合计：	人民币叁万陆仟肆佰元整											结算方式：转账

总经理	章子俊	财务部门	经理	陈俞璟	业务部门	经　理	汪铭哲
			会计	王心怡		经办人	谢郁静

单据 27-2

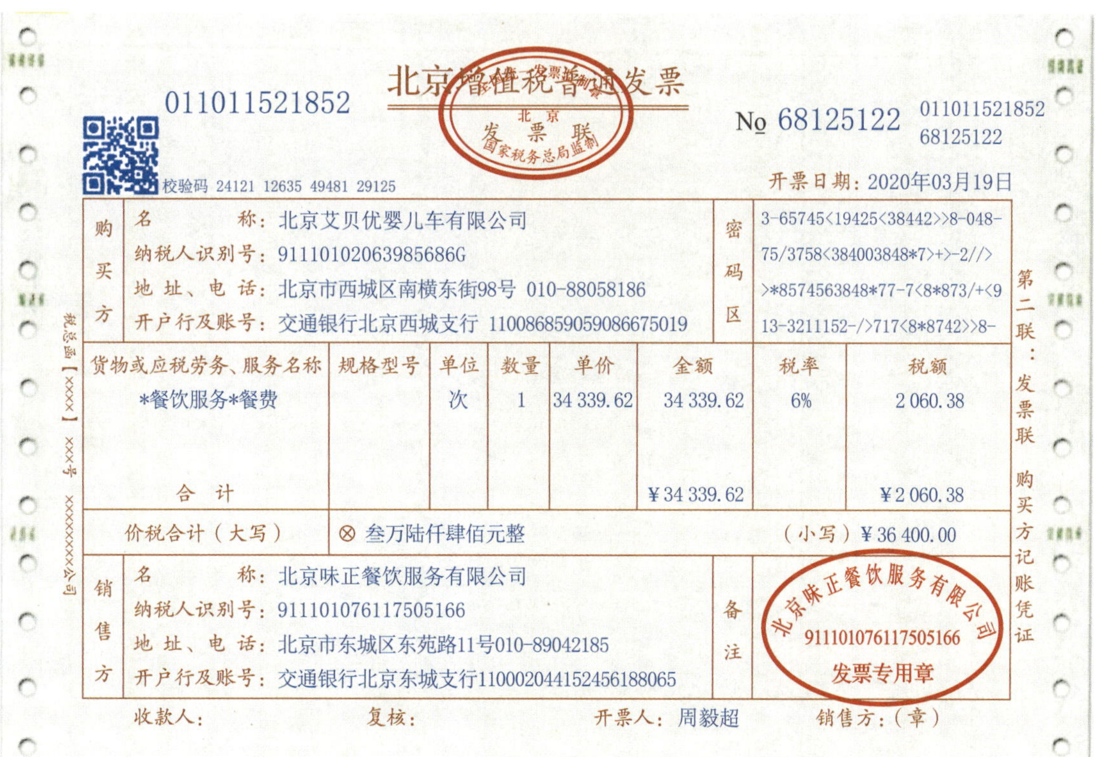

北京增值税普通发票

011011521852

发票联

№ 68125122　011011521852　68125122

校验码 24121 12635 49481 29125

开票日期：2020年03月19日

购买方	名　　称：北京艾贝优婴儿车有限公司 纳税人识别号：91110102063985686G 地 址、电 话：北京市西城区南横东街98号 010-88058186 开户行及账号：交通银行北京西城支行 110086859059086675019	密码区	3-65745<19425<38442>>8-048- 75/3758<384003848*7>+>-2//> >*8574563848*77-7<8*873/+<9 13-3211152-/>717<8*8742>>8-

货物或应税劳务、服务名称	规格型号	单位	数量	单价	金额	税率	税额
*餐饮服务*餐费		次	1	34 339.62	34 339.62	6%	2 060.38
合　计					¥34 339.62		¥2 060.38
价税合计（大写）	⊗ 叁万陆仟肆佰元整				（小写）¥36 400.00		

销售方	名　　称：北京味正餐饮服务有限公司 纳税人识别号：911101076117505166 地 址、电 话：北京市东城区东苑路11号010-89042185 开户行及账号：交通银行北京东城支行110002044152456188065	备注	北京味正餐饮服务有限公司 911101076117505166 发票专用章

收款人：　　复核：　　开票人：周毅超　　销售方：（章）

第二联：发票联　购买方记账凭证

税总函【XXXX】XXX号 XXXXXXXX公司

单据 27-3

交通银行电子回单凭证

回单编号：288422361726　回单类型：网银业务　业务名称：
凭证种类：　凭证号码：　借贷标志：借记　回单格式码：s
账号：110086859059086675019　开户行名称：交通银行北京西城支行
户名：北京艾贝优婴儿车有限公司
对方账号：110002044152456188065　开户行名称：交通银行北京东城支行
对方户名：北京味正餐饮服务有限公司
币种：CNY　金额：36 400.00　金额大写：叁万陆仟肆佰元整
兑换信息：兑换信息　币种：　金额：0.00　牌价：0.00　币种：　金额：0.00
摘要：

附加信息：

打印次数：0001　记账日期：20200319　会计流水号：EEZ0000012060267
记账机构：010120003999　经办柜员：EBB001　记账柜员：EEZ000　复核柜员：　授权柜员：
打印机构：010120003999　打印柜员：010210557511037　批次号：

交通银行 北京分行 业务受理章

【业务 28】

单据 28-1

购销合同

购方：上海吉茂商贸有限公司　　　　合同编号：202003001

销方：北京艾贝优婴儿车有限公司　　签订时间：2020年03月20日

购销双方本着互利互惠、长期合作的原则，根据《中华人民共和国合同法》及双方的实际情况，就购方向销方采购事宜，订立本合同，以使双方在合同履行中共同遵守。

一、产品名称、数量、单价、金额：

产品名称	规格型号	计量单位	数量	单价	金额	备注
轻型伞车		辆	1 500	559.00	838 500.00	不含税
摇篮伞车		辆	1 300	659.00	856 700.00	
合计					¥1 695 200.00	
合计人民币（大写）：壹佰陆拾玖万伍仟贰佰元整						

二、质量要求技术标准：销方对质量负责的条件和期限：按合同企业标准。

三、交（提）货地点、方式：上海市静安区昌平路36号

四、付款时间与付款方式：

货物验收无误后转账支付货款

五、运输方式及到站、港和费用负担：销方承担

六、合理损耗及计算方法：以实际数量验收。

七、包装标准、包装物的供应与回收：普通包装，不回收包装物。

八、验收标准、方法及提出异议期限：货到购方七天内提出质量异议，不包括运输过程中造成的质量问题。

九、违约责任：按《合同法》

十、解决合同纠纷的方式：双方协商解决。

十一、其他约定事项：本合同一式两份，购销双方各一份，经双方盖章后即生效。

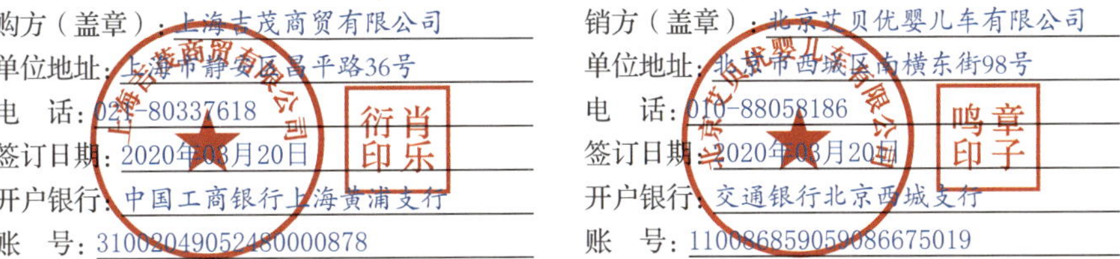

购方（盖章）：上海吉茂商贸有限公司
单位地址：上海市静安区昌平路36号
电　话：021-80337618
签订日期：2020年03月20日
开户银行：中国工商银行上海黄浦支行
账　号：310020490524800000878

销方（盖章）：北京艾贝优婴儿车有限公司
单位地址：北京市西城区南横东街98号
电　话：010-88058186
签订日期：2020年03月20日
开户银行：交通银行北京西城支行
账　号：110068590590086675019

单据 28-2

北京增值税专用发票

1101190120　　此联不作报销、扣税凭证使用　　№ 25836102　1101190120 25836102

开票日期：2020年03月20日

购买方	名　　称：上海吉茂商贸有限公司 纳税人识别号：913101060999618156 地 址、电 话：上海市静安区昌平路36号　021-80337618 开户行及账号：中国工商银行上海黄浦支行　310020490524800000878	密码区	02>408-7*85-13/<5/47-5-2345 8+5+>16>**89580*-8-9+16328/ -3+411/385930-0-685/999+24+ 34-1076-79-9*11087<21-29*5-

货物或应税劳务、服务名称	规格型号	单位	数量	单价	金额	税率	税额
*交通运输设备*轻型伞车		辆	1 500	559.00	838 500.00	13%	109 005.00
*交通运输设备*摇篮伞车		辆	1 300	659.00	856 700.00	13%	111 371.00
合　计					¥1 695 200.00		¥220 376.00
价税合计（大写）	⊗ 壹佰玖拾壹万伍仟伍佰柒拾陆元整					（小写）¥1 915 576.00	

销售方	名　　称：北京艾贝优婴儿车有限公司 纳税人识别号：91110102063985686G 地 址、电 话：北京市西城区南横东街98号　010-88058186 开户行及账号：交通银行北京西城支行　110086859059086675019	备注	北京艾贝优婴儿车有限公司 91110102063985686G 发票专用章

收款人：　　复核：　　开票人：王心怡　　销售方：（章）

第一联：记账联　销售方记账凭证

税总函【XXXX】XXX号 XXXXXXXX公司

单据 28-3

销　售　单

购货单位：上海吉茂商贸有限公司　　地址和电话：上海市静安区昌平路36号021-80337618　　单据编号：3903013

纳税人识别号：913101060999618156　开户行及账号：中国工商银行上海黄浦支行310020490524800000878　制单日期：2020年03月20日

编 码	产品名称	规 格	单 位	单 价	数 量	金 额	备 注
301	轻型伞车		辆	559.00	1 500	838 500.00	不含税
302	摇篮伞车		辆	659.00	1 300	856 700.00	
合 计	人民币（大写）：壹佰陆拾玖万伍仟贰佰元整				—	¥1 695 200.00	

销售经理：范丽琪　　经手人：吴莲荷　　会计：王心怡　　签收人：

会计联

单据 28-4

交通银行电子回单凭证

回单编号：288422361628 回单类型：网银业务 业务名称：
凭证种类： 凭证号码： 借贷标志：贷记 回单格式码：s
账号：110086859059086675019 开户行名称：交通银行北京西城支行
户名：北京艾贝优婴儿车有限公司
对方账号：31002049052480000878 开户行名称：中国工商银行上海黄浦支行
对方户名：上海吉茂商贸有限公司
币种：CNY 金额：1 915 576.00 金额大写：壹佰玖拾壹万伍仟伍佰柒拾陆元整
兑换信息：兑换信息 币种： 金额：0.00 牌价：0.00 币种： 金额：0.00
摘要：
附加信息：
打印次数：0001 记账日期：20200320 会计流水号：EEZ0000012060267
记账机构：010120003999 经办柜员：EBB001 记账柜员：EEZ000 复核柜员： 授权柜员：
打印机构：010120003999 打印柜员：010210557511037 批次号：

（印章：交通银行 北京分行 业务受理章）

【业务 29】

单据 29-1

交通银行（北京西城）计付存款利息清单（收款通知）

2020 年 03 月 21 日

单位名称：北京艾贝优婴儿车有限公司					
结算账号：110086859059086675019			存款账号：110086859059086675019		
编号	计息类型	计息起讫日期	计息积数	利率	利息金额
	活期储蓄存款	2019-12-21 至 2020-03-20	289 895 270.15	0.35%	2 818.43
摘要：利息				金额合计	¥2 818.43
金额合计（大写） 贰仟捌佰壹拾捌元肆角叁分					

（印章：交通银行 北京西城支行 2020.03.21 转讫 (01)）

复核 记账

单据 29-2

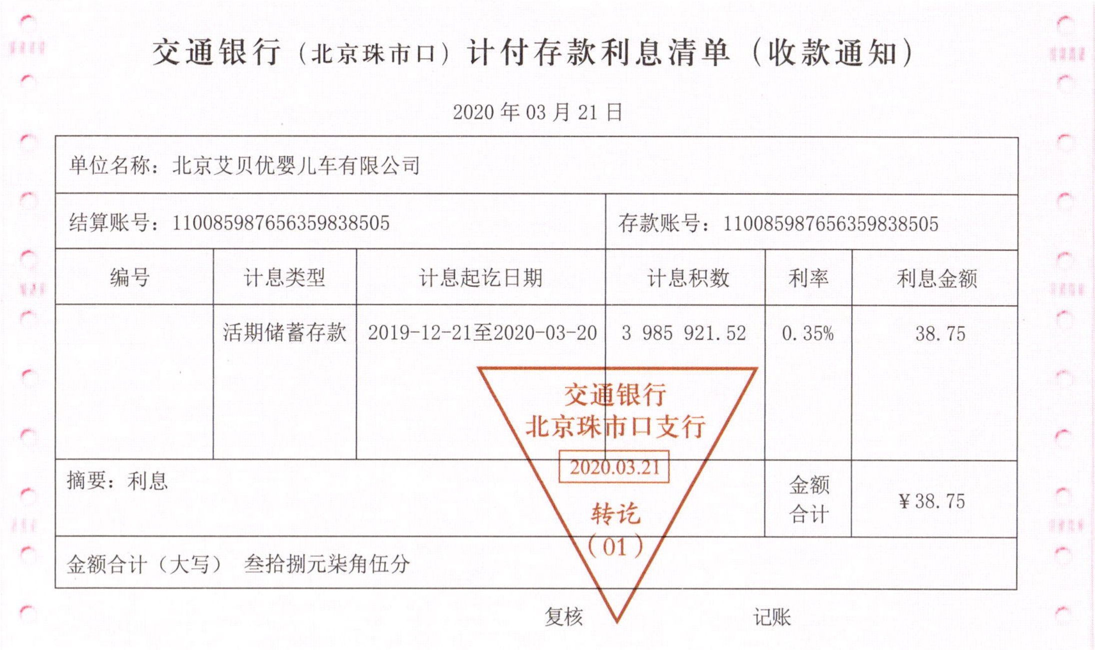

交通银行（北京珠市口）计付存款利息清单（收款通知）

2020 年 03 月 21 日

单位名称：北京艾贝优婴儿车有限公司					
结算账号：110085987656359838505			存款账号：110085987656359838505		
编号	计息类型	计息起讫日期	计息积数	利率	利息金额
	活期储蓄存款	2019-12-21至2020-03-20	3 985 921.52	0.35%	38.75
摘要：利息				金额合计	¥38.75
金额合计（大写）　叁拾捌元柒角伍分					

交通银行
北京珠市口支行
2020.03.21
转讫
(01)

复核　　记账

【业务 30】

单据 30-1

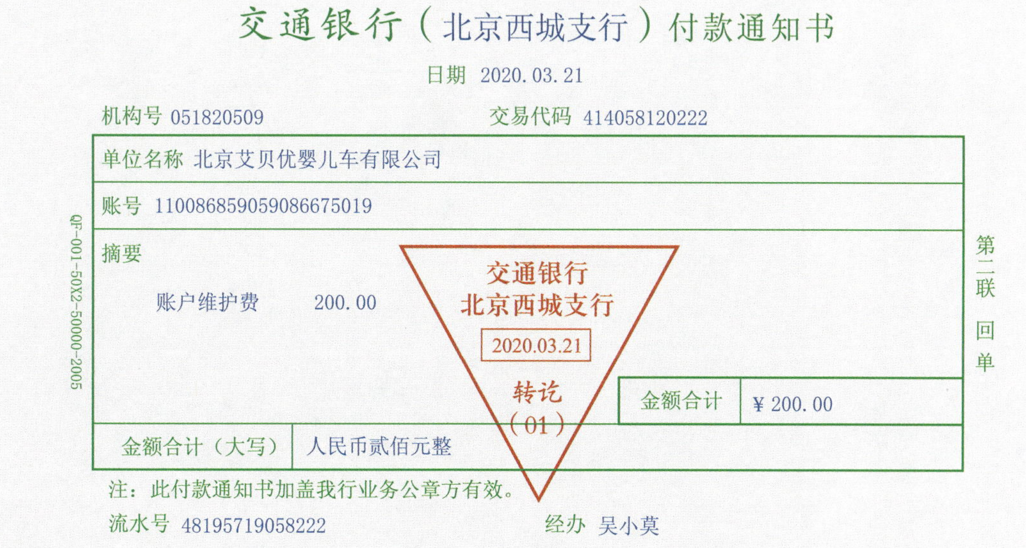

交通银行（北京西城支行）付款通知书

日期　2020.03.21

机构号　051820509　　交易代码　414058120222

单位名称　北京艾贝优婴儿车有限公司			
账号　110086859059086675019			
摘要 账户维护费　200.00		金额合计	¥200.00
金额合计（大写）	人民币贰佰元整		

注：此付款通知书加盖我行业务公章方有效。

流水号　48195719058222　　经办　吴小莫

QF-001-50X2-50000-2005

第二联　回单

交通银行
北京西城支行
2020.03.21
转讫
(01)

单据 30-2

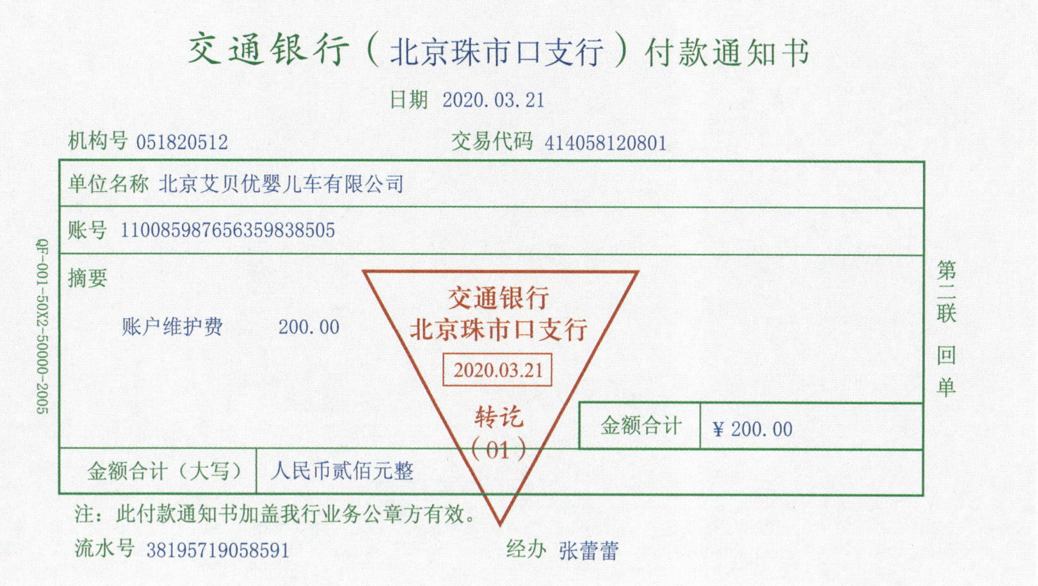

交通银行（北京珠市口支行）付款通知书

日期 2020.03.21

机构号 051820512　　交易代码 414058120801

单位名称 北京艾贝优婴儿车有限公司		
账号 110085987656359838505		
摘要 账户维护费　200.00	金额合计	¥ 200.00
金额合计（大写）	人民币贰佰元整	

注：此付款通知书加盖我行业务公章方有效。

流水号 38195719058591　　经办 张蕾蕾

QF-001-50X2-50000-2005

第二联　回单

交通银行 北京珠市口支行 2020.03.21 转讫（01）

【业务 31】

单据 31-1

报　销　单　　现金付讫

填报日期：2020 年 03 月 22 日　　单据及附件共 1 张

姓名	吴莲荷	所属部门	销售部	报销形式	现金
				支票号码	

报销项目	摘　要	金　额	备注：
销售商品运费		4 011.20	
合　计		¥ 4 011.20	
金额大写：零 拾 零 万 肆 仟 零 佰 壹 拾 壹 元 贰 角 零 分		原借款：¥0.00元	应退（补）款：¥4 011.2 元

总经理：章子俊　财务经理：陈俞琛　部门经理：范丽琪　会计：王心怡　出纳：吕珊珊　报销人：吴莲荷

单据 31-2

北京增值税专用发票

北京 发票联 国家税务总局监制

1101192132

№ 28103951　1101192132 28103951

开票日期：2020年03月22日

购买方	名称：北京艾贝优婴儿车有限公司 纳税人识别号：91110102063985686G 地址、电话：北京市西城区南横东街98号　010-88058186 开户行及账号：交通银行北京西城支行　110086859059086675019	密码区	/+408-7*85-13/<5/47-5-50/11 8+5+>16>**89980*-8-9+334342 +3+411//385930-0-685999+231 *4-1076-79-9*11087<2--29*50

货物或应税劳务、服务名称	规格型号	单位	数量	单价	金额	税率	税额
*运输服务*运费		次	1	3 680.00	3 680.00	9%	331.20
合　计					¥3 680.00		¥331.20
价税合计（大写）	⊗ 肆仟零壹拾壹元贰角整					（小写）	¥4 011.20

销售方	名称：北京一路通物流服务有限公司 纳税人识别号：911101471295719251 地址、电话：北京市丰台区临阳街盛光路51号　010-58172052 开户行及账号：交通银行北京丰台支行　110001839582195012549	备注	起运地：北京市西城区南横东街98号 目的地：上海市静安区昌平路36号 车型车号：中型货车　京A6568D 货物信息：婴儿车

收款人：　　复核：　　开票人：陈可盈　　销售方：（章）

（印章：北京一路通物流服务有限公司 911101471295719251 发票专用章）

第三联：发票联　购买方记账凭证

税总函【XXXX】XXX号 XXXXXXXX公司

【业务 32】

单据 32-1

北京正丰证券西城营业部对账单

客户编号：220015210　姓名：北京艾贝佳婴儿车有限公司　对账日期：2020.03.22　打印柜员：

资金信息：

币种	资金余额	可用金额	可取现金	资产总值
人民币	916 700.00	916 700.00	916 700.00	2 154 700.00

流水明细：

日期	币种	业务标志	证券名称	证券代码	发生数量	成交均价	佣金	印花税	其他费	收付金额	资金余额	备注
2018.01.22	人民币	股票买入	海投集团	501435	20 000	18.00			800.00	-360 800.00	91 100.00	
2019.07.05	人民币	股票买入	鸿发集团	400631	50 000	15.60			1 500.00	-781 500.00	1 101 100.00	
2019.07.22	人民币	股票买入	城南科技	602301	20 000	14.50			700.00	-290 700.00	810 400.00	
2019.08.22	人民币	股票买入	新阳股份	301956	40 000	17.90			1 800.00	-717 800.00	92 600.00	
2020.02.15	人民币	股票卖出	城南科技	602301	20 000	13.70				274 000.00	366 600.00	
2020.03.06	人民币	股票买入	新阳股份	301956	20 000	18.20			900.00	-364 900.00	1 700.00	
2020.03.22	人民币	股票卖出	新阳股份	301956	50 000	18.30				915 000.00	916 700.00	
合计:											916 700.00	

汇总股票资料

证券名称	证券代码	当前数	可用数	最新价	市值	币种
海投集团	501435	20 000	20 000	16.50	330 000.00	人民币
鸿发集团	400631	50 000	50 000	14.50	725 000.00	人民币
新阳股份	301956	10 000	10 000	18.30	183 000.00	人民币

北京正丰证券西城营业部

【业务33】

单据33-1

交通银行电子回单凭证

回单编号：288422362831　　回单类型：网银业务　　业务名称：
凭证种类：　　凭证号码：　　借贷标志：借记　　回单格式码：s
账号：110086859059086675019　　开户行名称：交通银行北京西城支行
户名：北京艾贝优婴儿车有限公司
对方账号：410020490524869896 35　　开户行名称：中国工商银行北京通州支行
对方户名：北京领昕实业有限公司
币种：CNY　　金额：393 500.00　　金额大写：叁拾玖万叁仟伍佰元整
兑换信息：兑换信息　　币种：　　金额：0.00　　牌价：0.00　　币种：　　金额：0.00
摘要：
附加信息：
打印次数：0001　　记账日期：20200322　　会计流水号：EEZ0000012060654
记账机构：010120003999　　经办柜员：EBB001　　记账柜员：EEZ000　　复核柜员：　　授权柜员：
打印机构：010120003999　　打印柜员：010210557511037　　批次号：

交通银行 北京分行 业务受理章

【业务 34】

单据 34-1

购销合同

购方：北京乐北鼻婴儿用品有限公司　　合同编号：202003002

销方：北京艾贝优婴儿车有限公司　　签订时间：2020年03月25日

购销双方本着互利互惠、长期合作的原则，根据《中华人民共和国合同法》及双方的实际情况，就购方向销方采购事宜，订立本合同，以使双方在合同履行中共同遵守。

一、产品名称、数量、单价、金额：

产品名称	规格型号	计量单位	数量	单价	金额	备注
轻型伞车		辆	5 500	559.00	3 074 500.00	不含税
摇篮伞车		辆	4 600	659.00	3 031 400.00	
合计					¥6 105 900.00	
合计人民币（大写）：陆佰壹拾万伍仟玖佰元整						

二、质量要求技术标准：销方对质量负责的条件和期限：按合同企业标准。

三、交（提）货地点、方式：北京市酒仙桥路68号丽港大厦A座1036室

四、付款时间与付款方式：

货物验收无误后7天内转账支付货款

五、运输方式及到站、港和费用负担：销方承担

六、合理损耗及计算方法：以实际数量验收。

七、包装标准、包装物的供应与回收：普通包装，不回收包装物。

八、验收标准、方法及提出异议期限：货到购方七天内提出质量异议，不包括运输过程中造成的质量问题。

九、违约责任：按《合同法》

十、解决合同纠纷的方式：双方协商解决。

十一、其他约定事项：本合同一式两份，购销双方各一份，经双方盖章后即生效。

购方		销方	
购方（盖章）：	北京乐北鼻婴儿用品有限公司	销方（盖章）：	北京艾贝优婴儿车有限公司
单位地址：	北京市酒仙桥路68号丽港大厦A座1036室	单位地址：	北京市西城区南横东街98号
电　话：	010-62887519	电　话：	010-88058186
签订日期：	2020年03月25日	签订日期：	2020年03月25日
开户银行：	交通银行北京酒仙桥支行	开户银行：	交通银行北京西城支行
账　号：	110000374194208666815	账　号：	110086859059086675019

（印章：北京乐北鼻婴儿用品有限公司；倪健印小）（印章：北京艾贝优婴儿车有限公司；章鸣印子）

单据 34-2

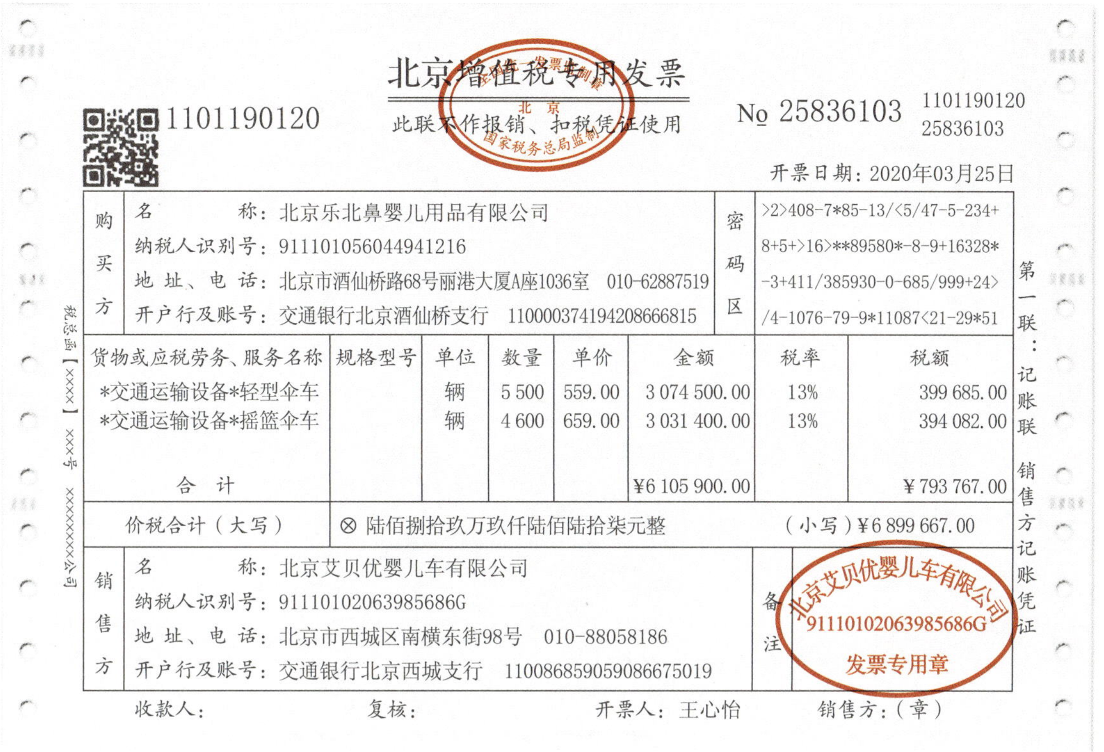

北京增值税专用发票

1101190120

此联不作报销、扣税凭证使用

№ 25836103　1101190120　25836103

开票日期：2020年03月25日

购买方	名　　称：北京乐北鼻婴儿用品有限公司 纳税人识别号：911101056044941216 地 址、电 话：北京市酒仙桥路68号丽港大厦A座1036室 010-62887519 开户行及账号：交通银行北京酒仙桥支行 110000374194208666815	密码区	>2>408-7*85-13/<5/47-5-234+ 8+5+>16>**89580*-8-9+16328* -3+411/385930-0-685/999+24> /4-1076-79-9*11087<21-29*51

货物或应税劳务、服务名称	规格型号	单位	数量	单价	金额	税率	税额
*交通运输设备*轻型伞车		辆	5 500	559.00	3 074 500.00	13%	399 685.00
*交通运输设备*摇篮伞车		辆	4 600	659.00	3 031 400.00	13%	394 082.00
合　计					¥6 105 900.00		¥793 767.00
价税合计（大写）	⊗ 陆佰捌拾玖万玖仟陆佰陆拾柒元整						（小写）¥6 899 667.00

销售方	名　　称：北京艾贝优婴儿车有限公司 纳税人识别号：91110102063985686G 地 址、电 话：北京市西城区南横东街98号 010-88058186 开户行及账号：交通银行北京西城支行 110086859059086675019	备注	北京艾贝优婴儿车有限公司 91110102063985686G 发票专用章

收款人：　复核：　开票人：王心怡　销售方：（章）

第一联：记账联 销售方记账凭证

税总函〔××××〕×××号 ××××××××公司

单据 34-3

销　售　单

购货单位：北京乐北鼻婴儿用品有限公司 地址和电话：北京市酒仙桥路68号丽港大厦A座1036室010-62887519 单据编号：3903014

纳税人识别号：911101056044941216 开户行及账号：交通银行北京酒仙桥支行110000374194208666815 制单日期：2020年03月25日

编 码	产品名称	规 格	单 位	单 价	数 量	金 额	备 注
301	轻型伞车		辆	559.00	5 500	3 074 500.00	不含税
302	摇篮伞车		辆	659.00	4 600	3 031 400.00	
合 计	人民币（大写）：陆佰壹拾万伍仟玖佰元整				—	¥6 105 900.00	

会计联

销售经理：范丽琪　经手人：吴莲荷　会计：王心怡　签收人：

【业务 35】

单据 35-1

购 销 合 同

购买方：北京艾贝优婴儿车有限公司（以下简称“甲方”）

销售方：北京鸿盛机械有限公司（以下简称“乙方”）

甲乙双方经过友好协商，就甲方向乙方采购一条生产线相关事宜，达成如下协议：

一、签订原则：

本合同依据《中华人民共和国民法通则》《中华人民共和国合同法》及其他相关法律、法规的规定，由买卖双方在平等、自愿、协商一致的基础上共同订立。

二、合同标的物情况：

甲方向乙方采购一条生产线，并于本合同签订时交付。

三、计价方式：

生产线总额（不含税）为人民币 360 万元（金额大写：叁佰陆拾万元整）。

四、付款方式：

采用分期付款的方式，甲方购入时转账支付乙方人民币 106.80 万元（金额大写：壹佰零陆万捌仟元整），剩余款项分 5 期于次年起每年 3 月 25 日平均支付。

……

十一、合同争议的解决方式：

本合同在履行过程中发生的争议，由甲乙双方协商解决；协商不成的依法向人民法院提起诉讼。

十二、本合同一式二份，甲乙双方各一份。

甲方：北京艾贝优婴儿车有限公司

法定代表人：章子鸣

开户行：交通银行北京西城支行

账号：1100868590590866750l9

日期：2020 年 03 月 25 日

（印章：北京艾贝优婴儿车有限公司）（章子鸣印）

乙方：北京鸿盛机械有限公司

法定代表人：马开明

开户行：中国银行北京通州支行

账号：110086859000153310182

日期：2020 年 03 月 25 日

（印章：北京鸿盛机械有限公司）（马开明印）

单据 35-2

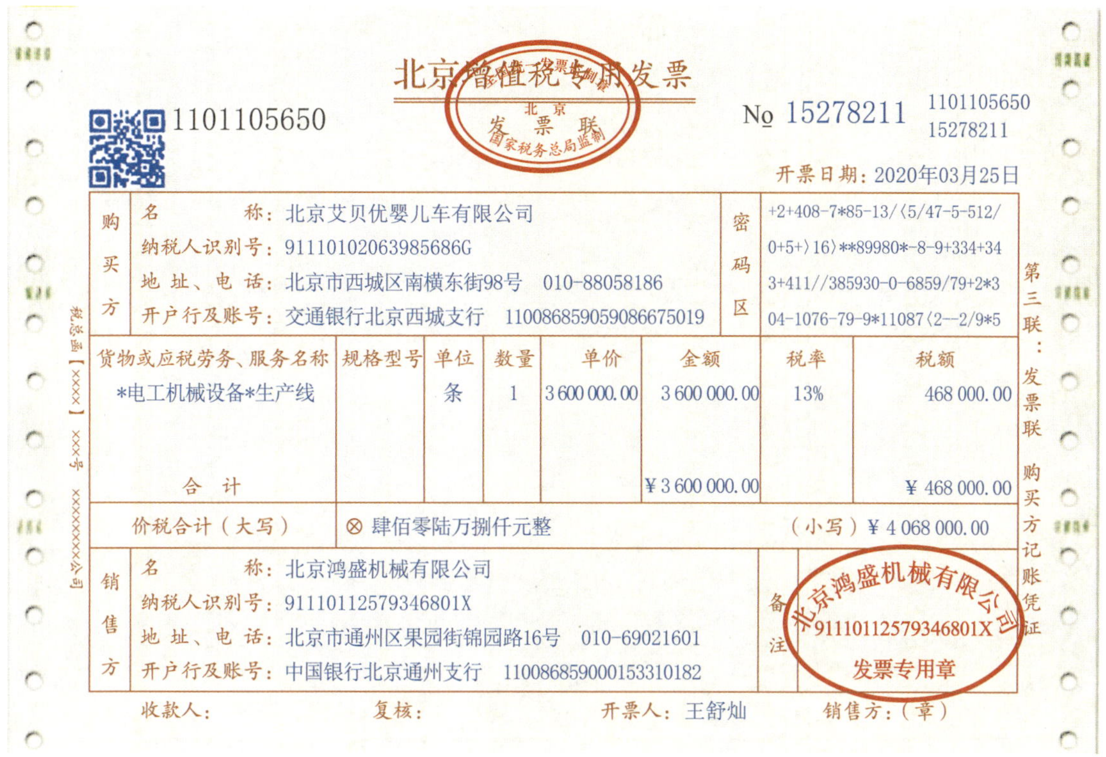

北京增值税专用发票

1101105650 　发票联 　№ 15278211 　1101105650 15278211

开票日期：2020年03月25日

购买方	名称：北京艾贝优婴儿车有限公司 纳税人识别号：91110102063985686G 地址、电话：北京市西城区南横东街98号 010-88058186 开户行及账号：交通银行北京西城支行 110086859059086675019				密码区	+2+408-7*85-13/<5/47-5-512/ 0+5+>16>**89980*-8-9+334+34 3+411//385930-0-6859/79+2*3 04-1076-79-9*11087<2--2/9*5	
货物或应税劳务、服务名称	规格型号	单位	数量	单价	金额	税率	税额
*电工机械设备*生产线		条	1	3 600 000.00	3 600 000.00	13%	468 000.00
合计					¥3 600 000.00		¥468 000.00
价税合计（大写）	⊗肆佰零陆万捌仟元整					（小写）¥4 068 000.00	
销售方	名称：北京鸿盛机械有限公司 纳税人识别号：91110112579346801X 地址、电话：北京市通州区果园街锦园路16号 010-69021601 开户行及账号：中国银行北京通州支行 110086859000153310182				备注		

收款人： 复核： 开票人：王舒灿 销售方：（章）

第三联：发票联 购买方记账凭证

单据 35-3

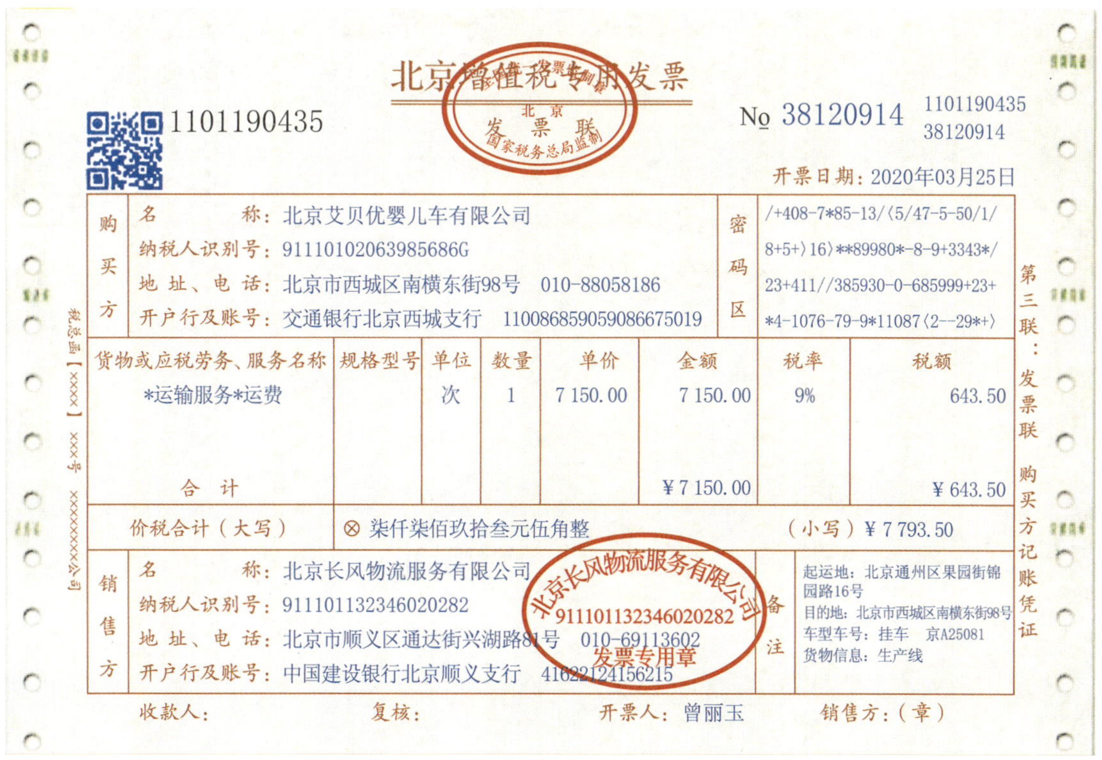

北京增值税专用发票

1101190435 　发票联 　№ 38120914 　1101190435 38120914

开票日期：2020年03月25日

购买方	名称：北京艾贝优婴儿车有限公司 纳税人识别号：91110102063985686G 地址、电话：北京市西城区南横东街98号 010-88058186 开户行及账号：交通银行北京西城支行 110086859059086675019				密码区	/+408-7*85-13/<5/47-5-50/1/ 8+5+>16>**89980*-8-9+3343*/ 23+411//385930-0-685999+23+ *4-1076-79-9*11087<2--29*+>	
货物或应税劳务、服务名称	规格型号	单位	数量	单价	金额	税率	税额
*运输服务*运费		次	1	7 150.00	7 150.00	9%	643.50
合计					¥7 150.00		¥643.50
价税合计（大写）	⊗柒仟柒佰玖拾叁元伍角整					（小写）¥7 793.50	
销售方	名称：北京长风物流服务有限公司 纳税人识别号：911101132346020282 地址、电话：北京市顺义区通达街兴湖路81号 010-69113602 开户行及账号：中国建设银行北京顺义支行 41622124156215				备注	起运地：北京通州区果园街锦园路16号 目的地：北京市西城区南横东街98号 车型车号：挂车 京A25081 货物信息：生产线	

收款人： 复核： 开票人：曾丽玉 销售方：（章）

第三联：发票联 购买方记账凭证

单据 35-4

交通银行电子回单凭证

回单编号：288422382728　回单类型：网银业务　业务名称：
凭证种类：　凭证号码：　借贷标志：借记　回单格式码：s
账号：110086859059086675019　开户行名称：交通银行北京西城支行
户名：北京艾贝优婴儿车有限公司
对方账号：110086859000153310182　开户行名称：中国银行北京通州支行
对方户名：北京鸿盛机械有限公司
币种：CNY　金额：1 068 000.00　金额大写：壹佰零陆万捌仟元整
兑换信息：兑换信息　币种：　金额：0.00　牌价：0.00　币种：　金额：0.00
摘要：
附加信息：
打印次数：0001　记账日期：20200325　会计流水号：EEZ0000012067651
记账机构：010120003999　经办柜员：EBB001　记账柜员：EEZ000　复核柜员：　授权柜员：
打印机构：010120003999　打印柜员：010210557511037　批次号：

交通银行 北京分行 业务受理章

单据 35-5

交通银行电子回单凭证

回单编号：288422382729　回单类型：网银业务　业务名称：
凭证种类：　凭证号码：　借贷标志：借记　回单格式码：s
账号：110086859059086675019　开户行名称：交通银行北京西城支行
户名：北京艾贝优婴儿车有限公司
对方账号：41622124156215　开户行名称：中国建设银行北京顺义支行
对方户名：北京长风物流服务有限公司
币种：CNY　金额：7 793.50　金额大写：柒仟柒佰玖拾叁元伍角整
兑换信息：兑换信息　币种：　金额：0.00　牌价：0.00　币种：　金额：0.00
摘要：
附加信息：
打印次数：0001　记账日期：20200325　会计流水号：EEZ0000012067683
记账机构：010120003999　经办柜员：EBB001　记账柜员：EEZ000　复核柜员：　授权柜员：
打印机构：010120003999　打印柜员：010210557511037　批次号：

交通银行 北京分行 业务受理章

【业务 36】

单据 36-1

付款申请书

2020 年 03 月 25 日

<table>
<tr><td colspan="2">用途及情况</td><td colspan="11">金额</td><td colspan="3">收款单位（人）：北京科安技术开发有限公司</td></tr>
<tr><td colspan="2" rowspan="2">支付新产品研发设计费</td><td>亿</td><td>千</td><td>百</td><td>十</td><td>万</td><td>千</td><td>百</td><td>十</td><td>元</td><td>角</td><td>分</td><td colspan="3">账号：6227608852261052288</td></tr>
<tr><td></td><td></td><td></td><td>¥</td><td>3</td><td>0</td><td>0</td><td>0</td><td>0</td><td>0</td><td>0</td><td colspan="3">开户行：中国银行北京东城支行</td></tr>
<tr><td colspan="2">金额（大写）合计：</td><td colspan="12">人民币叁万元整</td><td colspan="2">结算方式：转账</td></tr>
<tr><td rowspan="2">总经理</td><td rowspan="2">章子俊</td><td rowspan="2" colspan="3">财务部门</td><td colspan="3">经理</td><td colspan="3">陈俞璟</td><td rowspan="2" colspan="3">业务部门</td><td>经　理</td><td>范丽琪</td></tr>
<tr><td colspan="3">会计</td><td colspan="3">王心怡</td><td>经办人</td><td>吴莲荷</td></tr>
</table>

单据 36-2

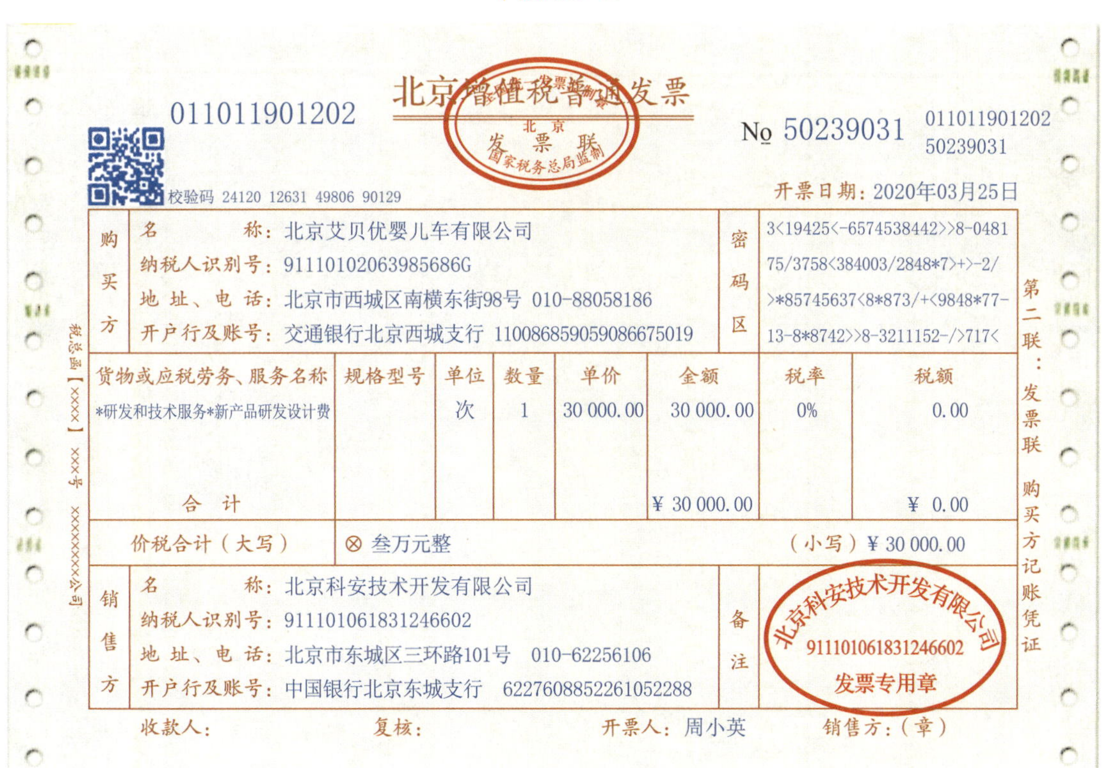

北京增值税普通发票

011011901202　　发票联　　№ 50239031　011011901202　50239031

校验码 24120 12631 49806 90129　　开票日期：2020年03月25日

购买方	名　　称：北京艾贝优婴儿车有限公司 纳税人识别号：91110102063985686G 地 址、电 话：北京市西城区南横东街98号 010-88058186 开户行及账号：交通银行北京西城支行 110086859059086675019				密码区	3<19425<-6574538442>>8-0481 75/3758<384003/2848*7>+>-2/ >*85745637<8*873/+<9848*77- 13-8*8742>>8-3211152-/>717<	
货物或应税劳务、服务名称	规格型号	单位	数量	单价	金额	税率	税额
*研发和技术服务*新产品研发设计费		次	1	30 000.00	30 000.00	0%	0.00
合　计					¥ 30 000.00		¥ 0.00
价税合计（大写）	⊗ 叁万元整					（小写）¥ 30 000.00	
销售方	名　　称：北京科安技术开发有限公司 纳税人识别号：911101061831246602 地 址、电 话：北京市东城区三环路101号 010-62256106 开户行及账号：中国银行北京东城支行 6227608852261052288				备注	北京科安技术开发有限公司 911101061831246602 发票专用章	

收款人：　　复核：　　开票人：周小英　　销售方：（章）

第二联：发票联　购买方记账凭证

税总函【XXXX】XXX号 XXXXXXXX公司

单据 36-3

交通银行电子回单凭证

回单编号：818422360498　　回单类型：网银业务　　业务名称：

凭证种类：　　凭证号码：　　借贷标志：借记　　回单格式码：s

账号：110086859059086675019　　开户行名称：交通银行北京西城支行

户名：北京艾贝优婴儿车有限公司

对方账号：6227608852261052288　　开户行名称：中国银行北京东城支行

对方户名：北京科安技术开发有限公司

币种：CNY　　金额：30 000.00　　金额大写：叁万元整

兑换信息：兑换信息　　币种：　　金额：0.00　　牌价：0.00　　币种：　　金额：0.00

摘要：

附加信息：

打印次数：0001　　记账日期：20200325　　会计流水号：EEZ0000012060323

记账机构：010120003999　　经办柜员：EBB001　　记账柜员：EEZ000　　复核柜员：　　授权柜员：

打印机构：010120003999　　打印柜员：201900557511030　　批次号：

（印章：交通银行 北京分行 业务受理章）

【业务 37】

单据 37-1

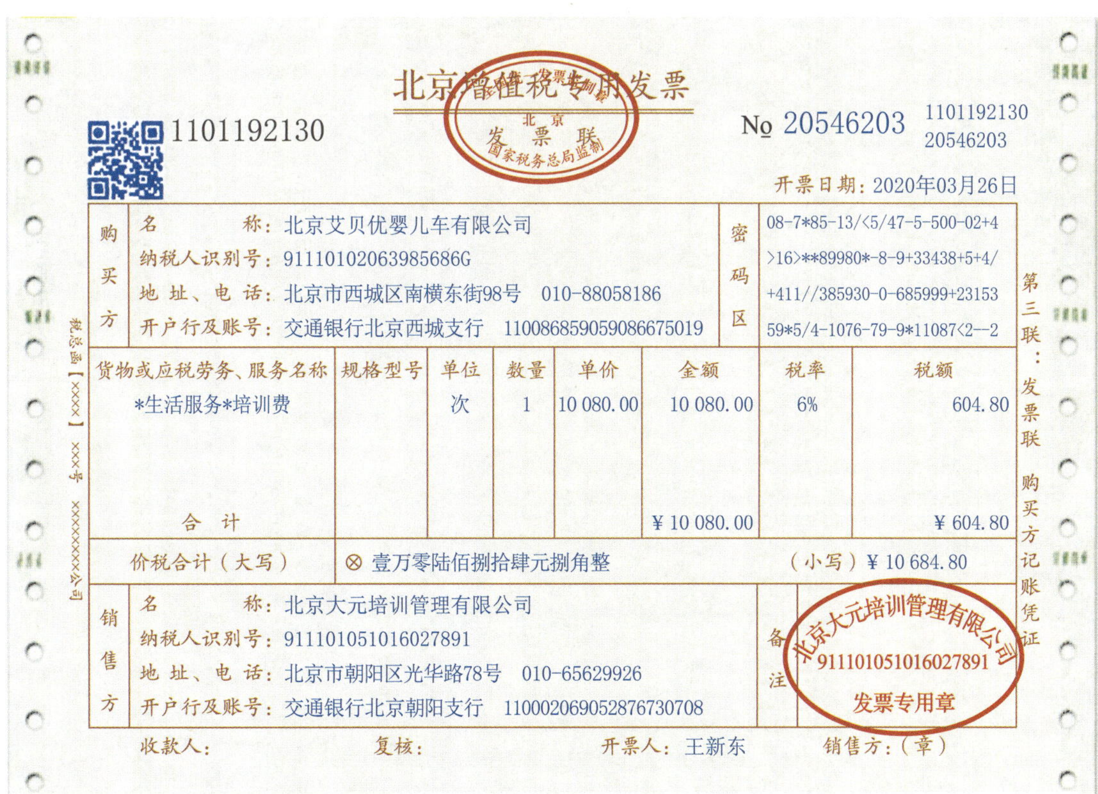

北京增值税专用发票

（监制章：全国统一发票监制章 北京 国家税务总局监制）

发票联

1101192130　　№ 20546203　　1101192130　　20546203

开票日期：2020年03月26日

购买方　名　　称：北京艾贝优婴儿车有限公司
纳税人识别号：91110102063985686G
地 址、电 话：北京市西城区南横东街98号　010-88058186
开户行及账号：交通银行北京西城支行　110086859059086675019

密码区：
08-7*85-13/<5/47-5-500-02+4
>16>**89980*-8-9+33438+5+4/
+411//385930-0-685999+23153
59*5/4-1076-79-9*11087<2--2

货物或应税劳务、服务名称	规格型号	单位	数量	单价	金额	税率	税额
*生活服务*培训费		次	1	10 080.00	10 080.00	6%	604.80
合　计					¥ 10 080.00		¥ 604.80

价税合计（大写）　⊗ 壹万零陆佰捌拾肆元捌角整　　（小写）¥ 10 684.80

销售方　名　　称：北京大元培训管理有限公司
纳税人识别号：911101051016027891
地 址、电 话：北京市朝阳区光华路78号　010-65629926
开户行及账号：交通银行北京朝阳支行　110002069052876730708

备注：（印章：北京大元培训管理有限公司 911101051016027891 发票专用章）

收款人：　　复核：　　开票人：王新东　　销售方：（章）

第三联：发票联　购买方记账凭证

税总函【××××】×××号　××××××××公司

单据 37-2

交通银行电子回单凭证

回单编号：288422361715　回单类型：网银业务　业务名称：
凭证种类：　凭证号码：　借贷标志：借记　回单格式码：s
账号：110086859059086675019　开户行名称：交通银行北京西城支行
户名：北京艾贝优婴儿车有限公司
对方账号：110002069052876730708　开户行名称：交通银行北京朝阳支行
对方户名：北京大元培训管理有限公司
币种：CNY　金额：10 684.80　金额大写：壹万零陆佰捌拾肆元捌角整
兑换信息：兑换信息　币种：　金额：0.00　牌价：0.00　币种：　金额：0.00
摘要：

附加信息：

打印次数：0001　记账日期：20200326　会计流水号：EEZ0000012060261
记账机构：010120003999　经办柜员：EBB001　记账柜员：EEZ000　复核柜员：　授权柜员：
打印机构：010120003999　打印柜员：010210557511037　批次号：

（印章：交通银行 北京分行 业务受理章）

【业务 38】

单据 38-1

报 销 单

现金付讫

填报日期：2020 年 03 月 26 日　单据及附件共 1 张

姓名	谢郁静	所属部门	行政部	报销形式	现金
				支票号码	

报销项目	摘　要	金　额	备注：
设备修理费		4 350.50	
合　计		¥4 350.50	
金额大写：零 拾 零 万 肆 仟 叁 佰 伍 拾 零 元 伍 角 零 分		原借款：¥0.00元	应退（补）款：¥4 350.50元

总经理：章子俊　财务经理：陈俞璟　部门经理：汪铭哲　会计：王心怡　出纳：吕珊珊　报销人：谢郁静

单据 38–2

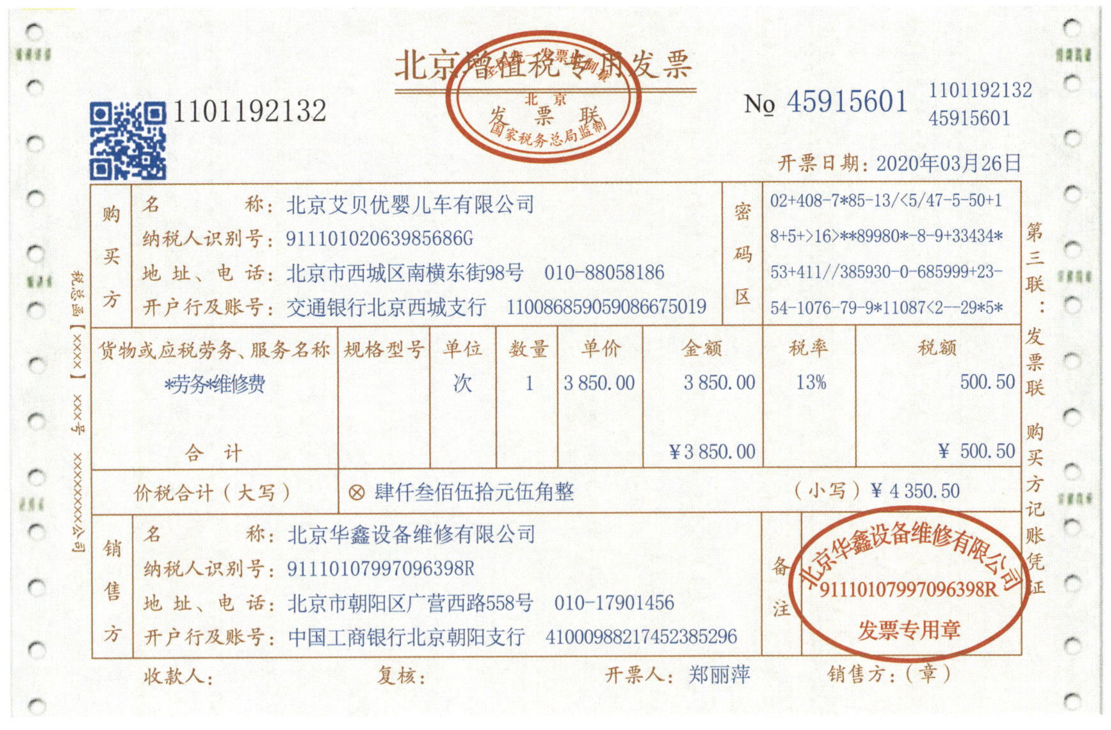
北京增值税专用发票

北京 发票联 国家税务总局监制

1101192132　　№ 45915601　1101192132 45915601

开票日期：2020年03月26日

购买方	名　　称：北京艾贝优婴儿车有限公司 纳税人识别号：91110102063985686G 地 址、电 话：北京市西城区南横东街98号　010-88058186 开户行及账号：交通银行北京西城支行　11008685905908667501 9	密码区	02+408-7*85-13/<5/47-5-50+1 8+5+>16>**89980*-8-9+33434* 53+411//385930-0-685999+23- 54-1076-79-9*11087<2--29*5*

货物或应税劳务、服务名称	规格型号	单位	数量	单价	金额	税率	税额
*劳务*维修费		次	1	3 850.00	3 850.00	13%	500.50
合　计					¥3 850.00		¥ 500.50
价税合计（大写）	⊗ 肆仟叁佰伍拾元伍角整				（小写）¥ 4 350.50		

销售方	名　　称：北京华鑫设备维修有限公司 纳税人识别号：91110107997096398R 地 址、电 话：北京市朝阳区广营西路558号　010-17901456 开户行及账号：中国工商银行北京朝阳支行　41000988217452385296	备注	北京华鑫设备维修有限公司 91110107997096398R 发票专用章

收款人：　　复核：　　开票人：郑丽萍　　销售方：（章）

第三联：发票联　购买方记账凭证

税总函【××××】×××号　×××××××公司

【业务 39】

单据 39–1

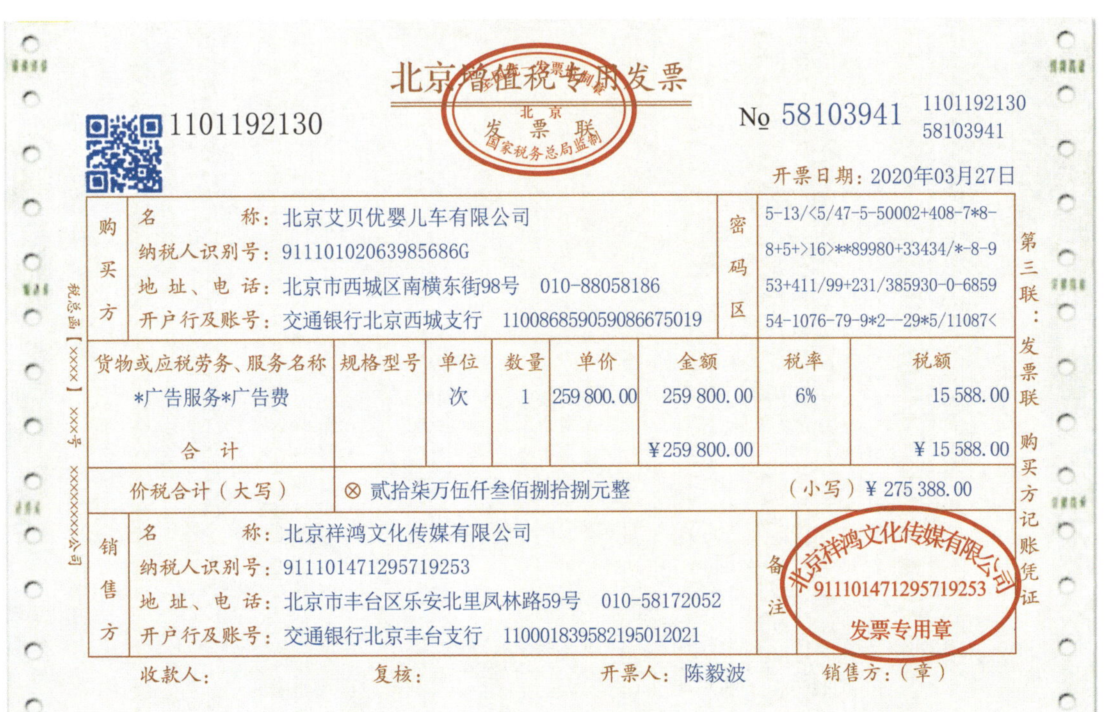
北京增值税专用发票

北京 发票联 国家税务总局监制

1101192130　　№ 58103941　1101192130 58103941

开票日期：2020年03月27日

购买方	名　　称：北京艾贝优婴儿车有限公司 纳税人识别号：91110102063985686G 地 址、电 话：北京市西城区南横东街98号　010-88058186 开户行及账号：交通银行北京西城支行　11008685905908667501 9	密码区	5-13/<5/47-5-50002+408-7*8- 8+5+>16>**89980+33434/*-8-9 53+411/99+231/385930-0-6859 54-1076-79-9*2--29*5/11087<

货物或应税劳务、服务名称	规格型号	单位	数量	单价	金额	税率	税额
*广告服务*广告费		次	1	259 800.00	259 800.00	6%	15 588.00
合　计					¥259 800.00		¥ 15 588.00
价税合计（大写）	⊗ 贰拾柒万伍仟叁佰捌拾捌元整				（小写）¥ 275 388.00		

销售方	名　　称：北京祥鸿文化传媒有限公司 纳税人识别号：911101471295719253 地 址、电 话：北京市丰台区乐安北里凤林路59号　010-58172052 开户行及账号：交通银行北京丰台支行　11000183958219501202 1	备注	北京祥鸿文化传媒有限公司 911101471295719253 发票专用章

收款人：　　复核：　　开票人：陈毅波　　销售方：（章）

第三联：发票联　购买方记账凭证

税总函【××××】×××号　×××××××公司

单据 39-2

交通银行电子回单凭证

回单编号：818422360498　回单类型：网银业务　业务名称：
凭证种类：　凭证号码：　借贷标志：借记　回单格式码：s
账号：110086859059086675019　开户行名称：交通银行北京西城支行
户名：北京艾贝优婴儿车有限公司
对方账号：110001839582195012021　开户行名称：交通银行北京丰台支行
对方户名：北京祥鸿文化传媒有限公司
币种：CNY　金额：275 388.00　金额大写：贰拾柒万伍仟叁佰捌拾捌元整
兑换信息：兑换信息　币种：　金额：0.00　牌价：0.00　币种：　金额：0.00
摘要：
附加信息：
打印次数：0001　记账日期：20200327　会计流水号：EEZ0000012060346
记账机构：010120003999　经办柜员：EBB001　记账柜员：EEZ000　复核柜员：　授权柜员：
打印机构：010120003999　打印柜员：201900557511030　批次号：

（印章：交通银行 北京分行 业务受理章）

【业务 40】

单据 40-1

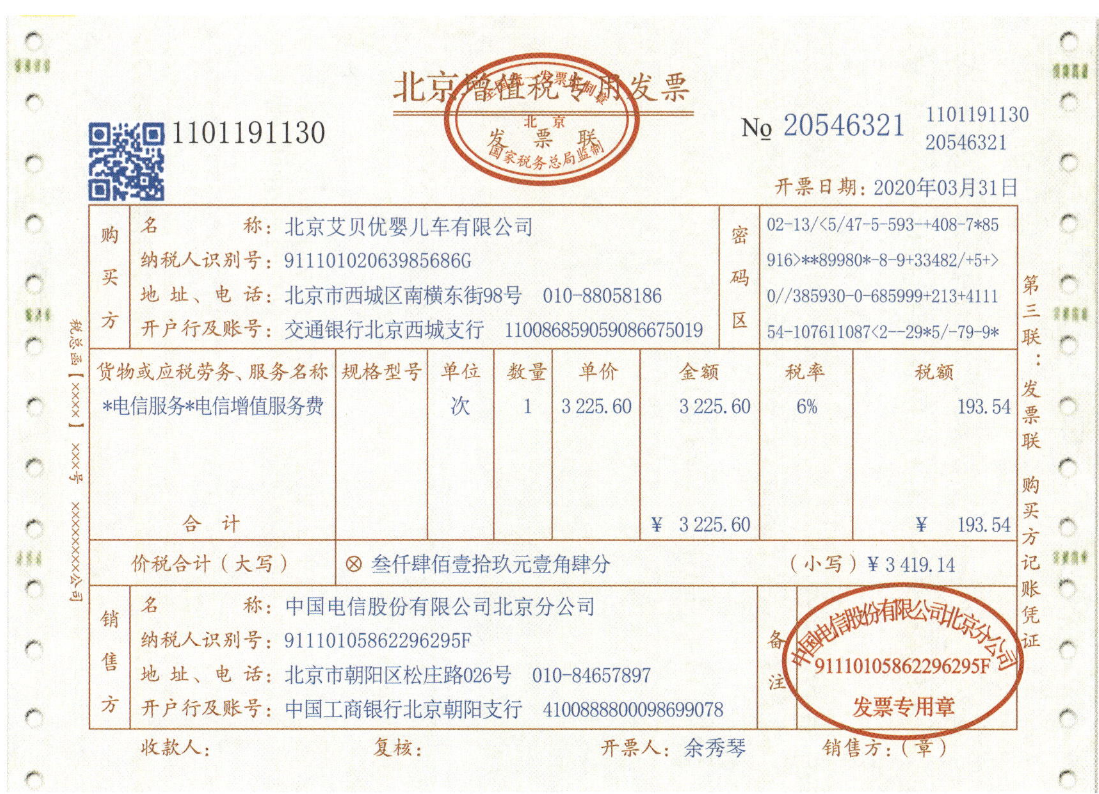

北京增值税专用发票

1101191130　№ 20546321　1101191130 20546321

开票日期：2020年03月31日

购买方	名称：北京艾贝优婴儿车有限公司 纳税人识别号：91110102063985686G 地址、电话：北京市西城区南横东街98号 010-88058186 开户行及账号：交通银行北京西城支行 110086859059086675019	密码区	02-13/<5/47-5-593-+408-7*85 916>**89980*-8-9+33482/+5+> 0//385930-0-685999+213+4111 54-107611087<2--29*5/-79-9*

货物或应税劳务、服务名称	规格型号	单位	数量	单价	金额	税率	税额
*电信服务*电信增值服务费		次	1	3 225.60	3 225.60	6%	193.54
合计					¥ 3 225.60		¥ 193.54
价税合计（大写）	⊗ 叁仟肆佰壹拾玖元壹角肆分					（小写）¥ 3 419.14	

销售方	名称：中国电信股份有限公司北京分公司 纳税人识别号：91110105862296295F 地址、电话：北京市朝阳区松庄路026号 010-84657897 开户行及账号：中国工商银行北京朝阳支行 4100888800098699078	备注	（印章：中国电信股份有限公司北京分公司 91110105862296295F 发票专用章）

收款人：　复核：　开票人：余秀琴　销售方：（章）

第三联：发票联　购买方记账凭证

（印章：全国统一发票监制章 北京 国家税务总局监制）

单据 40-2

北京增值税专用发票

北京　发票联　国家税务总局监制

1101191130

№ 20546322　1101191130　20546322

开票日期：2020年03月31日

购买方	名　　称：北京艾贝优婴儿车有限公司 纳税人识别号：91110102063985686G 地 址、电 话：北京市西城区南横东街98号　010-88058186 开户行及账号：交通银行北京西城支行　110086859059086675019	密码区	02+408-7*85-13/<5/47-5-509- 8+5+>16>**89980*-8-9+33435/ 53+411//385930-0-685999+291 54-1076-79-9*11087<2—29*5/

货物或应税劳务、服务名称	规格型号	单位	数量	单价	金额	税率	税额
*电信服务*电信基础服务费		次	1	5 658.90	5 658.90	9%	509.30
合　计					¥5 658.90		¥509.30
价税合计（大写）	⊗ 陆仟壹佰陆拾捌元贰角整					（小写）	¥6 168.20

销售方	名　　称：中国电信股份有限公司北京分公司 纳税人识别号：91110105862296295F 地 址、电 话：北京市朝阳区松庄路026号　010-84657897 开户行及账号：中国工商银行北京朝阳支行　4100888800098699078	备注	中国电信股份有限公司北京分公司 91110105862296295F 发票专用章

收款人：　　复核：　　开票人：余秀琴　　销售方：（章）

第三联：发票联　购买方记账凭证

税总函【××××】×××号　××××××××公司

单据 40-3

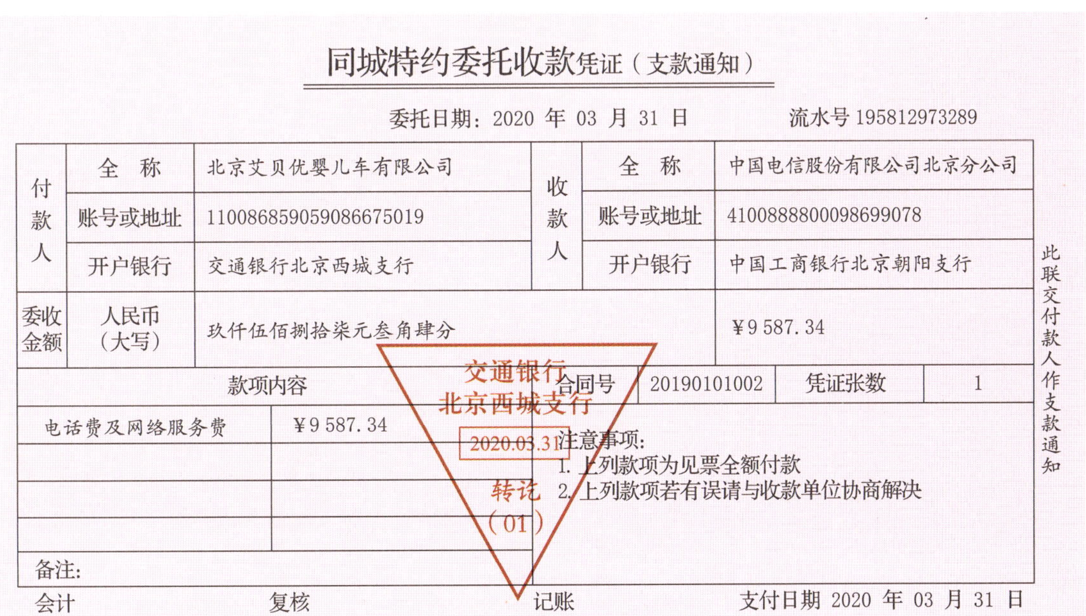

同城特约委托收款凭证（支款通知）

委托日期：2020 年 03 月 31 日　　流水号 195812973289

付款人	全　称	北京艾贝优婴儿车有限公司	收款人	全　称	中国电信股份有限公司北京分公司
	账号或地址	110086859059086675019		账号或地址	4100888800098699078
	开户银行	交通银行北京西城支行		开户银行	中国工商银行北京朝阳支行
委收金额	人民币（大写）	玖仟伍佰捌拾柒元叁角肆分			¥9 587.34

款项内容		合同号	20190101002	凭证张数	1
电话费及网络服务费	¥9 587.34	注意事项： 1. 上列款项为见票全额付款 2. 上列款项若有误请与收款单位协商解决			

备注：

交通银行北京西城支行　2020.03.31　转讫（01）

会计　　复核　　记账　　支付日期 2020 年 03 月 31 日

此联交付款人作支款通知

【业务41】

单据41-1

借款单

银行付讫

2020年03月31日　　第5910298号

借款部门	总经办	姓名	周琳琳	事由	出差借款
借款金额（大写）	零万 叁仟 零佰 零拾 零元 零角 零分				¥ 3 000.00
部门负责人签署	汪铭哲	借款人签章	周琳琳	注意事项	一、凡借用公款必须使用本单 二、出差返回后三天内结算
单位领导批示	章子俊	财务经理审核意见	陈俞璟		

单据41-2

交通银行电子回单凭证

回单编号：288422361715　　回单类型：网银业务　　业务名称：
凭证种类：　　凭证号码：　　借贷标志：借记　　回单格式码：s
账号：110086859059086675019　　开户行名称：交通银行北京西城支行
户名：北京艾贝优婴儿车有限公司
对方账号：6220002356487210501　　开户行名称：中国工商银行北京城南支行
对方户名：周琳琳
币种：CNY　　金额：3 000.00　　金额大写：叁仟元整
兑换信息：兑换信息　　币种：　　金额：0.00　　牌价：0.00　　币种：　　金额：0.00
摘要：
附加信息：
打印次数：0001　　记账日期：20200331　　会计流水号：EEZ0000012060267
记账机构：010120003999　　经办柜员：EBB001　　记账柜员：EEZ000　　复核柜员：　　授权柜员：
打印机构：010120003999　　打印柜员：010210557511037　　批次号：

交通银行 北京分行 业务受理章

【业务 42】

单据 42-1

购 销 合 同

购方：北京悠悠电子商务有限公司　　合同编号：202003003

销方：北京艾贝优婴儿车有限公司　　签订时间：2020年03月31日

购销双方本着互利互惠、长期合作的原则，根据《中华人民共和国合同法》及双方的实际情况，就购方向销方采购事宜，订立本合同，以使双方在合同履行中共同遵守。

一、产品名称、数量、单价、金额：

产品名称	规格型号	计量单位	数量	单价	金额	备注
轻型伞车		辆	6 000	559.00	3 354 000.00	不含税
摇篮伞车		辆	4 200	659.00	2 767 800.00	
合计					¥6 121 800.00	
合计人民币（大写）：陆佰壹拾贰万壹仟捌佰元整						

二、质量要求技术标准：销方对质量负责的条件和期限，按合同企业标准。

三、交（提）货地点、方式：北京市海淀区永定路168号

四、付款时间与付款方式：

货物验收无误后，银行承兑汇票支付货款

五、运输方式及到站、港和费用负担：销方承担

六、合理损耗及计算方法：以实际数量验收。

七、包装标准、包装物的供应与回收：普通包装，不回收包装物。

八、验收标准、方法及提出异议期限：货到购方七天内提出质量异议，不包括运输过程中造成的质量问题。

九、违约责任：按《中华人民共和国合同法》

十、解决合同纠纷的方式：双方协商解决。

十一、其他约定事项：本合同一式两份，购销双方各一份，经双方盖章后即生效。

购方（盖章）：北京悠悠电子商务有限公司	销方（盖章）：北京艾贝优婴儿车有限公司
单位地址：北京市海淀区永定路168号	单位地址：北京市西城区南横东街98号
电　话：010-82018196	电　话：010-88058186
签订日期：2020年03月31日	签订日期：2020年03月31日
开户银行：交通银行北京海淀支行	开户银行：交通银行北京西城支行
账　号：110377980656234999212	账　号：110086859059086675019

北京悠悠电子商务有限公司　陈珠玉印

北京艾贝优婴儿车有限公司　章鸣子印

单据 42-2

北京增值税专用发票

1101190120　　此联不作报销、扣税凭证使用　　№ 25836104　　1101190120 25836104

开票日期：2020年03月31日

购买方	名　　称：北京悠悠电子商务有限公司 纳税人识别号：911101085677555896 地 址、电 话：北京市海淀区永定路168号　010-82018196 开户行及账号：交通银行北京海淀支行　110377980656234999212	密码区	02〉408-7*85-13/〈5/47-5-2345 8+5+〉16〉**89580*-8-9+16328/ -3+411/385930-0-685/999+24+ 34-1076-79-9*11087〈21-29*5-

货物或应税劳务、服务名称	规格型号	单位	数量	单价	金额	税率	税额
*交通运输设备*轻型伞车		辆	6 000	559.00	3 354 000.00	13%	436 020.00
*交通运输设备*摇篮伞车		辆	4 200	659.00	2 767 800.00	13%	359 814.00
合　计					￥6 121 800.00		￥795 834.00
价税合计（大写）	⊗ 陆佰玖拾壹万柒仟陆佰叁拾肆元整				（小写）￥6 917 634.00		

销售方	名　　称：北京艾贝优婴儿车有限公司 纳税人识别号：91110102063985686G 地 址、电 话：北京市西城区南横东街98号　010-88058186 开户行及账号：交通银行北京西城支行　110086859059086675019	备注	（印章：北京艾贝优婴儿车有限公司 91110102063985686G 发票专用章）

收款人：　　复核：　　开票人：王心怡　　销售方：（章）

第一联：记账联　销售方记账凭证

税总函【××××】×××号　××××××××公司

单据 42-3

销　售　单

购货单位：北京悠悠电子商务有限公司　地址和电话：北京市海淀区永定路168号010-82018196　单据编号：3903015

纳税识别号：911101085677555896　开户行及账号：交通银行北京海淀支行110377980656234999212　制单日期：2020年03月31日

编码	产品名称	规格	单位	单价	数量	金额	备注
301	轻型伞车		辆	559.00	6 000	3 354 000.00	不含税
302	摇篮伞车		辆	659.00	4 200	2 767 800.00	
合计	人民币（大写）：陆佰壹拾贰万壹仟捌佰元整				—	￥6 121 800.00	

销售经理：范丽琪　　经手人：吴莲荷　　会计：王心怡　　签收人：

会计联

单据 42-4

银行承兑汇票

出票日期（大写）　贰零贰零 年　叁　月 叁拾壹日　　2　　10535822 20371705

出票人全称	北京悠悠电子商务有限公司	收款人	全　称	北京艾贝优婴儿车有限公司
出票人账号	110377980656234999212		账　号	110086859059086675019
付款行名称	交通银行北京海淀支行		开户银行	交通银行北京西城支行
出票金额	人民币（大写）陆佰玖拾壹万柒仟陆佰叁拾肆元整		亿千百十万千百十元角分	¥ 6 9 1 7 6 3 4 0 0
汇票到期日（大写）	贰零贰零年零壹拾月零壹日	付款行	行号	105100183160
承兑协议编号	20200099		地址	北京市海淀区新湖路16号

本汇票请你行承兑，到期无条件付款。（北京悠悠电子商务有限公司 财务专用章）（陈珠 印玉）出票人签章

本汇票已经承兑，到期日由本行付款。（交通银行北京海淀支行 105100183160 汇票专用章）（汪阳 印正）承兑行签章 承兑日期 2020 年 03 月 31 日

备注：

密押

复核　　记账

此联收款人开户行随托收凭证寄付款行作借方凭证附件

复印件与原件核对无误

被背书人	被背书人	被背书人
背书人签章 年　月　日	背书人签章 年　月　日	背书人签章 年　月　日

（贴粘单处）

【业务 43】

单据 43-1

交通银行电子回单凭证

回单编号：288422360625　　回单类型：网银业务　　业务名称：
凭证种类：　　凭证号码：　　借贷标志：贷记　　回单格式码：s
账号：110086859059086675019　　开户行名称：交通银行北京西城支行
户名：北京艾贝优婴儿车有限公司
对方账号：234021350156288　　开户行名称：交通银行北京西城支行
对方户名：北京市西城区财政局
币种：CNY　　金额：500 000.00　　金额大写：伍拾万元整
兑换信息：兑换信息　　币种：　　金额：0.00　　牌价：0.00　　币种：　　金额：0.00
摘要：
附加信息：
打印次数：0001　　记账日期：20200331　　会计流水号：EEZ0000012060267
记账机构：010120003999　　经办柜员：EBB001　　记账柜员：EEZ000　　复核柜员：　　授权柜员：
打印机构：010120003999　　打印柜员：010210557511037　　批次号：

交通银行 北京分行 业务受理章

【业务 44】

单据 44-1

无形资产摊销表

2020 年 03 月 31 日　　金额单位：元

无形资产	取得日期	原值	摊销年限	月摊销额	使用部门
土地使用权	2017 年 09 月 08 日	4 860 000.00	30		管理部
财务软件	2017 年 10 月 10 日	381 600.00	10		管理部
非专利技术	2018 年 06 月 05 日	226 800.00	10		管理部
合计		5 468 400.00			

审核：陈俞璟　　制表：王心怡

【业务 45】

单据 45-1

个人所得税计算表

2020 年 03 月 31 日　　　　单位金额：元

姓名	应付工资	三险一金	员工福利费	本月应纳税所得额	1-2 月应纳税所得额	累计应纳税额	累计已缴税额	应补/退税额
章子俊	13 956.5	1 130.76	260		15 998.45		479.95	
范丽琪	12 135.6	1 130.76	260		12 289.8		368.69	
陈俞璟	10 580.8	1 130.76	260		9 480		284.4	
王心怡	8 515.9	1 130.76	260		532.2		15.97	
陈建州	7 610.08	1 130.76	260		3 475.5		104.27	
汪铭哲	10 012.5	1 130.76	260		8 250.5		247.52	
陈洁娜	9 080.8	1 130.76	260		6 520.3		195.61	
谢郁静	6 860.5	1 130.76	260		2 001.4		60.04	
吕珊珊	6 325	1 130.76	260		890.5		26.72	
林梓涵	12 266	1 130.76	260		12 978.6		389.36	
……	……	……	……	……	……	……	……	3 236.78
合计	……	……	……	……	……	……	……	

审核：陈俞璟　　　　制单：王心怡

【业务 46】

单据 46-1

职工薪酬分配表

2020 年 03 月 31 日　　金额单位：元

受益对象		分配标准 / 工时	分配率	分配金额
一车间	轻型伞车车架	8 736		
	摇篮伞车车架	6 864		
	小计	15 600		
二车间	轻型伞车座椅	7 488		
	摇篮伞车睡篮	5 616		
	小计	13 104		
三车间	轻型伞车	3 744		
	摇篮伞车	2 496		
	小计	6 240		
车间管理人员	一车间			
	二车间			
	三车间			
	小计			
公司管理人员				
公司销售人员				
合计				

审核：陈俞璟　　制单：林建州

单据 46-2

职工薪酬汇总表

2020 年 03 月 31 日　　　　金额单位：元

部门		应付工资	五险一金基数	短期薪酬					离职后福利		合计
				医疗保险	工伤保险	生育保险	住房公积金	工会经费	养老保险	失业保险	
				10.00%	0.20%	0.80%	12.00%	2.00%	16.00%	0.80%	
一车间	生产工人	280 031.37	254 000.00	25 400.00	508.00	2 032.00	30 480.00	5 600.63	40 640.00	2 032.00	386 724.00
	管理人员	20 480.43	10 160.00	1 016.00	20.32	81.28	1 219.20	409.61	1 625.60	81.28	24 933.72
二车间	生产工人	205 164.24	213 360.00	21 336.00	426.72	1 706.88	25 603.20	4 103.28	34 137.60	1 706.88	294 184.80
	管理人员	20 323.76	10 160.00	1 016.00	20.32	81.28	1 219.20	406.48	1 625.60	81.28	24 773.92
三车间	生产工人	114 398.43	101 600.00	10 160.00	203.20	812.80	12 192.00	2 287.97	16 256.00	812.80	157 123.20
	管理人员	20 324.63	10 160.00	1 016.00	20.32	81.28	1 219.20	406.49	1 625.60	81.28	24 774.80
管理部门		130 838.95	66 040.00	6 604.00	132.08	528.32	7 924.80	2 616.78	10 566.40	528.32	159 739.65
销售部门		68 320.16	45 720.00	4 572.00	91.44	365.76	5 486.40	1 366.40	7 315.20	365.76	87 883.12
合计		859 881.97	711 200.00	71 120.00	1 422.40	5 689.60	85 344.00	17 197.64	113 792.00	5 689.60	1 160 137.21

审核：陈俞璟　　　　制单：林建州

【业务 47】

单据 47-1

职工福利费分配表

2020 年 03 月 31 日　　　　金额单位：元

受益对象		分配标准 / 人数	分配率	分配金额
一车间	轻型伞车车架	28		
	摇篮伞车车架	22		
	小计	50		
二车间	轻型伞车座椅	24		
	摇篮伞车睡篮	18		
	小计	42		
三车间	轻型伞车	12		
	摇篮伞车	8		
	小计	20		
车间管理人员	一车间	2		
	二车间	2		
	三车间	2		
	小计	6		
公司管理人员		13		
公司销售人员		9		
合计		140		

审核：陈俞璟　　　　制单：林建州

单据 47-2

职工福利费汇总表

2020 年 03 月 31 日　　　　金额单位：元

部门		本月发生福利费支出
第一车间	生产工人	13 000.00
	管理人员	520.00
第二车间	生产工人	10 920.00
	管理人员	520.00
第三车间	生产工人	5 200.00
	管理人员	520.00
管理部门		3 380.00
销售部门		2 340.00
合计		36 400.00

审核：陈俞璟　　　　制单：林建州

【业务 48】

单据 48-1

职工教育经费分配表

2020 年 03 月 31 日　　　　金额单位：元

受益对象		分配标准 / 人数	分配率	分配金额
车间管理人员	一车间	2		
	二车间	2		
	三车间	2		
	小计	6		
公司管理人员		13		
公司销售人员		9		
合计		28		

审核：陈俞璟　　　　制单：林建州

单据 48-2

职工教育经费汇总表

2020 年 03 月 31 日 金额单位：元

培训对象	人数 / 人	金额
车间管理人员	6	2 160.00
公司管理人员	13	4 680.00
公司销售人员	9	3 240.00
合计	28	10 080.00

审核：陈俞璟 制单：林建州

【业务 49】

单据 49-1

固定资产折旧计算表

2020 年 03 月 31 日 金额单位：元

使用部门	固定资产类别	原值	月折旧率	本月应提折旧额
一车间	厂房	2 890 000.00	0.40%	
	生产设备	2 360 000.00	0.80%	
	小计	5 250 000.00		
二车间	厂房	2 650 000.00	0.40%	
	生产设备	1 095 000.00	0.80%	
	小计	3 745 000.00		
三车间	厂房	1 050 000.00	0.40%	
	生产设备	450 000.00	0.80%	
	小计	1 500 000.00		
管理部门	房屋	5 990 000.00	0.40%	
	运输设备	450 000.00	2.00%	
	管理设备	95 000.00	1.60%	
	小计	6 535 000.00		
销售部门	管理设备	46 000.00	1.60%	
	小计	46 000.00		
合计		17 076 000.00		

审核：陈俞璟 制单：林建州

【业务 50】

单据 50-1

外购水费分配表

2020 年 03 月 31 日　　　　金额单位：元

受益对象	耗用量 / 吨	分配率	分配金额
一车间	1 300		
二车间	920		
三车间	680		
公司管理部门	135		
公司销售部门	65		
合计	3 100		

审核：陈俞璟　　　　制单：林建州

单据 50-2

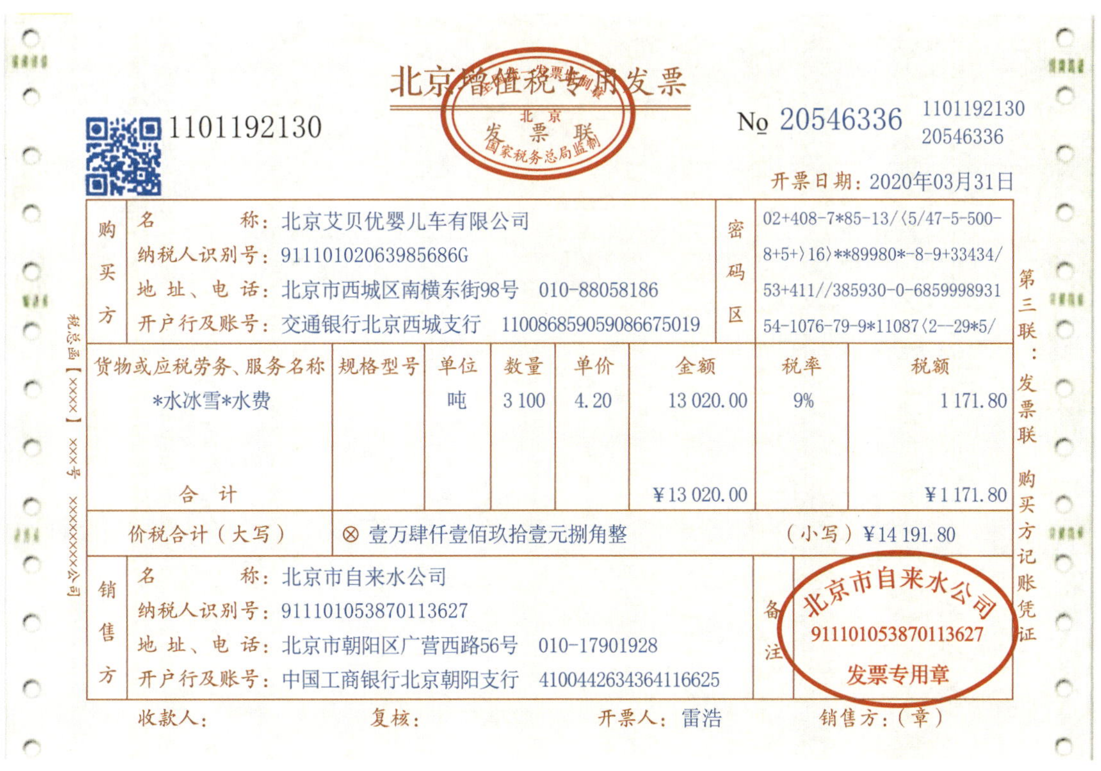

北京增值税专用发票

1101192130　　No 20546336　1101192130　20546336

（监制章：北京 发票联 国家税务总局监制）

开票日期：2020年03月31日

购买方	
名称	北京艾贝优婴儿车有限公司
纳税人识别号	91110102063985686G
地址、电话	北京市西城区南横东街98号　010-88058186
开户行及账号	交通银行北京西城支行　110086859059086675019

密码区：
02+408-7*85-13/<5/47-5-500-
8+5+>16>**89980*-8-9+33434/
53+411//385930-0-6859998931
54-1076-79-9*11087<2--29*5/

货物或应税劳务、服务名称	规格型号	单位	数量	单价	金额	税率	税额
*水冰雪*水费		吨	3 100	4.20	13 020.00	9%	1 171.80
合　计					¥13 020.00		¥1 171.80
价税合计（大写）	⊗ 壹万肆仟壹佰玖拾壹元捌角整				（小写）¥14 191.80		

销售方	
名称	北京市自来水公司
纳税人识别号	911101053870113627
地址、电话	北京市朝阳区广营西路56号　010-17901928
开户行及账号	中国工商银行北京朝阳支行　4100442634364116625

备注：（北京市自来水公司 911101053870113627 发票专用章）

收款人：　　复核：　　开票人：雷浩　　销售方：（章）

第三联：发票联　购买方记账凭证

税总函【XXXX】XXX号　XXXXXXXX公司

单据 50-3

同城特约委托收款凭证（支款通知）

委托日期：2020 年 03 月 31 日　　流水号：195812973301

<table>
<tr><td rowspan="3">付款人</td><td>全　称</td><td>北京艾贝优婴儿车有限公司</td><td rowspan="3">收款人</td><td>全　称</td><td colspan="3">北京市自来水公司</td></tr>
<tr><td>账号或地址</td><td>110086859059086675019</td><td>账号或地址</td><td colspan="3">4100442634364116625</td></tr>
<tr><td>开户银行</td><td>交通银行北京西城支行</td><td>开户银行</td><td colspan="3">中国工商银行北京朝阳支行</td></tr>
<tr><td>委收金额</td><td>人民币（大写）</td><td colspan="3">壹万肆仟壹佰玖拾壹元捌角整</td><td colspan="3">¥14 191.80</td></tr>
<tr><td colspan="4">款项内容</td><td>合同号</td><td>20200101005</td><td>凭证张数</td><td>1</td></tr>
<tr><td colspan="2">水费</td><td colspan="2">¥14 191.80</td><td colspan="4" rowspan="4">注意事项：
1. 上列款项为见票全额付款
2. 上列款项若有误请与收款单位协商解决</td></tr>
<tr><td colspan="2"></td><td colspan="2"></td></tr>
<tr><td colspan="2"></td><td colspan="2"></td></tr>
<tr><td colspan="2"></td><td colspan="2"></td></tr>
<tr><td colspan="4">备注：</td><td colspan="4"></td></tr>
</table>

会计　复核　记账　支付日期 2020 年 03 月 31 日

此联交付款人作支款通知

交通银行北京西城支行 2020.03.31 转讫（01）

【业务 51】

单据 51-1

外购电费分配表

2020 年 03 月 31 日　　金额单位：元

受益对象	耗用量 / 千瓦时	分配率	分配金额
一车间	22 060		
二车间	19 830		
三车间	8 080		
公司管理部门	1 480		
公司销售部门	1 050		
合计	52 500		

审核：陈俞璟　　制单：林建州

单据 51-2

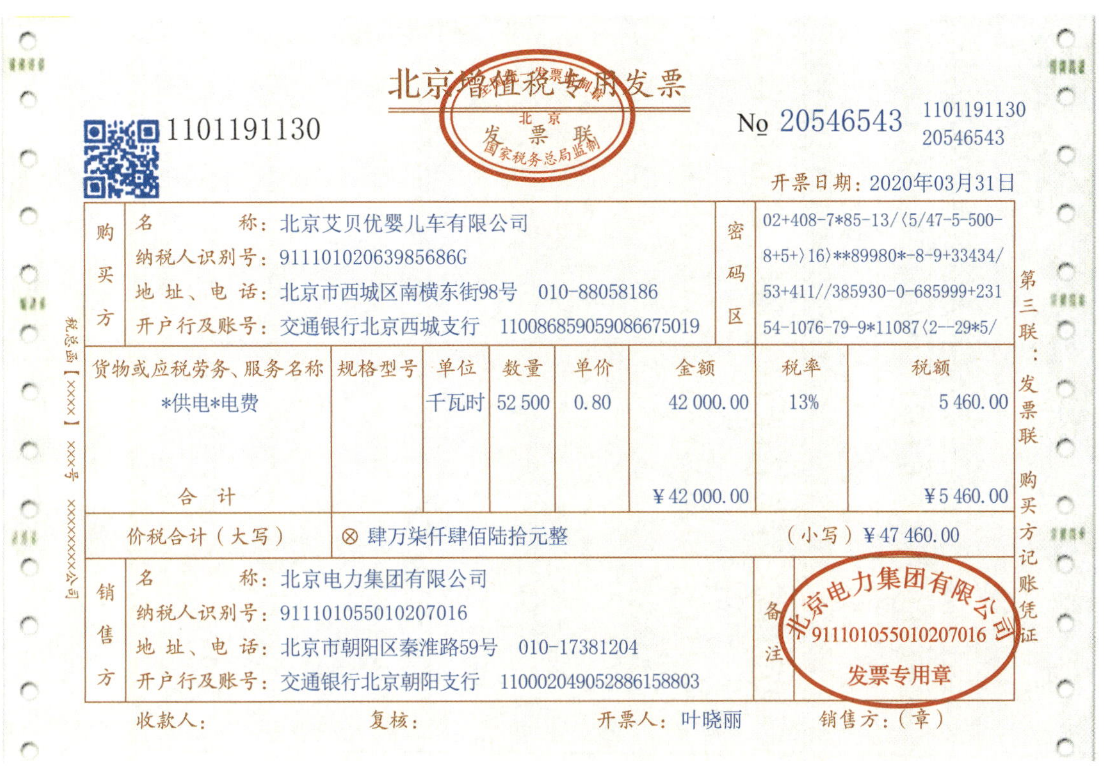

北京增值税专用发票

1101191130　　发票联　　№ 20546543　1101191130 20546543

开票日期：2020年03月31日

| 购买方 | 名　　称：北京艾贝优婴儿车有限公司
纳税人识别号：91110102063985686G
地址、电话：北京市西城区南横东街98号 010-88058186
开户行及账号：交通银行北京西城支行 11008685905908667501 9 | 密码区 | 02+408-7*85-13/<5/47-5-500-8+5+>16>**89980*-8-9+33434/53+411//385930-0-685999+231 54-1076-79-9*11087<2--29*5/ |

货物或应税劳务、服务名称	规格型号	单位	数量	单价	金额	税率	税额
*供电*电费		千瓦时	52 500	0.80	42 000.00	13%	5 460.00
合　计					¥42 000.00		¥5 460.00
价税合计（大写）	⊗ 肆万柒仟肆佰陆拾元整				（小写）¥47 460.00		

| 销售方 | 名　　称：北京电力集团有限公司
纳税人识别号：911101055010207016
地址、电话：北京市朝阳区秦淮路59号 010-17381204
开户行及账号：交通银行北京朝阳支行 110002049052886158803 | 备注 | 北京电力集团有限公司 911101055010207016 发票专用章 |

收款人：　　复核：　　开票人：叶晓丽　　销售方：（章）

第三联：发票联 购买方记账凭证

单据 51-3

同城特约委托收款凭证（支款通知）

委托日期：2020 年 03 月 31 日　　　流水号：195812973292

付款人	全　称	北京艾贝优婴儿车有限公司	收款人	全　称	北京电力集团有限公司
	账号或地址	110086859059086675019		账号或地址	110002049052886158803
	开户银行	交通银行北京西城支行		开户银行	交通银行北京朝阳支行
委收金额	人民币（大写）	肆万柒仟肆佰陆拾元整			¥47 460.00

款项内容		合同号	20200101005	凭证张数	1
电费	¥47 460.00	注意事项： 1. 上列款项为见票全额付款 2. 上列款项若有误请与收款单位协商解决			
备注：					

交通银行北京西城支行 2020.03.31 转讫（01）

会计　　复核　　记账　　支付日期 2020 年 03 月 31 日

此联交付款人作支款通知

【业务 52】

单据 52-1

入库材料计划成本汇总表

2020 年 03 月 31 日　　　　金额单位：元

编号	材料名称	单位	入库数量	计划单价	计划总成本
00101	铝合金管	千克		20.00	
00102	不锈钢扁条	千克		15.00	
00103	弹簧	条		7.60	
00104	包塑钢丝	千克		3.50	
00105	亚麻布	米		23.00	
00106	牛津布	米		13.50	
00107	聚酯纤维棉	平方米		22.00	
00108	网眼布	米		7.50	
00109	缝纫线	个		3.00	
00110	PU 发泡轮胎	个		16.50	
00111	橡胶充气轮胎	个		20.00	
00112	转向器	件		15.40	
00113	刹车装置	套		5.50	
00114	安全带	副		7.50	
00115	海绵套	米		3.50	
00116	脚踏板	个		5.50	
00117	置物篮	个		4.40	
00118	1# 五金配件	套		3.00	
00119	2# 五金配件	套		3.00	
合计			—	—	

审核：陈俞璟　　　　制单：林建州

【业务 53】

单据 53-1

入库材料成本差异计算表

2020 年 03 月 31 日　　　　金额单位：元

编号	材料名称	单位	入库数量	计划单价	计划总成本	实际总成本	材料成本差异
00101	铝合金管	千克		20.00			
00102	不锈钢扁条	千克		15.00			
00103	弹簧	条		7.60			
00104	包塑钢丝	千克		3.50			
00105	亚麻布	米		23.00			
00106	牛津布	米		13.50			
00107	聚酯纤维棉	平方米		22.00			
00108	网眼布	米		7.50			
00109	缝纫线	个		3.00			
00110	PU 发泡轮胎	个		16.50			
00111	橡胶充气轮胎	个		20.00			
00112	转向器	件		15.40			
00113	刹车装置	套		5.50			
00114	安全带	副		7.50			
00115	海绵套	米		3.50			
00116	脚踏板	个		5.50			
00117	置物篮	个		4.40			
00118	1# 五金配件	套		3.00			
00119	2# 五金配件	套		3.00			
合计			—	—			

审核：陈俞璟　　　　制单：林建州

【业务54】

单据 54-1

发出材料汇总表

2020年3月31日　　　　金额单位：元

编号	材料名称	单位	计划单价	一车间						二车间						三车间						合计	
				轻型伞车车架		摇篮伞车车架		共同消耗		轻型伞车座椅		摇篮伞车睡篮		共同消耗		轻型伞车		摇篮伞车		共同消耗			
				数量	金额	数量	金额	数量	金额	数量	金额	数量	金额	数量	金额	数量	金额	数量	金额	数量	金额	数量	金额
00101	铝合金管	千克	20.00																				
00102	不锈钢扁条	千克	15.00																				
00103	弹簧	条	7.60																				
00105	亚麻布	米	23.00																				
00106	牛津布	米	13.50																				
00107	聚酯纤维棉	平方米	22.00																				
00108	网眼布	米	7.50																				
00109	缝纫线	个	3.00																				
00110	PU 发泡轮胎	个	16.50																				

续表

编号	材料名称	单位	计划单价	一车间						二车间						三车间						合计	
				轻型伞车车架		摇篮伞车车架		共同消耗		轻型伞车座椅		摇篮伞车睡篮		共同消耗		轻型伞车		摇篮伞车		共同消耗			
				数量	金额	数量	金额	数量	金额	数量	金额	数量	金额	数量	金额	数量	金额	数量	金额	数量	金额	数量	金额
00111	橡胶充气轮胎	个	20.00																				
00112	转向器	件	15.40																				
00113	刹车装置	套	5.50																				
00114	安全带	副	7.50																				
00115	海绵套	米	3.50																				
00116	脚踏板	个	5.50																				
00117	置物篮	个	4.40																				
00118	1# 五金配件	套	3.00																				
00119	2# 五金配件	套	3.00																				
合计																							

审核：陈俞璟　　　　制单：林建州

单据 54-2

一车间产品直接材料费用分配表

2020 年 03 月 31 日　　　　金额单位：元

计入成本方式		分配率	轻型伞车车架			摇篮伞车车架			合计
			本月投产量 12 800			本月投产量 10 000			
	材料名称		单位消耗定额	分配标准	分配额	单位消耗定额	分配标准	分配额	
分配计入	海绵套		0.55			0.76			
	1# 五金配件		1			1			
直接计入									
材料费用合计									

审核：陈俞璟　　　　制单：林建州

单据 54-3

二车间产品直接材料费用分配表

2020 年 03 月 31 日　　　　金额单位：元

计入成本方式		分配率	轻型伞车座椅			摇篮伞车睡篮			合计
			本月投产量 12 800			本月投产量 10 000			
	材料名称		单位消耗定额	分配标准	分配额	单位消耗定额	分配标准	分配额	
分配计入	聚酯纤维棉		0.25			0.3			
	缝纫线		0.05			0.05			
直接计入									
材料费用合计									

审核：陈俞璟　　　　制单：林建州

单据 54-4

三车间产品直接材料费用分配表

2020 年 03 月 31 日　　　　金额单位：元

计入成本方式		分配率	轻型伞车			摇篮伞车			合计
			本月投产量 12 800			本月投产量 10 000			
	材料名称		单位消耗定额	分配标准	分配额	单位消耗定额	分配标准	分配额	
分配计入	转向器		1			1			
	刹车装置		1			1			
	安全带		1			1			
	脚踏板		1			1			
	置物篮		1			1			
	2# 五金配件		1			1			
直接计入									
材料费用合计									

审核：陈俞璟　　　　制单：林建州

单据 54-5

领　料　单

领料部门：一车间

用　　途：轻型伞车车架　　　　2020 年 03 月 02 日　　　　第 2241024 号

材　料			单　位	数　量		成　本	
编　号	名　称	规　格		请　领	实　发	单　价	总　价
00101	铝合金管		千克	48 640	48 640		
00102	不锈钢扁条		千克	25 600	25 600		
00103	弹簧		条	51 200	51 200		
合　计	—	—	—	—	—	—	

会计联

部门经理：范丽琪　　会计：林建州　　仓库：李明　　经办人：展颜

单据 54-6

领 料 单

领料部门：一车间
用　　途：摇篮伞车车架　　　　2020 年 03 月 02 日　　　　第 2241025 号

材料			单位	数量		成本	
编号	名称	规格		请领	实发	单价	总价
00101	铝合金管		千克	73 730	73 730		
00102	不锈钢扁条		千克	22 000	22 000		
00103	弹簧		条	40 000	40 000		
合计	—	—	—	—	—	—	

会计联

部门经理：范丽琪　　会计：林建州　　仓库：李明　　经办人：展颜

单据 54-7

领 料 单

领料部门：二车间
用　　途：轻型伞车座椅　　　　2020 年 03 月 06 日　　　　第 2241026 号

材料			单位	数量		成本	
编号	名称	规格		请领	实发	单价	总价
00106	牛津布		米	9 600	9 600		
合计	—	—	—	—	—	—	

会计联

部门经理：范丽琪　　会计：林建州　　仓库：李明　　经办人：展颜

单据 54-8

领 料 单

领料部门：二车间

用　途：摇篮伞车睡篮　　2020 年 03 月 06 日　　第 2241027 号

材料			单位	数量		成本	
编号	名称	规格		请领	实发	单价	总价
00105	亚麻布		米	8 900	8 900		
00108	网眼布		米	3 200	3 200		
合计	—	—	—	—	—	—	

会计联

部门经理：范丽琪　　会计：林建州　　仓库：李明　　经办人：展颜

单据 54-9

领 料 单

领料部门：二车间

用　途：共同耗用　　2020 年 03 月 06 日　　第 2241028 号

材料			单位	数量		成本	
编号	名称	规格		请领	实发	单价	总价
00107	聚酯纤维棉		平方米	6 200	6 200		
00109	缝纫线		个	1 140	1 140		
合计	—	—	—	—	—	—	

会计联

部门经理：范丽琪　　会计：林建州　　仓库：李明　　经办人：展颜

单据 54-10

领　料　单

领料部门：一车间
用　　途：共同耗用　　　　2020 年 03 月 08 日　　　　第 2241029 号

材料			单位	数量		成本	
编号	名称	规格		请领	实发	单价	总价
00115	海绵套		米	14 640	14 640		
00118	1#五金配件		套	22 800	22 800		
合计	—	—	—	—	—	—	

会计联

部门经理：范丽琪　　会计：林建州　　仓库：李明　　经办人：展颜

单据 54-11

领　料　单

领料部门：三车间
用　　途：轻型伞车　　　　2020 年 03 月 10 日　　　　第 2241030 号

材料			单位	数量		成本	
编号	名称	规格		请领	实发	单价	总价
00110	PU发泡轮胎		个	51 200	51 200		
合计	—	—	—	—	—	—	

会计联

部门经理：范丽琪　　会计：林建州　　仓库：李明　　经办人：展颜

单据 54-12

领　料　单

领料部门：三车间

用　　途：摇篮伞车　　　2020 年 03 月 10 日　　　第 2241031 号

材料			单位	数量		成本	
编号	名称	规格		请领	实发	单价	总价
00111	橡胶充气轮胎		个	40 000	40 000		
合计	—	—	—	—	—	—	

会计联

部门经理：范丽琪　　会计：林建州　　仓库：李明　　经办人：展颜

单据 54-13

领　料　单

领料部门：三车间

用　　途：共同耗用　　　2020 年 03 月 10 日　　　第 2241032 号

材料			单位	数量		成本	
编号	名称	规格		请领	实发	单价	总价
00112	转向器		件	22 800	22 800		
00113	刹车装置		套	22 800	22 800		
00114	安全带		副	22 800	22 800		
00116	脚踏板		个	22 800	22 800		
00117	置物篮		个	22 800	22 800		
合计	—	—	—	—	—	—	

会计联

部门经理：范丽琪　　会计：林建州　　仓库：李明　　经办人：展颜

单据 54-14

领　料　单

领料部门：三车间

用　　途：共同耗用　　　　2020 年 03 月 10 日　　　　第 2241033 号

材料			单　位	数　量		成　本	
编号	名称	规格		请领	实发	单价	总价
00119	2#五金配件		套	22 800	22 800		
合　计	—	—	—	—	—	—	

会计联

部门经理：范丽琪　　会计：林建州　　仓库：李明　　经办人：展颜

【业务 55】

单据 55-1

材料成本差异率计算表

2020 年 03 月 31 日　　　　金额单位：元

材料成本差异		原材料计划成本		材料成本差异率 / %
期初结存	本期增加	期初结存	本期增加	

审核：陈俞璟　　制单：林建州

单据 55-2

生产耗用材料成本差异计算表

2020 年 03 月 31 日 金额单位：元

车间名称	产品名称	计划成本	材料成本差异率	材料成本差异额
一车间	轻型伞车车架			
	摇篮伞车车架			
二车间	轻型伞车座椅			
	摇篮伞车睡篮			
三车间	轻型伞车			
	摇篮伞车			
合计				

审核：陈俞璟 制单：林建州

【业务 56】

单据 56-1

发出委托加工材料汇总表

2020 年 03 月 31 日 金额单位：元

材料名称	单位	轻型伞车遮阳篷			摇篮伞车遮阳篷			合计
		数量	单价	金额	数量	单价	金额	
牛津布	米		13.50					
亚麻布	米					23.00		
包塑钢丝	千克		3.50			3.50		
缝纫线	个		3.00			3.00		
合计								

审核：陈俞璟 制单：林建州

单据 56-2

发出委托加工材料成本差异计算表

2020 年 03 月 31 日　　　　金额单位：元

材料名称	单位	轻型伞车遮阳篷			摇篮伞车遮阳篷			合计
		计划成本	材料成本差异率	材料成本差异额	计划成本	材料成本差异率	材料成本差异额	
牛津布	米							
亚麻布	米							
包塑钢丝	千克							
缝纫线	个							
合计								

审核：陈俞璟　　　　制单：林建州

单据 56-3

北京艾贝优婴儿车有限公司

委外加工出库单

委外商：北京红叶包袋制品有限公司　　　　批次：20200301

仓　库：原材料库　　2020 年 03 月 31 日　　NO：WWCK200301

序号	编码	名称	规格	单位	数量	用途
1	00104	包塑钢丝		千克	5 200	轻型伞车遮阳篷
2	00106	牛津布		米	5 200	轻型伞车遮阳篷
3	00109	缝纫线		个	500	轻型伞车遮阳篷
4						
5						
合计						

会计联

部门经理：范丽琪　　仓库：李明　　签收人：江毅宁

单据 56-4

北京艾贝优婴儿车有限公司

委外加工出库单

委外商：北京红叶包袋制品有限公司　　　　批次：20200301

仓　库：原材料库　　　　2020 年 03 月 31 日　　　　NO：WWCK200302

序号	编码	名称	规格	单位	数量	用途
1	00104	包塑钢丝		千克	7 800	摇篮伞车遮阳篷
2	00105	亚麻布		米	9 750	摇篮伞车遮阳篷
3	00109	缝纫线		个	800	摇篮伞车遮阳篷
4						
5						
合计						

会计联

部门经理：范丽琪　　　　仓库：李明　　　　签收人：江毅宁

【业务 57】

单据 57-1

制造费用分配表

2020 年 03 月 31 日　　　　金额单位：元

受益对象		分配标准 / 工时	分配率	分配金额
一车间	轻型伞车车架	8 736		
	摇篮伞车车架	6 864		
	小计	15 600		
二车间	轻型伞车座椅	7 488		
	摇篮伞车睡篮	5 616		
	小计	13 104		
三车间	轻型伞车	3 744		
	摇篮伞车	2 496		
	小计	6 240		

审核：陈俞璟　　　　制单：林建州

【业务 58】

单据 58-1

周转材料领用汇总表

2020 年 03 月 31 日　　金额单位：元

材料名称	单位	期初结存			本期购入			本期领用				期末结存	
								轻型伞车		摇篮伞车			
		数量	单价	金额	数量	单价	金额	数量	金额	数量	金额	数量	金额
1# 塑料袋	个												
2# 塑料袋	个												
1# 包装箱	个												
2# 包装箱	个												
合计													

审核：陈俞璟　　制单：林建州

单据 58-2

领　料　单

领料部门：三车间

用　　途：轻型伞车　　2020 年 03 月 14 日　　第 2241034 号

材料			单位	数量		成本	
编号	名称	规格		请领	实发	单价	总价
00201	1#塑料袋		个	12 830	12 830		
00203	1#包装箱		个	12 830	12 830		
合计	—	—	—	—	—	—	

会计联

部门经理：范丽琪　　会计：林建州　　仓库：李明　　经办人：展颓

单据 58-3

领 料 单

领料部门：三车间
用　　途：摇篮伞车　　　　2020 年 03 月 14 日　　　　第 2241035 号

材料			单位	数量		成本	
编号	名称	规格		请领	实发	单价	总价
00202	2#塑料袋		个	10 140	10 140		
00204	2#包装箱		个	10 140	10 140		
合计	—	—	—	—	—	—	

会计联

部门经理：范丽琪　　会计：林建州　　仓库：李明　　经办人：展颜

【业务 59】

单据 59-1

期末在产品约当产量计算表——直接材料

产品名称：轻型伞车车架　　　　2020 年 03 月 31 日　　　　计量单位：件

工序	工序名称	期末在产品数量	在产品约当产量
1	切割	80	
2	挤压	30	
3	折弯	30	
4	冲孔	30	
5	打磨	80	
6	组装	50	
合计		300	

审核：陈俞璟　　　　制单：林建州

单据 59-2

期末在产品约当产量计算表——直接人工及制造费用

产品名称：轻型伞车车架　　2020 年 03 月 31 日　　计量单位：件

工序	工序名称	定额工时 / 时	完工程度	期末在产品数量	在产品约当产量
1	切割	2		80	
2	挤压	4		30	
3	折弯	4		30	
4	冲孔	4		30	
5	打磨	2		80	
6	组装	4		50	
合计		20	—	300	

审核：陈俞璟　　制单：林建州

单据 59-3

期末在产品约当产量计算表——直接材料

产品名称：摇篮伞车车架　　2020 年 03 月 31 日　　计量单位：件

工序	工序名称	期末在产品数量	在产品约当产量
1	切割	100	
2	挤压	10	
3	折弯	30	
4	冲孔	40	
5	打磨	20	
6	组装	80	
合计		280	

审核：陈俞璟　　制单：林建州

单据 59-4

期末在产品约当产量计算表——直接人工及制造费用

产品名称：摇篮伞车车架　　2020 年 03 月 31 日　　计量单位：件

工序	工序名称	定额工时 / 时	完工程度	期末在产品数量	在产品约当产量
1	切割	2		100	
2	挤压	4		10	
3	折弯	4		30	
4	冲孔	4		40	
5	打磨	2		20	
6	组装	4		80	
合计		20	—	280	

审核：陈俞璟　　制单：林建州

单据 59-5

一车间产品成本计算表

2020 年 03 月 31 日　　金额单位：元

项目		月初在产品成本	本月发生费用	超额报废材料成本	合计	产量			单位成本	完工产品总成本	期末在产品成本
						完工产品产量	期末在产品约当产量	合计			
轻型伞车车架	直接材料										
	直接人工										
	制造费用										
	合计										
摇篮伞车车架	直接材料										
	直接人工										
	制造费用										
	合计										

审核：陈俞璟　　制单：林建州

单据 59-6

入 库 单

2020 年 03 月 09 日　　单号 bcprk001

交来单位及部门	一车间	验收仓库	半成品库	入库日期	20200309

编 号	名 称 及 规 格	单 位	数 量		实 际 价 格	
			交 库	实 收	单 价	金 额
00301	轻型伞车车架	件	4 800	4 800		
00302	摇篮伞车车架	件	3 950	3 950		
合 计						

财务联

负责人：王一飞　会计：林建州　经办人：周宁　制单人：陈振瑞

单据 59-7

入 库 单

2020 年 03 月 12 日　　单号 bcprk003

交来单位及部门	一车间	验收仓库	半成品库	入库日期	20200312

编 号	名 称 及 规 格	单 位	数 量		实 际 价 格	
			交 库	实 收	单 价	金 额
00301	轻型伞车车架	件	3 850	3 850		
00302	摇篮伞车车架	件	3 000	3 000		
合 计						

财务联

负责人：王一飞　会计：林建州　经办人：周宁　制单人：陈振瑞

单据 59-8

入 库 单

2020 年 03 月 16 日　　单号 bcprk005

交来单位及部门	一车间	验收仓库	半成品库	入库日期	20200316

编号	名称及规格	单位	数量		实际价格	
			交库	实收	单价	金额
00301	轻型伞车车架	件	3 100	3 100		
00302	摇篮伞车车架	件	2 050	2 050		
合计						

财务联

负责人：王一飞　会计：林建州　经办人：周宁　制单人：陈振瑞

单据 59-9

入 库 单

2020 年 03 月 22 日　　单号 bcprk007

交来单位及部门	一车间	验收仓库	半成品库	入库日期	20200322

编号	名称及规格	单位	数量		实际价格	
			交库	实收	单价	金额
00301	轻型伞车车架	件	1 050	1 050		
00302	摇篮伞车车架	件	1 000	1 000		
合计						

财务联

负责人：王一飞　会计：林建州　经办人：周宁　制单人：陈振瑞

单据 59-10

入库单

2020 年 03 月 15 日　　单号 flrk001

交来单位及部门	一车间（摇篮伞车车架）	验收仓库	废料库	入库日期	20200315	
编号	名称及规格	单位	数量		实际价格	
			交库	实收	单价	金额
00101	铝合金管	千克	1 400.87	1 400.87		
合计						

财务联

负责人：王一飞　　会计：林建州　　经办人：周宁　　制单人：陈振瑞

【业务 60】

单据 60-1

二车间产品成本计算表

2020 年 03 月 31 日　　金额单位：元

项目		月初在产品成本	本月发生费用	合计	产量			单位成本	完工产品总成本	期末在产品成本
					完工产品产量	期末在产品约当产量	合计			
轻型伞车座椅	直接材料									
	直接人工									
	制造费用									
	合计									
摇篮伞车睡篮	直接材料									
	直接人工									
	制造费用									
	合计									

审核：陈俞璟　　制单：林建州

单据 60-2

入 库 单

2020 年 03 月 09 日　　单号 bcprk002

交来单位及部门	二车间	验收仓库	半成品库	入库日期	20200309

编 号	名 称 及 规 格	单 位	数 量		实 际 价 格	
			交 库	实 收	单 价	金 额
00303	轻型伞车座椅	件	4 500	4 500		
00304	摇篮伞车睡篮	件	3 800	3 800		
合 计						

财务联

负责人：王一飞　　会计：林建州　　经办人：周宁　　制单人：陈振瑞

单据 60-3

入 库 单

2020 年 03 月 13 日　　单号 bcprk004

交来单位及部门	二车间	验收仓库	半成品库	入库日期	20200313

编 号	名 称 及 规 格	单 位	数 量		实 际 价 格	
			交 库	实 收	单 价	金 额
00303	轻型伞车座椅	件	3 900	3 900		
00304	摇篮伞车睡篮	件	3 200	3 200		
合 计						

财务联

负责人：王一飞　　会计：林建州　　经办人：周宁　　制单人：陈振瑞

单据 60-4

入 库 单

2020 年 03 月 16 日　　单号 bcprk006

交来单位及部门	二车间	验收仓库	半成品库	入库日期	20200317	
编 号	名 称 及 规 格	单 位	数 量		实 际 价 格	
			交 库	实 收	单 价	金 额
00303	轻型伞车座椅	件	3 500	3 500		
00304	摇篮伞车睡篮	件	3 000	3 000		
合 计						

财务联

负责人：王一飞　　会计：林建州　　经办人：周宁　　制单人：陈振瑞

单据 60-5

入 库 单

2020 年 03 月 22 日　　单号 bcprk008

交来单位及部门	二车间	验收仓库	半成品库	入库日期	20200322	
编 号	名 称 及 规 格	单 位	数 量		实 际 价 格	
			交 库	实 收	单 价	金 额
00303	轻型伞车座椅	件	1 250	1 250		
00304	摇篮伞车睡篮	件	300	300		
合 计						

财务联

负责人：王一飞　　会计：林建州　　经办人：周宁　　制单人：陈振瑞

【业务 61】

单据 61-1

发出半成品单位成本计算表

2020 年 3 月 31 日　　金额单位：元

半成品	单位	期初结存		本月入库		发出半成品单位成本
		数量	金额	数量	金额	
轻型伞车车架	件					
摇篮伞车车架	件					
轻型伞车座椅	件					
摇篮伞车睡篮	件					
轻型伞车遮阳篷	件					
摇篮伞车遮阳篷	件					

审核：陈俞璟　　制单：林建州

单据 61-2

三车间领用半成品成本计算表

2020 年 3 月 31 日　　金额单位：元

编号	品名	单位	单位成本	轻型伞车		摇篮伞车		合计	
				数量	金额	数量	金额	数量	金额
00301	轻型伞车车架	件							
00302	摇篮伞车车架	件							
00303	轻型伞车座椅	件							
00304	摇篮伞车睡篮	件							
00305	轻型伞车遮阳篷	件							
00306	摇篮伞车遮阳篷	件							
合计									

审核：陈俞璟　　制单：林建州

单据 61-3

领 料 单

领料部门：三车间

用　　途：轻型伞车　　　　2020 年 03 月 10 日　　　　第 2241036 号

材料			单位	数量		成本	
编号	名称	规格		请领	实发	单价	总价
00301	轻型伞车车架		件	4 500	4 500		
00303	轻型伞车座椅		件	4 500	4 500		
合计	—	—	—	—	—	—	

会计联

部门经理：范丽琪　　会计：林建州　　仓库：李明　　经办人：展颓

单据 61-4

领 料 单

领料部门：三车间

用　　途：摇篮伞车　　　　2020 年 03 月 10 日　　　　第 2241037 号

材料			单位	数量		成本	
编号	名称	规格		请领	实发	单价	总价
00302	摇篮伞车车架		件	3 900	3 900		
00304	摇篮伞车睡篮		件	3 900	3 900		
合计	—	—	—	—	—	—	

会计联

部门经理：范丽琪　　会计：林建州　　仓库：李明　　经办人：展颓

单据 61-5

领 料 单

领料部门：三车间

用　　途：轻型伞车　　　　2020 年 03 月 16 日　　　　第 2241038 号

材料			单位	数量		成本	
编号	名称	规格		请领	实发	单价	总价
00301	轻型伞车车架		件	6 600	6 600		
00303	轻型伞车座椅		件	6 600	6 600		
00305	轻型伞车遮阳篷		件	12 800	12 800		
合计	—	—	—	—	—	—	

会计联

部门经理：范丽琪　　会计：林建州　　仓库：李明　　经办人：展颓

单据 61-6

领 料 单

领料部门：三车间

用　　途：摇篮伞车　　　　2020 年 03 月 16 日　　　　第 2241039 号

材料			单位	数量		成本	
编号	名称	规格		请领	实发	单价	总价
00302	摇篮伞车车架		件	5 000	5 000		
00304	摇篮伞车睡篮		件	5 000	5 000		
00306	摇篮伞车遮阳篷		件	10 000	10 000		
合计	—	—	—	—	—	—	

会计联

部门经理：范丽琪　　会计：林建州　　仓库：李明　　经办人：展颓

单据 61-7

领　料　单

领料部门：三车间

用　　途：轻型伞车　　　　2020 年 03 月 23 日　　　　第 2241040 号

材料			单位	数量		成本	
编号	名称	规格		请领	实发	单价	总价
00301	轻型伞车车架		件	1 700	1 700		
00303	轻型伞车座椅		件	1 700	1 700		
合计	—	—	—	—	—	—	

会计联

部门经理：范丽琪　　会计：林建州　　仓库：李明　　经办人：展颜

单据 61-8

领　料　单

领料部门：三车间

用　　途：摇篮伞车　　　　2020 年 03 月 23 日　　　　第 2241041 号

材料			单位	数量		成本	
编号	名称	规格		请领	实发	单价	总价
00302	摇篮伞车车架		件	1 100	1 100		
00304	摇篮伞车睡篮		件	1 100	1 100		
合计	—	—	—	—	—	—	

会计联

部门经理：范丽琪　　会计：林建州　　仓库：李明　　经办人：展颜

【业务 62】

单据 62-1

期末在产品约当产量计算表 1

产品名称：轻型伞车　　2020 年 03 月 31 日　　计量单位：辆

工序	工序名称	定额工时 / 时	完工程度	期末在产品数量	在产品约当产量
1	组装	5		120	
2	测试	2		50	
3	检验	2		40	
4	包装	1		40	
合计		10	—	250	

审核：陈俞璟　　制单：林建州

单据 62-2

期末在产品约当产量计算表 2

产品名称：摇篮伞车　　2020 年 03 月 31 日　　计量单位：辆

工序	工序名称	定额工时 / 时	完工程度	期末在产品数量	在产品约当产量
1	组装	5		60	
2	测试	2		20	
3	检验	2		10	
4	包装	1		20	
合计		10	—	110	

审核：陈俞璟　　制单：林建州

单据 62-3

三车间产品成本计算表

2020 年 3 月 31 日　　　　金额单位：元

项目		月初在产品成本	本月发生费用	合计	产量			单位成本	完工产品成本	期末在产品成本
					完工产品产量	期末在产品约当产量	合计			
轻型伞车	直接材料									
	直接人工									
	制造费用									
	合计									
摇篮伞车	直接材料									
	直接人工									
	制造费用									
	合计									

审核：陈俞璟　　　　制单：林建州

单据 62-4

入 库 单

2020 年 03 月 18 日　　　　单号 ccprk001

<table>
<tr><td>交来单位及部门</td><td colspan="2">三车间</td><td>验收仓库</td><td colspan="2">产成品</td><td>入库日期</td><td>20200318</td></tr>
<tr><td rowspan="2">编 号</td><td rowspan="2" colspan="2">名 称 及 规 格</td><td rowspan="2">单 位</td><td colspan="2">数 量</td><td colspan="2">实 际 价 格</td></tr>
<tr><td>交 库</td><td>实 收</td><td>单 价</td><td>金 额</td></tr>
<tr><td>CP001</td><td colspan="2">轻型伞车</td><td>辆</td><td>2 800</td><td>2 800</td><td></td><td></td></tr>
<tr><td>CP002</td><td colspan="2">摇篮伞车</td><td>辆</td><td>1 900</td><td>1 900</td><td></td><td></td></tr>
<tr><td></td><td colspan="2"></td><td></td><td></td><td></td><td></td><td></td></tr>
<tr><td></td><td colspan="2"></td><td></td><td></td><td></td><td></td><td></td></tr>
<tr><td colspan="3">合 计</td><td></td><td></td><td></td><td></td><td></td></tr>
</table>

财务联

负责人：王一飞　　会计：林建州　　经办人：周宁　　制单人：陈振瑞

单据 62-5

入 库 单

2020 年 03 月 22 日　　单号 ccprk002

交来单位及部门	三车间	验收仓库	产成品	入库日期	20200322

编 号	名 称 及 规 格	单 位	数 量		实 际 价 格	
			交 库	实 收	单 价	金 额
CP001	轻型伞车	辆	6 000	6 000		
CP002	摇篮伞车	辆	4 500	4 500		
合 计						

财务联

负责人：王一飞　　会计：林建州　　经办人：周宁　　制单人：陈振瑞

单据 62-6

入 库 单

2020 年 03 月 24 日　　单号 ccprk003

交来单位及部门	三车间	验收仓库	产成品	入库日期	20200324

编 号	名 称 及 规 格	单 位	数 量		实 际 价 格	
			交 库	实 收	单 价	金 额
CP001	轻型伞车	辆	3 200	3 200		
CP002	摇篮伞车	辆	3 500	3 500		
合 计						

财务联

负责人：王一飞　　会计：林建州　　经办人：周宁　　制单人：陈振瑞

单据 62-7

入 库 单

2020 年 03 月 27 日 单号 ccprk004

交来单位及部门	三车间	验收仓库	产成品	入库日期	20200327	

编 号	名 称 及 规 格	单 位	数 量		实 际 价 格	
			交 库	实 收	单 价	金 额
CP001	轻型伞车	辆	830	830		
CP002	摇篮伞车	辆	240	240		
合 计						

财务联

负责人：王一飞 会计：林建州 经办人：周宁 制单人：陈振瑞

【业务 63】

单据 63-1

产品销售成本计算表

2020 年 03 月 31 日 金额单位：元

产品	期初结存数量	本期完工产品数量	本期销售数量	期末结存数量	期初结存成本	完工产品成本	单位成本（加权）	销售成本	期末成本
轻型伞车									
摇篮伞车									
合计									

审核：陈俞璟 制单：林建州

单据 63-2

出 库 单

出货单位：北京艾贝优婴儿车有限公司 2020 年 03 月 20 日 单号 ccpck001

提货单位或领货部门	上海吉茂商贸有限公司	销售单号	xs0302	发出仓库	成品库	出库日期	2020.03.20

编号	名称及规格	单位	数量		单价	金额
			应发	实发		
CP001	轻型伞车	辆	1 500	1 500		
CP002	摇篮伞车	辆	1 300	1 300		
合计						

会计联

部门经理：范丽琪 会计：王心怡 仓库：李明 经办人：陈吕艺

单据 63-3

出 库 单

出货单位：北京艾贝优婴儿车有限公司 2020 年 03 月 25 日 单号 ccpck002

提货单位或领货部门	北京乐北鼻婴儿用品有限公司	销售单号	xs0303	发出仓库	成品库	出库日期	2020.03.25

编号	名称及规格	单位	数量		单价	金额
			应发	实发		
CP001	轻型伞车	辆	5 500	5 500		
CP002	摇篮伞车	辆	4 600	4 600		
合计						

会计联

部门经理：范丽琪 会计：王心怡 仓库：李明 经办人：陈吕艺

单据 63-4

出　库　单

出货单位：北京艾贝优婴儿车有限公司　　2020 年 03 月 31 日　　单号 ccpck003

提货单位或领货部门	北京悠悠电子商务有限公司	销售单号	xs0304	发出仓库	成品库	出库日期	2020.03.31

编号	名称及规格	单位	数量		单价	金额
			应发	实发		
CP001	轻型伞车	辆	6 000	6 000		
CP002	摇篮伞车	辆	4 200	4 200		
合计						

会计联

部门经理：范丽琪　　会计：王心怡　　仓库：李明　　经办人：陈吕艺

【业务 64】

单据 64-1

废料销售成本计算表

2020 年 03 月 31 日　　金额单位：元

品名	单位	数量	单价	成本金额
铝合金管	千克			
不锈钢扁条	千克			
合计				

审核：陈俞璟　　制单：王心怡

单据 64-2

出 库 单

出货单位：北京艾贝优婴儿车有限公司　　2020 年 03 月 05 日　　单号 flck001

提货单位或领货部门	北京天源废料物资回收有限公司	销售单号	xs0301	发出仓库	废料库	出库日期	2020.03.05

编 号	名 称 及 规 格	单 位	数 量		单 价	金 额
			应 发	实 发		
00101	铝合金管	千克	1 395.80	1 395.80		
00102	不锈钢扁条	千克	866.60	866.60		
合 计						

会计联

部门经理：范丽琪　　会计：王心怡　　仓库：李明　　经办人：陈吕艺

【业务 66】

单据 66-1

董事会决议

公司2017年9月购入的1#生产线，合计原值人民币壹拾捌万元整（￥180 000.00），截至2020年3月已提折旧43 200.00元。由于该生产线损耗较大，生产能力跟不上公司业务发展需求。经董事会商议决定，将该条生产线进行改造，以提高其生产能力。

单位：北京艾贝优婴儿车有限公司

法定代表人：章子鸣

日期：2020年03月31日

（印章：北京艾贝优婴儿车有限公司）

单据 66-2

固定资产折旧明细表

2020 年 3 月 31 日 金额单位：元

类别	资产名称	购入日期	原值	折旧年限	月折旧率	月折旧额	截至 2020 年 3 月累计折旧额
生产设备	1# 生产线	2017.09.01	180 000.00	10	0.80%	1 440.00	43 200.00

审核：陈俞璟 制单：王心怡

【业务 67】

单据 67-1

存货盘点报告表

2020 年 03 月 31 日

企业名称：北京艾贝优婴儿车有限公司

存货类别	存货名称	计量单位	单价	数量		盈余		亏短		盈亏原因
				账存	实存	数量	金额	数量	金额	
原材料	亚麻布	米	23.00	6 150	5 850			300	6 900.00	

审核人： 监盘人：王心怡 盘点人：李明

【业务68】

单据68-1

盘盈盘亏处理报告

公司于2020年3月31日对存货进行盘点清查，发现原材料（亚麻布）实际数比账面少300米，经查系公司内部管理不善造成丢失。通过公司内部会议讨论决定损失由公司承担。

北京艾贝优婴儿车有限公司

2020年03月31日

【业务69】

单据69-1

公允价值变动计算表

2020年03月31日　　金额单位：元

资产名称	账面价值	公允价值	公允价值变动
交易性金融资产（新阳股份）			
其他权益工具（海投集团）			
其他权益工具（鸿发集团）			
投资性房地产（3号楼）			

审核：陈俞璟　　制单：王心怡

【业务 72】

单据 72-1

未交增值税计算表

2020 年 03 月 31 日 金额单位：元

项目	进项税额	销项税额	进项税额转出	减免税款	本月未交增值税
增值税					
合计					

审核：陈俞璟 制单：王心怡

【业务 73】

单据 73-1

应交城市维护建设税与教育费附加计算表

2020 年 03 月 31 日 金额单位：元

税种	计税金额	税率	应纳税额
城市维护建设税		7%	
教育费附加		3%	
地方教育费附加		2%	
合计			

审核：陈俞璟 制单：王心怡

5
第五部分 任务表单

表6

三车间固定制造费用成本分配表

2020年3月31日 金额单位：元

受益对象	分配标准/工时	分配率	分配金额
轻型伞车	3 744		
摇篮伞车	2 496		
合计	6 240		

审核：陈俞璟 制单：林建州

表7

三车间固定制造费用标准成本表

2020年3月31日

项目	轻型伞车	摇篮伞车
标准产量/辆	12 500	10 000
标准工时/（小时/辆）	0.35	0.30
标准成本/（元/小时）	1.50	1.50

审核：陈俞璟 制单：林建州

表8

三车间固定制造费用成本差异分析表

2020年3月31日 金额单位：元

项目	轻型伞车	摇篮伞车
耗费差异		
闲置能量差异		
效率差异		

审核：陈俞璟 制单：林建州

表 9

增值税纳税申报表（适用于增值税一般纳税人）

纳税人识别号： 纳税人名称：

所属时期： 至 填表日期： 金额单位：元至角分

项目		栏次	一般项目		即征即退项目	
			本月数	本年累计	本月数	本年累计
销售额	（一）按适用税率计税销售额	1				
	其中：应税货物销售额	2				
	应税劳务销售额	3				
	纳税检查调整的销售额	4				
	（二）按简易办法计税销售额	5				
	其中：纳税检查调整的销售额	6				
	（三）免、抵、退办法出口销售额	7			—	—
	（四）免税销售额	8			—	—
	其中：免税货物销售额	9			—	—
	免税劳务销售额	10			—	—
税款计算	销项税额	11				
	进项税额	12				
	上期留抵税额	13				—
	进项税额转出	14				
	免、抵、退应退税额	15			—	—
	按适用税率计算的纳税检查应补缴税额	16			—	—
	应抵扣税额合计	17 = 12 + 13 − 14 − 15 + 16		—		—
	实际抵扣税额	18（如 17 < 11，则为 17，否则为 11）				

续表

<table>
<tr><th colspan="2" rowspan="2">项目</th><th rowspan="2">栏次</th><th colspan="2">一般项目</th><th colspan="2">即征即退项目</th></tr>
<tr><th>本月数</th><th>本年累计</th><th>本月数</th><th>本年累计</th></tr>
<tr><td rowspan="6">税款计算</td><td>应纳税额</td><td>19 = 11 - 18</td><td></td><td></td><td></td><td></td></tr>
<tr><td>期末留抵税额</td><td>20 = 17 - 18</td><td></td><td></td><td></td><td>—</td></tr>
<tr><td>简易计税办法计算的应纳税额</td><td>21</td><td></td><td></td><td></td><td></td></tr>
<tr><td>按简易计税办法计算的纳税检查应补缴税额</td><td>22</td><td></td><td></td><td>—</td><td>—</td></tr>
<tr><td>应纳税额减征额</td><td>23</td><td></td><td></td><td></td><td></td></tr>
<tr><td>应纳税额合计</td><td>24 = 19 + 21 - 23</td><td></td><td></td><td></td><td></td></tr>
<tr><td rowspan="14">税款缴纳</td><td>期初未缴税额（多缴为负数）</td><td>25</td><td></td><td></td><td></td><td></td></tr>
<tr><td>实收出口开具专用缴款书退税额</td><td>26</td><td></td><td></td><td>—</td><td>—</td></tr>
<tr><td>本期已缴税额</td><td>27 = 28 + 29 + 30 + 31</td><td></td><td></td><td></td><td></td></tr>
<tr><td>① 分次预缴税额</td><td>28</td><td></td><td>—</td><td></td><td>—</td></tr>
<tr><td>② 出口开具专用缴款书预缴税额</td><td>29</td><td></td><td>—</td><td>—</td><td>—</td></tr>
<tr><td>③ 本期缴纳上期应纳税额</td><td>30</td><td></td><td></td><td></td><td></td></tr>
<tr><td>④ 本期缴纳欠缴税额</td><td>31</td><td></td><td></td><td></td><td></td></tr>
<tr><td>期末未缴税额（多缴为负数）</td><td>32 = 24 + 25 + 26 - 27</td><td></td><td></td><td></td><td></td></tr>
<tr><td>其中：欠缴税额（≥ 0）</td><td>33 = 25 + 26 - 27</td><td></td><td>—</td><td></td><td>—</td></tr>
<tr><td>本期应补（退）税额</td><td>34 = 24 - 28 - 29</td><td></td><td>—</td><td></td><td>—</td></tr>
<tr><td>即征即退实际退税额</td><td>35</td><td>—</td><td>—</td><td></td><td></td></tr>
<tr><td>期初未缴查补税额</td><td>36</td><td></td><td></td><td>—</td><td>—</td></tr>
<tr><td>本期入库查补税额</td><td>37</td><td></td><td></td><td>—</td><td>—</td></tr>
<tr><td>期末未缴查补税额</td><td>38 = 16 + 22 + 36 - 37</td><td></td><td></td><td>—</td><td>—</td></tr>
</table>

表 10

增值税纳税申报表附列资料（一）

（本期销售情况明细）

纳税人识别号：　　　　　　　　　　纳税人名称：

所属时期：　　　　至　　　　　　　填表日期：　　　　　　　　　　金额单位：元至角分

项目及栏次				开具增值税专用发票		开具其他发票		未开具发票		纳税检查调整		合计			服务、不动产和无形资产扣除项目本期实际扣除金额	扣除后	
				销售额	销项（应纳）税额	销售额	销项（应纳）税额	销售额	销项（应纳）税额	销售额	销项（应纳）税额	销售额	销项（应纳）税额	价税合计		含税（免税）销售额	销项（应纳）税额
				1	2	3	4	5	6	7	8	9＝1＋3＋5＋7	10＝2＋4＋6＋8	11＝9＋10	12	13＝11－12	14＝13÷（100%＋税率或征收率）×税率或征收率
一、一般计税方法计税	全部征税项目	13% 税率的货物及加工修理修配劳务	1											—	—	—	—
		13% 税率的服务、不动产和无形资产	2														
		9% 税率的货物及加工修理修配劳务	3											—	—	—	—
		9% 税率的服务、不动产和无形资产	4														
		6% 税率	5														
	其中：即征即退项目	即征即退货物及加工修理修配劳务	6	—	—	—	—	—	—	—	—			—	—	—	—
		即征即退服务、不动产和无形资产	7	—	—	—	—	—	—	—	—						

续表

项目及栏次				开具增值税专用发票		开具其他发票		未开具发票		纳税检查调整		合计			服务、不动产和无形资产扣除项目本期实际扣除金额	扣除后	
				销售额	销项（应纳）税额	销售额	销项（应纳）税额	销售额	销项（应纳）税额	销售额	销项（应纳）税额	销售额	销项（应纳）税额	价税合计		含税（免税）销售额	销项（应纳）税额
				1	2	3	4	5	6	7	8	9＝1＋3＋5＋7	10＝2＋4＋6＋8	11＝9＋10	12	13＝11－12	14＝13÷（100%＋税率或征收率）×税率或征收率
二、简易计税方法计税	全部征税项目	6% 征收率	8							—	—			—	—	—	—
		5% 征收率的货物及加工修理修配劳务	9a							—	—			—	—	—	—
		5% 征收率的服务、不动产和无形资产	9b							—	—						
		4% 征收率	10							—	—			—	—	—	—
		3% 征收率的货物及加工修理修配劳务	11							—	—			—	—	—	—
		3% 征收率的服务、不动产和无形资产	12							—	—						
		预征率____%	13a							—	—						
		预征率____%	13b							—	—						
		预征率____%	13c							—	—						
	其中：即征即退项目	即征即退货物及加工修理修配劳务	14	—	—	—	—	—	—	—	—			—	—	—	—
		即征即退服务、不动产和无形资产	15	—	—	—	—	—	—	—	—						
三、免抵退税	货物及加工修理修配劳务		16	—	—		—		—	—	—		—	—	—	—	—
	服务、不动产和无形资产		17	—	—		—		—	—	—		—				—
四、免税	货物及加工修理修配劳务		18				—		—	—	—		—	—	—	—	—
	服务、不动产和无形资产		19	—	—		—		—	—	—		—				—

表 11

增值税纳税申报表附列资料（二）

（本期进项税额明细）

纳税人识别号： 纳税人名称：

所属时期： 至 填表日期： 金额单位：元至角分

一、申报抵扣的进项税额				
项目	栏次	份数	金额	税额
（一）认证相符的增值税专用发票	1＝2＋3			
其中：本期认证相符且本期申报抵扣	2			
前期认证相符且本期申报抵扣	3			
（二）其他扣税凭证	4＝5＋6＋7＋8			
其中：海关进口增值税专用缴款书	5			
农产品收购发票或者销售发票	6			
代扣代缴税收缴款凭证	7		—	
加计扣除农产品进项税额	8a	—	—	
其他	8b			
（三）本期用于购建不动产的扣税凭证	9			
（四）本期用于抵扣的旅客运输服务扣税凭证	10			
（五）外贸企业进项税额抵扣证明	11	—	—	
当期申报抵扣进项税额合计	12＝1＋4＋11			

二、进项税额转出额		
项目	栏次	税额
本期进项税额转出额	13＝14 至 23 之和	
其中：免税项目用	14	
集体福利、个人消费	15	
非正常损失	16	
简易计税方法征税项目用	17	

续表

二、进项税额转出额		
项目	栏次	税额
免抵退税办法不得抵扣的进项税额	18	
纳税检查调减进项税额	19	
红字专用发票信息表注明的进项税额	20	
上期留抵税额抵减欠税	21	
上期留抵税额退税	22	
其他应作进项税额转出的情形	23	

三、待抵扣进项税额				
项目	栏次	份数	金额	税额
（一）认证相符的增值税专用发票	24	—	—	—
期初已认证相符但未申报抵扣	25			
本期认证相符且本期未申报抵扣	26			
期末已认证相符但未申报抵扣	27			
其中：按照税法规定不允许抵扣	28			
（二）其他扣税凭证	29＝30至33之和			
其中：海关进口增值税专用缴款书	30			
农产品收购发票或销售发票	31			
代扣代缴税收缴款凭证	32		—	
其他	33			
	34			

四、其他				
项目	栏次	份数	金额	税额
本期认证相符的增值税专用发票	35			
代扣代缴税额	36	—	—	

表 12

增值税纳税申报表附列资料（三）

（服务、不动产和无形资产扣除项目明细）

纳税人识别号： 纳税人名称：

所属时期： 至 填表日期： 金额单位：元至角分

项目及栏次		本期服务、不动产和无形资产价税合计额（免税销售额）	服务、不动产和无形资产扣除项目				
			期初余额	本期发生额	本期应扣除金额	本期实际扣除金额	期末余额
		1	2	3	4=2+3	5（5≤1 且 5≤4）	6=4-5
13% 税率的项目	1						
9% 税率的项目	2						
6% 税率的项目（不含金融商品转让）	3						
6% 税率的金融商品转让项目	4						
5% 征收率的项目	5						
3% 征收率的项目	6						
免抵退税的项目	7						
免税的项目	8						

表 13

增值税纳税申报表附列资料（四）

（税额抵减情况表）

纳税人识别号：　　　　　　　　纳税人名称：

所属时期：　　　至　　　　　　填表日期：　　　　　　　　金额单位：元至角分

一、税额抵减情况							
序号	抵减项目	期初余额	本期发生额	本期应抵减税额	本期实际抵减税额	期末余额	
		1	2	3=1+2	4 ≤ 3	5=3-4	
1	增值税税控系统专用设备费及技术维护费						
2	分支机构预征缴纳税款						
3	建筑服务预征缴纳税款						
4	销售不动产预征缴纳税款						
5	出租不动产预征缴纳税款						
二、加计抵减情况							
序号	加计抵减项目	期初余额	本期发生额	本期调减额	本期可抵减	本期实际抵减额	期末余额
		1	2	3	4=1+2-3	5	6=4-5
6	一般项目加计抵减额计算						
7	即征即退项目加计抵减额计算						
8	合计						

表 14

增值税减免税申报明细表

纳税人识别号：　　　　　　　　　　纳税人名称：

所属时期：　　　至　　　　　　　填表日期：　　　　　　　金额单位：元（列至角分）

一、减税项目

减税性质代码及名称	栏次	期初余额	本期发生额	本期应抵减税额	本期实际抵税额	期末余额
		1	2	3=1+2	4 < =3	5=3-4
合计						

二、免税项目

免税性质代码及名称	栏次	免征增值税项目销售额	免税销售额扣除项目本期实际扣除金额	扣除后免税销售额	免税销售额对应的进项税额	免税额
		1	2	3=1-2	4	5
合计						
出口免税			—	—	—	—
其中：跨境服务			—	—	—	—

表 15

城建税、教育费附加、地方教育附加税（费）申报表

纳税人识别号： 纳税人名称：

所属时期： 至 填表日期： 金额单位：元至角分

本期是否适用增值税小规模纳税人减征政策(减免性质代码＿城市维护建设税：07049901，减免性质代码＿教育费附加：61049901，减免性质代码＿地方教育附加：99049901）						□是 □否	减征比例＿城市维护建设税（%）						
							减征比例＿教育费附加（%）						
							减征比例＿地方教育附加（%）						
税（费）种	征收品目	增值税		消费税	营业税	合计	税率（征收率）	本期应纳税（费）额	本期减免税（费）额		本期增值税小规模纳税人减征额	本期已缴税（费）额	本期应补（退）税（费）额
		一般增值税	免抵税额						减免性质代码	减免额			
		1	2	3	4	5=1+2+3+4	6	7=5×6	8	9	10	11	12=7-9-10-11
城建税							%						
教育费附加							%						
地方教育附加							%						
合计		—					—		—				

表 16

账户科目余额表

2019 年 1 月至 12 月

科目名称	科目代码	期初余额		累计借方	累计贷方	期末余额	
		借	贷			借	贷
库存现金	1001	17 705.30		550 670.56	558 000.86	10 375.00	
银行存款	1002	4 865 059.45		88 085 708.43	91 781 146.10	1 169 621.78	
交通银行北京西城支行	100201	4 837 298.19		87 960 139.83	91 661 319.20	1 136 118.82	
交通银行北京珠市口支行	100202	27 761.26		125 568.60	119 826.90	33 502.96	
其他货币资金	1012	488 600.00		5 392 000.00	5 788 000.00	92 600.00	
存出投资款	101201	91 100.00		1 791 500.00	1 790 000.00	92 600.00	
银行汇票存款	101202	397 500.00		3 600 500.00	3 998 000.00		
交易性金融资产	1101			1 010 000.00		1 010 000.00	
北京新阳股份有限公司	110101			740 000.00		740 000.00	
成本	11010101			716 000.00		716 000.00	
公允价值变动	11010102			24 000.00		24 000.00	
北京城南科技有限公司	110102			270 000.00		270 000.00	
成本	11010201			290 000.00		290 000.00	
公允价值变动	11010202				20 000.00		20 000.00
应收票据	1121	1 932 400.00		8 841 900.00	9 166 400.00	1 607 900.00	
上海吉茂商贸有限公司	112101	294 800.00		3 356 000.00	3 350 800.00	300 000.00	
北京乐北鼻婴儿用品有限公司	112102	1 159 800.00		4 049 000.00	4 057 000.00	1 151 800.00	

续表

科目名称	科目代码	期初余额		累计借方	累计贷方	期末余额	
		借	贷			借	贷
福建佰汇商城有限公司	112103	156 500.00		228 900.00	229 300.00	156 100.00	
北京悠悠电子商务有限公司	112104	321 300.00		1 208 000.00	1 529 300.00		
应收账款	1122	2 447 775.00		47 345 375.00	48 697 150.00	1 096 000.00	
上海贝贝婴儿用品有限公司	112201	664 000.00		3 896 000.00	4 000 000.00	560 000.00	
深圳华泰商贸有限公司	112202	492 000.00		5 879 000.00	6 009 000.00	362 000.00	
福建启儿商贸有限公司	112203	1 176 875.00		22 511 375.00	23 589 250.00	99 000.00	
北京爱婴岛母婴用品有限公司	112204	114 900.00		15 059 000.00	15 098 900.00	75 000.00	
预付账款	1123	315 000.00		2 348 000.00	2 538 000.00	125 000.00	
北京弘大包装有限公司	112301	180 000.00		1 958 000.00	2 058 000.00	80 000.00	
广州利丰橡塑有限公司	112302	35 000.00		165 000.00	200 000.00		
北京元丰实业有限公司	112303	100 000.00		225 000.00	280 000.00	45 000.00	
应收股利	1131						
应收利息	1132						
其他应收款	1221	6 600.00		68 950.00	71 600.00	3 950.00	
温求敏	122101	6 350.00		35 600.00	38 000.00	3 950.00	
周琳琳	122102	4 200.00		15 300.00	19 500.00		
坏账准备	1231				36 880.00		36 880.00
应收账款	123101				36 880.00		36 880.00
材料采购	1401			96 794 062.39	96 794 062.39		
铝合金管	140101			31 744 000.00	31 744 000.00		
不锈钢扁条	140102			9 382 500.00	9 382 500.00		

续表

科目名称	科目代码	期初余额		累计借方	累计贷方	期末余额	
		借	贷			借	贷
弹簧	140103			8 985 600.00	8 985 600.00		
包塑钢丝	140104			683 566.00	683 566.00		
亚麻布	140105			5 027 376.00	5 027 376.00		
牛津布	140106			3 026 034.00	3 026 034.00		
聚酯纤维棉	140107			2 213 640.00	2 213 640.00		
网眼布	140108			424 538.80	424 538.80		
缝纫线	140109			93 000.00	93 000.00		
PU 发泡轮胎	140110			10 373 660.00	10 373 660.00		
橡胶充气轮胎	140111			10 228 649.25	10 228 649.25		
转向器	140112			5 185 270.80	5 185 270.80		
刹车装置	140113			1 633 390.00	1 633 390.00		
安全带	140114			1 948 188.80	1 948 188.80		
海绵套	140115			732 732.00	732 732.00		
脚踏板	140116			1 633 390.00	1 633 390.00		
置物篮	140117			1 637 250.74	1 637 250.74		
1# 五金配件	140118			965 185.00	965 185.00		
2# 五金配件	140119			876 091.00	876 091.00		
在途物资	1402						
原材料	1403	684 328.40		95 808 174.00	95 808 705.40	683 797.00	
铝合金管	140301	196 688.00		31 744 000.00	31 865 148.00	75 540.00	

续表

科目名称	科目代码	期初余额		累计借方	累计贷方	期末余额	
		借	贷			借	贷
不锈钢扁条	140302	25 680.00		9 300 000.00	9 296 280.00	29 400.00	
弹簧	140303	73 674.40		8 974 080.00	9 024 422.40	23 332.00	
包塑钢丝	140304	6 230.00		564 200.00	562 030.00	8 400.00	
亚麻布	140305	138 920.00		4 848 400.00	4 769 970.00	217 350.00	
牛津布	140306	66 042.00		2 895 750.00	2 875 932.00	85 860.00	
聚酯纤维棉	140307	9 768.00		1 773 200.00	1 775 928.00	7 040.00	
网眼布	140308	2 580.00		311 550.00	312 480.00	1 650.00	
缝纫线	140309	2 450.40		93 000.00	93 353.40	2 097.00	
PU 发泡轮胎	140310	88 176.00		11 035 200.00	10 999 296.00	124 080.00	
橡胶充气轮胎	140311	41 000.00		10 455 000.00	10 416 000.00	80 000.00	
转向器	140312	1 632.40		4 573 492.00	4 571 582.40	3 542.00	
刹车装置	140313	968.00		1 633 390.00	1 632 708.00	1 650.00	
安全带	140314	2 670.00		2 227 350.00	2 226 420.00	3 600.00	
海绵套	140315	10 488.80		657 580.00	667 144.80	924.00	
脚踏板	140316	858.00		1 633 390.00	1 632 708.00	1 540.00	
置物篮	140317	12 566.40		1 306 712.00	1 306 166.40	13 112.00	
1# 五金配件	140318	1 968.00		890 940.00	890 568.00	2 340.00	
2# 五金配件	140319	1 968.00		890 940.00	890 568.00	2 340.00	
材料成本差异	1404		44 073.02	985 888.39	929 489.44	12 325.93	
库存商品	1405	371 364.98		190 265 443.82	190 477 999.38	158 809.42	
半成品	140501	259 509.58		76 435 637.88	76 592 014.34	103 133.12	

续表

科目名称	科目代码	期初余额		累计借方	累计贷方	期末余额	
		借	贷			借	贷
轻型伞车车架	14050101	52 228.26		27 763 249.50	27 785 070.48	30 407.28	
摇篮伞车车架	14050102	49 836.58		31 337 784.73	31 343 798.49	43 822.82	
轻型伞车座椅	14050103	38 428.90		5 679 439.20	5 713 298.54	4 569.56	
摇篮伞车睡篮	14050104	36 020.05		6 294 238.25	6 324 544.17	5 714.13	
轻型伞车遮阳篷	14050105	44 784.46		2 296 106.87	2 330 761.20	10 130.13	
摇篮伞车遮阳篷	14050106	38 211.33		3 064 819.33	3 094 541.46	8 489.20	
产成品	140502	84 937.59		113 737 235.97	113 794 140.29	28 033.27	
轻型伞车	14050201	56 078.75		55 759 334.25	55 795 308.91	20 104.09	
摇篮伞车	14050202	28 858.84		57 977 901.72	57 998 831.38	7 929.18	
废料	140503	26 917.81		92 569.97	91 844.75	27 643.03	
铝合金管	14050301	20 772.83		56 879.65	55 372.95	22 279.53	
不锈钢扁条	14050302	6 144.98		35 690.32	36 471.80	5 363.50	
发出商品	1406						
商品进销差价	1407						
委托加工物资	1408	363 613.50		4 134 297.85	4 165 656.20	332 255.15	
轻型伞车遮阳篷	140801	155 147.07		1 640 873.45	1 662 613.77	133 406.75	
牛津布	14080101	122 638.15		1 263 952.22	1 283 382.37	103 208.00	
包塑钢丝	14080102	30 603.62		354 165.63	356 385.50	28 383.75	
缝纫线	14080103	1 905.30		22 755.60	22 845.90	1 815.00	
摇篮伞车遮阳篷	140802	208 466.43		2 493 424.40	2 503 042.43	198 848.40	

续表

科目名称	科目代码	期初余额		累计借方	累计贷方	期末余额	
		借	贷			借	贷
亚麻布	14080201	179 498.59		2 150 931.55	2 158 935.74	171 494.40	
包塑钢丝	14080202	27 017.84		317 840.95	319 454.79	25 404.00	
缝纫线	14080203	1 950.00		24 651.90	24 651.90	1 950.00	
周转材料	1411	231 628.20		2 119 568.60	2 081 236.50	269 960.30	
1# 塑料袋	141101	26 825.00		306 015.90	304 074.50	28 766.40	
2# 塑料袋	141102	20 818.20		265 068.80	259 799.00	26 088.00	
1# 包装箱	141103	89 123.60		729 988.30	714 985.50	104 126.40	
2# 包装箱	141104	77 470.90		669 495.60	649 496.50	97 470.00	
低值易耗品	141105	17 390.50		149 000.00	152 881.00	13 509.50	
防护眼镜	14110301	8 520.00		70 000.00	71 725.00	6 795.00	
画粉	14110302	1 071.30		43 000.00	43 420.00	651.30	
防割手套	14110303	7 799.20		36 000.00	37 736.00	6 063.20	
存货跌价准备	1471						
持有待售资产	1481						
持有待售资产减值准备	1482						
持有至到期投资	1501						
持有至到期投资减值准备	1502						
可供出售金融资产	1503	240 800.00		871 500.00	55 000.00	1 057 300.00	
北京海投集团有限公司	150301	240 800.00		90 000.00		330 800.00	
成本	15030101	360 800.00				360 800.00	
公允价值变动	15030102		120 000.00	90 000.00			30 000.00

续表

科目名称	科目代码	期初余额		累计借方	累计贷方	期末余额	
		借	贷			借	贷
减值准备	15030103						
北京鸿发集团有限公司	150302			781 500.00	55 000.00	726 500.00	
成本	15030201			781 500.00		781 500.00	
公允价值变动	15030202				55 000.00		55 000.00
减值准备	15030203						
长期股权投资	1511						
长期股权投资减值准备	1512						
投资性房地产	1521			3 800 000.00		3 800 000.00	
3# 楼	152101			3 800 000.00		3 800 000.00	
成本	15210101			3 580 000.00		3 580 000.00	
公允价值变动	15210102			220 000.00		220 000.00	
长期应收款	1531			2 500 000.00	500 000.00	2 000 000.00	
广州华美达进出口有限公司	153101			2 500 000.00	500 000.00	2 000 000.00	
未实现融资收益	1532			159 708.00	503 650.00		343 942.00
固定资产	1601	17 076 000.00				17 076 000.00	
房屋建筑物	160101	12 580 000.00				12 580 000.00	
生产设备	160102	3 905 000.00				3 905 000.00	
运输设备	160103	450 000.00				450 000.00	
管理设备	160104	141 000.00				141 000.00	
累计折旧	1602		1 392 240.00		1 113 792.00		2 506 032.00
房屋建筑物	160201		754 800.00		603 840.00		1 358 640.00

续表

科目名称	科目代码	期初余额		累计借方	累计贷方	期末余额	
		借	贷			借	贷
生产设备	160202		468 600.00		374 880.00		843 480.00
运输设备	160203		135 000.00		108 000.00		243 000.00
管理设备	160204		33 840.00		27 072.00		60 912.00
固定资产减值准备	1603						
在建工程	1604						
1# 生产线	160401						
工程物资	1605						
固定资产清理	1606						
生产性生物资产	1621						
生产性生物资产累计折旧	1622						
油气资产	1631						
累计折耗	1632						
无形资产	1701	5 468 400.00				5 468 400.00	
土地使用权	170101	4 860 000.00				4 860 000.00	
财务软件	170102	381 600.00				381 600.00	
非专利技术	170103	226 800.00				226 800.00	
累计摊销	1702		276 930.00		222 840.00		499 770.00
土地使用权	170201		216 000.00		162 000.00		378 000.00
财务软件	170202		47 700.00		38 160.00		85 860.00
非专利技术	170203		13 230.00		22 680.00		35 910.00

续表

科目名称	科目代码	期初余额		累计借方	累计贷方	期末余额	
		借	贷			借	贷
无形资产减值准备	1703						
商誉	1711						
长期待摊费用	1801						
递延所得税资产	1811	10 200.00				10 200.00	
广告费	181101	9 250.00				9 250.00	
职工教育经费	181102	950.00				950.00	
待处理财产损溢	1901						
待处理流动资产损溢	190101						
短期借款	2001						
交易性金融负债	2101						
应付票据	2201		5 473 300.00	4 996 800.00	4 113 800.00		4 590 300.00
北京杰作辅料有限公司	220101		4 938 300.00	2 950 900.00	1 045 000.00		3 032 400.00
广州金丰实业有限公司	220102		535 000.00	2 045 900.00	3 068 800.00		1 557 900.00
应付账款	2202		12 956 196.37	9 083 683.17	3 978 788.66		7 851 301.86
北京领昕实业有限公司	220201		4 135 758.00	2 529 500.00	662 300.00		2 268 558.00
上海铭心轮胎有限公司	220202		2 422 072.40	1 602 500.00	546 300.00		1 365 872.40
北京友邦金属制品有限公司	220203		3 647 214.02	1 876 513.17	586 918.66		2 357 619.51
广州兴林布业有限公司	220204		2 751 151.95	1 879 900.00	988 000.00		1 859 251.95
北京红叶包袋制品有限公司	220205			1 195 270.00	1 195 270.00		
预收账款	2203						
应付职工薪酬	2211		682 195.61	15 078 662.17	15 077 459.49		680 992.93

续表

科目名称	科目代码	期初余额		累计借方	累计贷方	期末余额	
		借	贷			借	贷
短期薪酬	221101		682 195.61	13 383 218.27	13 382 015.59		680 992.93
工资	22110101		665 630.56	8 525 734.22	8 524 447.91		664 344.25
医疗保险	22110102			856 284.80	856 284.80		
工伤保险	22110103			17 125.70	17 125.70		
生育保险	22110104			68 502.78	68 502.78		
住房公积金	22110105			1 027 541.76	1 027 541.76		
工会经费	22110106		16 565.05	170 405.33	170 488.96		16 648.68
职工福利费	22110107			2 038 506.18	2 038 506.18		
职工教育经费	22110108			679 117.50	679 117.50		
离职后福利	221102			1 695 443.90	1 695 443.90		
养老保险	22110201			1 626 941.12	1 626 941.12		
失业保险	22110202			68 502.78	68 502.78		
应交税费	2221		1 080 639.58	23 864 710.37	24 004 011.19		1 219 940.40
应交增值税	222101			17 605 107.39	17 605 107.39		
进项税额	22210101	12 701 190.32		13 607 245.33		26 308 435.65	
销项税额抵减	22210102						
已交税金	22210103						
转出未交增值税	22210104	15 206 091.29		3 997 862.06		19 203 953.35	
减免税款	22210105						
出口抵减内销产品应纳税额	22210106						
销项税额	22210107		27 907 281.61		17 605 107.39		45 512 389.00

续表

科目名称	科目代码	期初余额		累计借方	累计贷方	期末余额	
		借	贷			借	贷
出口退税	22210108						
进项税额转出	22210109						
转出多交增值税	22210110						
未交增值税	222102		905 839.80	4 023 166.06	3 997 862.06		880 535.80
预交增值税	222103						
待抵扣进项税额	222104						
待认证进项税额	222105						
待转销项税额	222106						
简易计税	222107						
转让金融商品应交增值税	222108						
代扣代交增值税	222109						
应交所得税	222110		56 113.20	1 635 792.80	1 803 636.40		223 956.80
应交消费税	222111						
应交资源税	222112						
应交土地增值税	222113						
应交城市维护建设税	222114		63 408.79	281 621.62	279 850.34		61 637.51
应交教育费附加	222115		27 175.19	120 694.98	119 935.86		26 416.07
应交地方教育费附加	222116		18 116.80	80 463.32	79 957.24		17 610.72
应交房产税	222117						
应交土地使用税	222118						

续表

科目名称	科目代码	期初余额		累计借方	累计贷方	期末余额	
		借	贷			借	贷
应交车船税	222119						
应交个人所得税	222120		9 985.80	117 864.20	117 661.90		9 783.50
应付利息	2231						
应付股利	2232						
其他应付款	2241						
持有待售负债	2251						
递延收益	2401						
长期借款	2501						
应付债券	2502						
长期应付款	2701						
未确认融资费用	2702						
专项应付款	2711						
预计负债	2801						
递延所得税负债	2901						
交易性金融资产	290101						
衍生工具	3101						
实收资本	4001		11 000 000.00				11 000 000.00
资本公积	4002						
资本溢价	400201						
其他综合收益	4003			55 000.00	90 000.00		35 000.00

续表

科目名称	科目代码	期初余额		累计借方	累计贷方	期末余额	
		借	贷			借	贷
盈余公积	4101		230 448.28		541 090.92		771 539.20
法定盈余公积	410101		230 448.28		541 090.92		771 539.20
本年利润	4103			5 410 909.20	5 410 909.20		
利润分配	4104		2 074 034.52	1 082 181.84	5 952 000.12		6 943 852.80
未分配利润	410401		2 074 034.52	541 090.92	5 410 909.20		6 943 852.80
提取法定盈余公积	410402			541 090.92	541 090.92		
库存股	4201						
生产成本	5001	690 582.55		184 616 421.71	184 811 947.65	495 056.61	
轻型伞车车架	500101	107 838.63		27 718 897.74	27 763 249.50	63 486.87	
直接材料	50010101	98 785.72		24 292 867.20	24 333 210.00	58 442.92	
直接人工	50010102	7 098.72		2 835 874.21	2 838 913.65	4 059.28	
制造费用	50010103	1 954.19		590 156.33	591 125.85	984.67	
摇篮伞车车架	500102	42 863.81		31 318 773.76	31 337 784.73	23 852.84	
直接材料	50010201	38 855.97		28 590 767.94	28 608 131.16	21 492.75	
直接人工	50010202	3 195.69		2 259 576.78	2 260 872.34	1 900.13	
制造费用	50010203	812.15		468 429.04	468 781.23	459.96	
轻型伞车座椅	500103	38 513.87		5 657 518.44	5 679 439.20	16 593.11	
直接材料	50010301	23 016.70		2 967 330.24	2 980 170.90	10 176.04	
直接人工	50010302	12 483.56		2 204 077.08	2 211 356.70	5 203.94	
制造费用	50010303	3 013.61		486 111.12	487 911.60	1 213.13	

续表

科目名称	科目代码	期初余额		累计借方	累计贷方	期末余额	
		借	贷			借	贷
摇篮伞车睡篮	500104	60 207.72		6 257 005.81	6 294 238.25	22 975.28	
直接材料	50010401	43 690.81		4 239 356.00	4 265 486.33	17 560.48	
直接人工	50010402	14 009.91		1 653 057.81	1 662 489.68	4 578.04	
制造费用	50010403	2 507.00		364 592.00	366 262.24	836.76	
轻型伞车	500105	157 368.28		55 711 630.66	55 759 334.25	109 664.69	
直接材料	50010501	153 435.12		54 128 605.49	54 174 904.66	107 135.95	
直接人工	50010502	2 744.71		1 237 273.92	1 238 189.03	1 829.60	
制造费用	50010503	1 188.45		345 751.25	346 240.56	699.14	
摇篮伞车	500106	283 790.24		57 952 595.30	57 977 901.72	258 483.82	
直接材料	50010601	278 463.58		56 905 339.96	56 929 489.45	254 314.09	
直接人工	50010602	4 006.66		820 835.97	821 617.07	3 225.56	
制造费用	50010603	1 320.00		226 419.37	226 795.20	944.17	
制造费用	5101			2 481 459.11	2 481 459.11		
一车间	510101			1 058 585.37	1 058 585.37		
职工薪酬	51010101			299 204.64	299 204.64		
职工福利费	51010102			6 240.00	6 240.00		
职工教育经费	51010103			8 640.00	8 640.00		
低值易耗品	51010104			86 070.00	86 070.00		
折旧费	51010105			365 280.00	365 280.00		
水电费	51010106			293 150.73	293 150.73		

续表

科目名称	科目代码	期初余额		累计借方	累计贷方	期末余额	
		借	贷			借	贷
二车间	510102			850 703.12	850 703.12		
职工薪酬	51010201			297 287.04	297 287.04		
职工福利费	51010202			6 240.00	6 240.00		
职工教育经费	51010203			8 640.00	8 640.00		
低值易耗品	51010204			52 104.00	52 104.00		
折旧费	51010205			232 320.00	232 320.00		
水电费	51010206			254 112.08	254 112.08		
三车间	510103			572 170.62	572 170.62		
职工薪酬	51010301			297 297.60	297 297.60		
职工福利费	51010302			6 240.00	6 240.00		
职工教育经费	51010303			8 640.00	8 640.00		
低值易耗品	51010304			45 283.20	45 283.20		
折旧费	51010305			93 600.00	93 600.00		
水电费	51010306			121 109.82	121 109.82		
劳务成本	5201						
研发支出	5301			18 000.00	18 000.00		
费用化支出	530101			18 000.00	18 000.00		
工程施工	5401						
工程结算	5402						
机械作业	5403						

续表

科目名称	科目代码	期初余额		累计借方	累计贷方	期末余额	
		借	贷			借	贷
主营业务收入	6001			135 378 000.00	135 378 000.00		
轻型伞车	600101			67 639 000.00	67 639 000.00		
摇篮伞车	600102			67 739 000.00	67 739 000.00		
其他业务收入	6051			54 764.55	54 764.55		
废料	605101			25 964.55	25 964.55		
铝合金管	60510101			12 755.80	12 755.80		
不锈钢扁条	60510102			13 208.75	13 208.75		
租金收入	605102			28 800.00	28 800.00		
公允价值变动损益	6101			244 000.00	244 000.00		
投资收益	6111			2 500.00	2 500.00		
资产处置损益	6112						
其他收益	6113						
营业外收入	6301			8 950.00	8 950.00		
主营业务成本	6401			113 794 140.29	113 794 140.29		
轻型伞车	640101			55 795 308.91	55 795 308.91		
摇篮伞车	640102			57 998 831.38	57 998 831.38		
其他业务成本	6402			91 844.75	91 844.75		
废料	640201			91 844.75	91 844.75		
铝合金管	64020101			55 372.95	55 372.95		
不锈钢扁条	64020102			36 471.80	36 471.80		

续表

科目名称	科目代码	期初余额		累计借方	累计贷方	期末余额	
		借	贷			借	贷
税金及附加	6403			479 743.44	479 743.44		
城市维护建设税	640301			279 850.34	279 850.34		
教育费附加	640302			119 935.86	119 935.86		
地方教育费附加	640303			79 957.24	79 957.24		
销售费用	6601			10 015 780.44	10 015 780.44		
职工薪酬	660101			1 054 597.44	1 054 597.44		
职工福利费	660102			28 000.00	28 000.00		
职工教育经费	660103			38 000.00	38 000.00		
广告费	660104			8 828 835.00	8 828 835.00		
折旧费	660105			8 832.00	8 832.00		
运输费	660106			44 160.00	44 160.00		
水电费	660107			13 356.00	13 356.00		
管理费用	6602			3 832 114.00	3 832 114.00		
职工薪酬	660201			1 915 737.00	1 915 737.00		
职工福利费	660202			40 000.00	40 000.00		
职工教育经费	660203			52 000.00	52 000.00		
招待费	660204			786 900.00	786 900.00		
差旅费	660205			78 000.00	78 000.00		
顾问费	660206			153 600.00	153 600.00		
清理费	660207			11 702.50	11 702.50		
修理费	660208			11 102.50	11 102.50		

续表

科目名称	科目代码	期初余额		累计借方	累计贷方	期末余额	
		借	贷			借	贷
通信费	660209			107 154.00	107 154.00		
水电费	660210			21 318.00	21 318.00		
无形资产摊销	660211			222 840.00	222 840.00		
折旧费	660212			413 760.00	413 760.00		
研发费用	660213			18 000.00	18 000.00		
存货损失	660214						
财务费用	6603			379 515.53	379 515.53		
手续费	660301			3 686.38	3 686.38		
利息收入	660302			35 716.75	35 716.75		
利息支出	660303			180 404.40	180 404.40		
未实现融资收益	660304			159 708.00	159 708.00		
勘探费用	6604						
资产减值损失	6701			36 880.00	36 880.00		
营业外支出	6711			209 500.00	209 500.00		
所得税费用	6801			1 803 636.40	1 803 636.40		
以前年度损益调整	6901						

表 17

利 润 表

会企 02 表

编制单位：北京艾贝优婴儿车有限公司　　2019 年度　　金额单位：元

项目	行次	本期金额	上期金额
一、营业收入	1	135 432 764.55	（略）
减：营业成本	2	113 885 985.04	
税金及附加	3	479 743.44	
销售费用	4	10 015 780.44	
管理费用	5	3 814 114.00	
研发费用	6	18 000.00	
财务费用	7	-11 333.97	
其中：利息费用	8	180 404.40	
利息收入	9	35 716.75	
资产减值损失	10	36 880.00	
加：其他收益	11		
投资收益（损失以“-”号填列）	12	-2 500.00	
其中：对联营企业和合营企业的投资收益	13		
公允价值变动收益（损失以“-”号填列）	14	224 000.00	
资产处置收益（损失以“-”号填列）	15		
二、营业利润（亏损以“-”号填列）	16	7 415 095.60	
加：营业外收入	17	8 950.00	
减：营业外支出	18	209 500.00	

续表

项目	行次	本期金额	上期金额
三、利润总额（亏损总额以“-”号填列）	19	7 214 545.60	
减：所得税费用	20	1 803 636.40	
四、净利润（净亏损以“-”号填列）	21	5 410 909.20	
（一）持续经营净利润（净亏损以“-”号填列）	22	5 410 909.20	
（二）终止经营净利润（净亏损以“-”号填列）	23		
五、其他综合收益的税后净额	24	35 000.00	
（一）不能重分类进损益的其他综合收益	25		
1. 重新计量设定受益计划变动额	26		
2. 权益法下不能转损益的其他综合收益	27		
（二）将重分类进损益的其他综合收益	28	35 000.00	
1. 权益法下可转损益的其他综合收益	29		
2. 可供出售金融资产公允价值变动损益	30	35 000.00	
3. 持有至到期投资重分类为可供出售金融资产损益	31		
4. 现金流量套期损益的有效部分	32		
5. 外币财务报表折算差额	33		
六、综合收益总额	34	5 445 909.20	
七、每股收益	35		
（一）基本每股收益	36		
（二）稀释每股收益	37		

单位负责人：章子鸣　　会计主管：陈俞璟　　复核：章子鸣　　制表：陈俞璟

表 18

企业所得税年度纳税申报表（A 类）（A100000）

纳税人识别号： 纳税人名称：

所属时期： 至 填表日期： 金额单位：元（列至角分）

行次	类别	项目	金额
1	利润总额计算	一、营业收入（填写 A101010\101020\103000）	
2		减：营业成本（填写 A102010\102020\103000）	
3		减：税金及附加	
4		减：销售费用（填写 A104000）	
5		减：管理费用（填写 A104000）	
6		减：财务费用（填写 A104000）	
7		减：资产减值损失	
8		加：公允价值变动收益	
9		加：投资收益	
10		二、营业利润（1-2-3-4-5-6-7+8+9）	
11		加：营业外收入（填写 A101010\A101020\A103000）	
12		减：营业外支出（填写 A101010\A101020\A103000）	
13		三、利润总额（10+11-12）	
14	应纳税所得额计算	减：境外所得（填写 A108010）	
15		加：纳税调整增加额（填写 A105000）	
16		减：纳税调整减少额（填写 A105000）	
17		减：免税、减计收入及加计扣除（填写 A107010）	
18		加：境外应税所得抵减境内亏损（填写 A108000）	
19		四、纳税调整后所得（13-14+15-16-17+18）	
20		减：所得减免（填写 A107020）	
21		减：弥补以前年度亏损（填写 A106000）	
22		减：抵扣应纳税所得额（填写 A107030）	
23		五、应纳税所得额（19-20-21-22）	

续表

行次	类别	项目	金额
24	应纳税额计算	税率（25%）	
25		六、应纳所得税额（23x24）	
26		减：减免所得税额（填写 A107040）	
27		减：抵免所得税额（填写 A107050）	
28		七、应纳税额（25-26-27）	
29		加：境外所得应纳所得税额（填写 A108000）	
30		减：境外所得抵免所得税额（填写 A108000）	
31		八、实际应纳所得税额（28+29-30）	
32		减：本年累计实际已缴纳的所得税额	
33		九、本年应补（退）所得税额（31-32）	
34		其中：总机构分摊本年应补（退）所得税额（填写 A109000）	
35		财政集中分配本年应补（退）所得税额（填写 A109000）	
36		总机构主体生产经营部门分摊本年应补（退）所得税额（A109000）	

表 19

一般企业收入明细表（A101010）

纳税人识别号：　　　　纳税人名称：

所属时期：　　　至　　　填表日期：　　　金额单位：元（列至角分）

行次	项目	金额
1	一、营业收入（2+9）	
2	（一）主营业务收入（3+5+6+7+8）	
3	1. 销售商品收入	

续表

行次	项目	金额
4	其中：非代币性资产交换收入	
5	2. 提供劳务收入	
6	3. 建造合同收入	
7	4. 让渡资产使用权收入	
8	5. 其他	
9	（二）其他业务收入（10+12+13+14+15）	
10	1. 销售材料收入	
11	其中：非货币性资产交换收入	
12	2. 出租固定资产收入	
13	3. 出租无形资产收入	
14	4. 出租包装物和商品收入	
15	5. 其他	
16	二、营业外收入（17+18+19+20+21+22+23+24+25+26）	
17	（一）非流动资产处置利得	
18	（二）非货币性资产交换利得	
19	（三）债务重组利得	
20	（四）政府补助利得	
21	（五）盘盈利得	
22	（六）捐赠利得	
23	（七）罚没利得	
24	（八）确实无法偿付的应付款项	
25	（九）汇兑收益	
26	（十）其他	

表 20

一般企业成本支出明细表（A102010）

纳税人识别号： 纳税人名称：

所属时期： 至 填表日期： 金额单位：元（列至角分）

行次	项目	金额
1	一、营业成本（2+9）	
2	（一）主营业务成本（3+5+6+7+8）	
3	1. 销售商品成本	
4	其中：非货币性资产交换成本	
5	2. 提供劳务成本	
6	3. 建造合同成本	
7	4. 让渡资产使用权成本	
8	5. 其他	
9	（二）其他业务成本（10+12+13+14+15）	
10	1. 销售材料成本	
11	其中：非货币性资产交换成本	
12	2. 出租固定资产成本	
13	3. 出租无形资产成本	
14	4. 包装物出租成本	
15	5. 其他	
16	二、营业外支出（17+18+19+20+21+22+23+24+25+26）	
17	（一）非流动资产处置损失	
18	（二）非货币性资产交换损失	
19	（三）债务重组损失	
20	（四）非常损失	
21	（五）捐赠支出	
22	（六）赞助支出	
23	（七）罚没支出	
24	（八）坏账损失	
25	（九）无法收回的债券股权投资损失	
26	（十）其他	

表21

期间费用明细表（A104000）

纳税人识别号：　　　　纳税人名称：

所属时期：　　　至　　　填表日期：　　　金额单位：元（列至角分）

行次	项目	销售费用	其中：境外支付	管理费用	其中：境外支付	财务费用	其中：境外支付
		1	2	3	4	5	6
1	一、职工薪酬		—		—	—	—
2	二、劳务费					—	—
3	三、咨询顾问费					—	—
4	四、业务招待费		—		—	—	—
5	五、广告费和业务宣传费		—		—	—	—
6	六、佣金和手续费						
7	七、资产折旧摊销费		—		—	—	—
8	八、财产损耗、盘亏及毁损损失		—		—	—	—
9	九、办公费		—		—	—	—
10	十、董事会费		—		—	—	—
11	十一、租赁费					—	—
12	十二、诉讼费		—		—	—	—
13	十三、差旅费		—		—	—	—
14	十四、保险费		—		—	—	—
15	十五、运输、仓储费					—	—
16	十六、修理费					—	—
17	十七、包装费		—		—	—	—
18	十八、技术转让费					—	—
19	十九、研究费用					—	—
20	二十、各项税费		—		—	—	—
21	十一、利息收支	—	—	—	—		
22	二十二、汇兑差额	—	—	—	—		
23	二十三、现金折扣	—	—	—	—		—
24	二十四、党组织工作经费	—	—	—		—	—
25	二十五、其他						
26	合计（1+2+3+…25）						

表 22

纳税调整项目明细表（A105000）

纳税人识别号：　　　　　　纳税人名称：

所属时期：　　　　至　　　　填表日期：　　　　金额单位：元（列至角分）

行次	项目	账载金额	税收金额	调增金额	调减金额
		1	2	3	4
1	一、收入类调整项目（2+3+4+5+6+7+8+10+11）	—	—		
2	（一）视同销售收入（填写 A105010）	—			—
3	（二）未按权责发生制原则确认的收入（填写 A105020）				
4	（三）投资收益（填写 A105030）				
5	（四）按权益法核算长期股权投资对初始投资成本调整确认收益	—	—	—	
6	（五）交易性金融资产初始投资调整	—	—		—
7	（六）公允价值变动净损益		—		
8	（七）不征税收入	—	—		
9	其中：专项用途财政性资金（填写 A105040）	—	—		
10	（八）销售折扣、折让和退回				
11	（九）其他				
12	二、扣除类调整项目（13+14+15+16+17+18+19+20+21+22+23+24+26+27+28+29+30）	—	—		
13	（一）视同销售成本（填写 A105010）	—		—	
14	（二）职工薪酬（填写 A105060）				
15	（三）业务招待费支出				—
16	（四）广告和业务宣传费支出（填写 A105060）	—	—		
17	（五）捐赠支出（填写 A105070）				
18	（六）利息支出				
19	（七）罚金、罚款和被没收财物的损失		—		—
20	（八）税收滞纳金、加收利息		—		—

续表

行次	项目	账载金额	税收金额	调增金额	调减金额
		1	2	3	4
21	（九）赞助支出		—		—
22	（十）与未实现融资收益相关在当期确认的财务费用				
23	（十一）佣金和手续费支出				—
24	（十二）不征税收入用于支出所形成的费用	—	—		—
25	其中：专项用途财政性资金用于支出所形成的费用（填写 A105040）	—	—		—
26	（十三）跨期扣除项目				
27	（十四）与取得收入无关的支出		—		—
28	（十五）境外所得分摊的共同支出	—	—		—
29	（十六）党组织工作经费				
30	（十七）其他				
31	三、资产类调整项目（32+33+34+35）	—	—		
32	（一）资产折旧、摊销（填写 A105080）				
33	（二）资产减值准备金		—		
34	（三）资产损失（填写 A105090）				
35	（四）其他				
36	四、特殊事项调整项目（37+38+39+40+41+42）	—	—		
37	（一）企业重组及递延纳税事项（填写 A105100）				
38	（二）政策性搬迁（填写 A105110）	—	—		
39	（三）特殊行业准备金（填写 A105120）				
40	（四）房地产开发企业特定业务计算的纳税调整额（填写 A105010）	—			
41	（五）合伙企业法人合伙人应分得的应纳税所得额				
42	（六）其他	—	—		
43	五、特别纳税调整应税所得	—	—		
44	六、其他	—	—		
45	合计（1+12+31+36+43+44）	—	—		

表 23

未按权责发生制确认收入纳税调整明细表（A105020）

行次	项目	合同金额（交易金额）	账载金额		税收金额		纳税调整金额
			本年	累计	本年	累计	
		1	2	3	4	5	6（4-2）
1	一、跨期收取的租金、利息、特许权使用费收入（2+3+4）						
2	（一）租金						
3	（二）利息						
4	（三）特许权使用费						
5	二、分期确认收入（6+7+8）						
6	（一）分期收款方式销售货物收入						
7	（二）持续时间超过 12 个月的建造合同收入						
8	（三）其他分期确认收入						
9	三、政府补助递延收入（10+11+12）						
10	（一）与收益相关的政府补助						
11	（二）与资产相关的政府补助						
12	（三）其他						
13	四、其他未按权责发生制确认收入						
14	合计（1+5+9+13）						

表 24

职工薪酬支出及纳税调整明细表（A105050）

纳税人识别号：　　　　　　　　纳税人名称：

所属时期：　　　　至　　　　填表日期：　　　　金额单位：元（列至角分）

行次	项目	账载金额	实际发生额	税收规定扣除率	以前年度累计结转扣除额	税收金额	纳税调整金额	累计结转以后年度扣除额
		1	2	3	4	5	6（1-5）	7（2+4-5）
1	一、工资薪金支出			—	—			—
2	其中：股权激励			—	—			—
3	二、职工福利费支出			%	—			—
4	三、职工教育经费支出			—				
5	其中：按税收规定比例扣除的职工教育经费			%				
6	按税收规定全额扣除的职工培训费用			%	—			—
7	四、工会经费支出			%	—			—
8	五、各类基本社会保障性缴款			—	—			—
9	六、住房公积金			—	—			—
10	七、补充养老保险			%	—			—
11	八、补充医疗保险			%	—			—
12	九、其他			—	—			—
13	合计（1+3+4+7+8+9+10+11+12）			—				

表 25

广告费和业务宣传费跨年度纳税调整明细表（A105060）

纳税人识别号：　　　　　　　　　纳税人名称：

所属时期：　　　　至　　　　　　填表日期：　　　　　　　　金额单位：元（列至角分）

行次	项　　目	金　　额
1	一、本年广告费和业务宣传费支出	
2	减：不允许扣除的广告费和业务宣传费支出	
3	二、本年符合条件的广告费和业务宣传费支出（1－2）	
4	三、本年计算广告费和业务宣传费扣除限额的销售（营业）收入	
5	乘：税收规定扣除率	%
6	四、本企业计算的广告费和业务宣传费扣除限额（4×5）	
7	五、本年结转以后年度扣除额（3>6，本行＝3－6；3≤6，本行＝0）	
8	加：以前年度累计结转扣除额	
9	减：本年扣除的以前年度结转额［3＞6，本行＝0；3≤6，本行＝8或（6－3）孰小值］	
10	六、按照分摊协议归集至其他关联方的广告费和业务宣传费（10≤3或6孰小值）	
11	按照分摊协议从其他关联方归集至本企业的广告费和业务宣传费	
12	七、本年广告费和业务宣传费支出纳税调整金额（3>6，本行＝2＋3－6＋10－11；3≤6，本行＝2＋10－11－9）	
13	八、累计结转以后年度扣除额（7＋8－9）	

表 26

捐赠支出纳税调整明细表（A105070）

纳税人识别号：　　　　　　　　纳税人名称：

所属时期：　　　至　　　　　　填表日期：　　　　　　金额单位：元（列至角分）

行次	项　目	账载金额	以前年度结转可扣除的捐赠额	按税收规定计算的扣除限额	税收金额	纳税调增金额	纳税调减金额	可结转以后年度扣除的捐赠额
		1	2	3	4	5	6	7
1	一、非公益性捐赠		—	—	—		—	—
2	二、全额扣除的公益性捐赠		—	—		—	—	—
3	三、限额扣除的公益性捐赠（4+5+6+7）							
4	前三年度（　　年）	—		—	—	—		—
5	前二年度（　　年）	—		—	—	—		
6	前一年度（　　年）	—		—	—	—		
7	本年（　　年）		—				—	
8	合计（1+2+3）							

表 27

资产折旧、摊销及纳税调整明细表（A105080）

纳税人识别号： 纳税人名称：

所属时期： 至 填表日期： 金额单位：元（列至角分）

行次	项目		账载金额			税收金额					
			资产原值	本年折旧、摊销额	累计折旧、摊销额	资产计税基础	税收折旧、摊销额	享受加速折旧政策的资产按税收一般规定计算的折旧、摊销额	加速折旧、摊销统计额	累计折旧、摊销额	纳税调整金额
			1	2	3	4	5	6	7=5-6	8	9（2-5）
1	一、固定资产（2+3+4+5+6+7）							—	—		
2	所有固定资产	（一）房屋、建筑物						—	—		
3		（二）飞机、火车、轮船、机器、机械和生产设备						—	—		
4		（三）与生产经营活动有关的器具、工具、家具等						—	—		
5		（四）飞机、火车、轮船以外的运输工具						—	—		
6		（五）电子设备						—	—		
7		（六）其他						—	—		

续表

行次	项目		账载金额			税收金额					
			资产原值	本年折旧、摊销额	累计折旧、摊销额	资产计税基础	税收折旧、摊销额	享受加速折旧政策的资产按税收一般规定计算的折旧、摊销额	加速折旧、摊销统计额	累计折旧、摊销额	纳税调整金额
			1	2	3	4	5	6	7=5-6	8	9(2-5)
8	其中：享受固定资产加速折旧及一次性扣除政策的资产加速折旧额大于一般折旧额的部分	（一）重要行业固定资产加速折旧（不含一次性扣除）									—
9		（二）其他行业研发设备加速折旧									—
10		（三）固定资产一次性扣除									—
11		（四）技术进步、更新换代固定资产									—
12		（五）常年强震动、高腐蚀固定资产									—
13		（六）外购软件折旧									—
14		（七）集成电路企业生产设备									—
15	二、生产性生物资产（16+17）							—	—		
16	（一）林木业							—	—		
17	（二）畜类							—	—		

续表

行次	项　　目	账载金额			税收金额					
		资产原值	本年折旧、摊销额	累计折旧、摊销额	资产计税基础	税收折旧、摊销额	享受加速折旧政策的资产按税收一般规定计算的折旧、摊销额	加速折旧、摊销统计额	累计折旧、摊销额	纳税调整金额
		1	2	3	4	5	6	7=5-6	8	9(2-5)
18	三、无形资产(19+20+21+22+23+24+25+27)						—	—		
19	(一)专利权						—	—		
20	(二)商标权						—	—		
21	(三)著作权						—	—		
22	(四)土地使用权						—	—		
23	(五)非专利技术						—	—		
24	(六)特许权使用费						—	—		
25	(七)软件						—	—		
26	其中:享受企业外购软件加速摊销政策									—
27	(八)其他						—	—		
28	四、长期待摊费用(29+30+31+32+33)						—	—		

续表

行次	项目	账载金额			税收金额					
		资产原值	本年折旧、摊销额	累计折旧、摊销额	资产计税基础	税收折旧、摊销额	享受加速折旧政策的资产按税收一般规定计算的折旧、摊销额	加速折旧、摊销统计额	累计折旧、摊销额	纳税调整金额
		1	2	3	4	5	6	7=5-6	8	9(2-5)
29	(一)已足额提取折旧的固定资产的改建支出						—	—		
30	(二)租入固定资产的改建支出						—	—		
31	(三)固定资产的大修理支出						—	—		
32	(四)开办费						—	—		
33	(五)其他						—	—		
34	五、油气勘探投资						—	—		
35	六、油气开发投资						—	—		
36	合计(1+15+18+28+34+35)									
附列资料	全民所有制企业公司制改制资产评估增值政策资产						—	—		

表 28

免税、减计收入及加计扣除优惠明细表（A107010）

纳税人识别号： 纳税人名称：

所属时期： 至 填表日期： 金额单位：元（列至角分）

行次	项目	金额
1	一、免税收入（2+3+6+7+…+16）	
2	（一）国债利息收入免征企业所得税	
3	（二）符合条件的居民企业之间的股息、红利等权益性投资收益免征企业所得税（填写 A107011）	
4	其中：内地居民企业通过沪港通投资且连续持有 H 股满 12 个月取得的股息红利所得免征企业所得税（填写 A107011）	
5	内地居民企业通过深港通投资且连续持有 H 股满 12 个月取得的股息红利所得免征企业所得税（A107011）	
6	（三）符合条件的非营利组织的收入免征企业所得税	
7	（四）符合条件的非营利组织（科技企业孵化器）的收入免征企业所得税	
8	（五）符合条件的非营利组织（国家大学科技园）的收入免征企业所得税	
9	（六）中国清洁发展机制基金取得的收入免征企业所得税	
10	（七）投资者从证券投资基金分配中取得的收入免征企业所得税	
11	（八）取得的地方政府债券利息收入免征企业所得税	
12	（九）中国保险保障基金有限责任公司取得的保险保障基金等收入免征企业所得税	
13	（十）中国奥委会取得北京冬奥组委支付的收入免征企业所得税	
14	（十一）中国残奥委会取得北京冬奥组委分期支付的收入免征企业所得税	

续表

行次	项目	金额
15	（十二）其他1	
16	（十三）其他2	
17	二、减计收入（18+19+23+24）	
18	（一）综合利用资源生产产品取得的收入在计算应纳税所得额时减计收入	
19	（二）金融、保险等机构取得的涉农利息、保费减计收入（20+21+22）	
20	1. 金融机构取得的涉农贷款利息收入在计算应纳税所得额时减计收入	
21	2. 保险机构取得的涉农保费收入在计算应纳税所得额时减计收入	
22	3. 小额贷款公司取得的农户小额贷款利息收入在计算应纳税所得额时减计收入	
23	（三）取得地铁债券利息收入减半征收企业所得税	
24	（四）其他	
25	三、加计扣除（26+27+28+29+30）	
26	（一）开发新技术、新产品、新工艺发生的研究开发费用加计扣除（填写A107012）	
27	（二）科技型中小企业开发新技术、新产品、新工艺发生的研究开发费用加计扣除（填写A107012）	
28	（三）企业为获得创新性、创意性、突破性的产品进行创意设计活动而发生的相关费用加计扣除	
29	（四）安置残疾人员所支付的工资加计扣除	
30	（五）其他	
31	合计（1+17+25）	

表 29

研发费用加计扣除优惠明细表（A107012）

行次	项目	金额（数量）
1	本年可享受研发费用加计扣除项目数量	
2	一、自主研发、合作研发、集中研发（3+7+16+19+23+24）	
3	（一）人员人工费用（4+5+6）	
4	1. 直接从事研发活动人员工资薪金	
5	2. 直接从事研发活动人员五险一金	
6	3. 外聘研发人员的劳务费用	
7	（二）直接投入费用（8+9+10+11+12+13+14+15）	
8	1. 研发活动直接消耗材料	
9	2. 研发活动直接消耗燃料	
10	3. 研发活动直接消耗动力费用	
11	4. 用于中间试验和产品试制的模具、工艺装备开发及制造费	
12	5. 用于不构成固定资产的样品、样机及一般测试手段购置费	
13	6. 用于试制产品的检验费	
14	7. 用于研发活动的仪器、设备的运行维护、调整、检验、维修等费用	
15	8. 通过经营租赁方式租入的用于研发活动的仪器、设备租赁费	
16	（三）折旧费用（17+18）	
17	1. 用于研发活动的仪器的折旧费	
18	2. 用于研发活动的设备的折旧费	
19	（四）无形资产摊销（20+21+22）	
20	1. 用于研发活动的软件的摊销费用	
21	2. 用于研发活动的专利权的摊销费用	
22	3. 用于研发活动的非专利技术（包括许可证、专有技术、设计和计算方法等）的摊销费用	
23	（五）新产品设计费等（24+25+26+27）	
24	1. 新产品设计费	
25	2. 新工艺规程制定费	
26	3. 新药研制的临床试验费	

续表

行次	项目	金额（数量）
27	4. 勘探开发技术的现场试验费	
28	（六）其他相关费用（29+30+31+32+33）	
29	1. 技术图书资料层、资料翻译费、专家咨询费、高新科技研发保险费	
30	2. 研发成果的检索、分析、评议、论证、鉴定、评审、评估、验收费用	
31	3. 知识产权的申请费、注册费、代理费	
32	4. 职工福利费、补充养老保险费、补充医疗保险费	
33	5. 差旅费、会议费	
34	（七）经限额调整后的其他相关费用	
35	二、委托研发（36+37+39）	
36	（一）委托境内机构或个人进行研发活动所产生的费用	
37	（二）委托境外机构进行研发活动发生的费用	
38	其中：允许加计扣除的委托境外机构进行研发活动发生的费用	
39	（三）委托境外个人进行研发活动发生的费用	
40	三、年度研发费用小计（2+36×80%+38）	
41	（一）本年费用化金额	
42	（二）本年资本化金额	
43	四、本年形成无形资产摊销额	
44	五、以前年度形成无形资产本年摊销额	
45	六、允许扣除的研发费用合计（41+43+44）	
46	减：特殊收入部分	
47	七、允许扣除的研发费用抵减特殊收入后的金额（45－46）	
48	减：当年销售研发活动直接形成产品（包括组成部分）对应的材料部分	
49	减：以前年度销售研发活动直接形成产品（包括组成部分）对应材料部分结转金额	
50	八、加计扣除比例（%）	%
51	九、本年研发费用加计扣除总额（47－48－49）×50	
52	十、销售研发活动直接形成产品（包括组成部分）对应材料部分结转以后年度扣减金额（当47－48－49≥0，本行=0；当47－48－49<0，本行=47－48－49的绝对值）	

表 30

应交个人所得税计算表

2020 年度　　金额单位：元

项目	方案 1	方案 2
收入额		
应纳税所得额		
税率		
速算扣除数		
应交个人所得税额		

审核：章子鸣　　制单：陈俞璟

表 31

委托代销净收益计算表

2020 年 3 月 31 日　　金额单位：元

项目	方案 1	方案 2	方案 3
委托代销收入			
委托代销成本			
增值税			
税金及附加			
期间费用			
利润总额			
所得税费用			
净利润			

审核：章子鸣　　制单：陈俞璟

表 32

资产负债表

会企 01 表

编制单位：　　　　　　　　　　年　　月　　日　　　　　　　　　　单位：

资产	行次	期末余额	上年年末余额	负债和所有者权益（或股东权益）	行次	期末余额	上年年末余额
流动资产：				流动负债：			
货币资金	1			短期借款	35		
交易性金融资产	2			交易性金融负债	36		
衍生金融资产	3			衍生金融负债	37		
应收票据	4			应付票据	38		
应收账款	5			应付账款	39		
应收款项融资	6			预收款项	40		
预付款项	7			合同负债	41		
其他应收款	8			应付职工薪酬	42		
存货	9			应交税费	43		
合同资产	10			其他应付款	44		
持有待售资产	11			持有待售负债	45		
一年内到期的非流动资产	12			一年内到期的非流动负债	46		
其他流动资产	13			其他流动负债	47		
流动资产合计	14			流动负债合计	48		
非流动资产：				非流动负债：			
债权投资	15			长期借款	49		
其他债权投资	16			应付债券	50		
长期应收款	17			其中：优先股	51		
长期股权投资	18			永续债	52		

续表

资产	行次	期末余额	上年年末余额	负债和所有者权益（或股东权益）	行次	期末余额	上年年末余额
其他权益工具投资	19			租赁负债	53		
其他非流动金融资产	20			长期应付款	54		
投资性房地产	21			预计负债	55		
固定资产	22			递延收益	56		
在建工程	23			递延所得税负债	57		
生产性生物资产	24			其他非流动负债	58		
油气资产	25			非流动负债合计	59		
使用权资产	26			负债合计	60		
无形资产	27			所有者权益（或股东权益）：			
开发支出	28			实收资本（或股本）	61		
商誉	29			其他权益工具	62		
长期待摊费用	30			其中：优先股	63		
递延所得税资产	31			永续债	64		
其他非流动资产	32			资本公积	65		
非流动资产合计	33			减：库存股	66		
				其他综合收益	67		
				专项储备	68		
				盈余公积	69		
				未分配利润	70		
				所有者权益（或股东权益）合计	71		
资产总计	34			负债和所有者权益(或股东权益）总计	72		

单位负责人：　　　　主管会计工作负责人：　　　　会计机构负责人：

表 33

利 润 表

企业 02 表

编制单位： 年 月 单位：元

项 目	行次	本期金额	上期金额
一、营业收入	1		
减：营业成本	2		
税金及附加	3		
销售费用	4		
管理费用	5		
研发费用	6		
财务费用	7		
其中：利息费用	8		
利息收入	9		
加：其他收益	11		
投资收益（损失以“-”号填列）	12		
其中：对联营企业和合营企业的投资收益	13		
以摊余成本计量的金融资产终止确认收益（损失以“-”号填列）	14		
净敞口套期收益（损失以“-”号填列）	15		
公允价值变动收益（损失以“-”号填列）	16		
信用减值损失（损失以“-”填列）	17		
资产减值损失（损失以“-”号填列）	18		
资产处置收益（损失以“-”号填列）	19		
二、营业利润（亏损以“-”号填列）	20		
加：营业外收入	21		
减：营业外支出	22		

续表

项 目	行次	本期金额	上期金额
三、利润总额（亏损总额以“-”号填列）	23		
减：所得税费用	24		
四、净利润（净亏损以“-”号填列）	25		
（一）持续经营净利润（净亏损以“-”号填列）	26		
（二）终止经营净利润（净亏损以“-”号填列）	27		
五、其他综合收益的税后净额	28		
（一）不能重分类进损益的其他综合收益	29		
1. 重新计量设定受益计划变动额	30		
2. 权益法下不能转损益的其他综合收益	31		
3. 其他权益工具投资公允价值变动	32		
4. 企业自身信用风险公允价值变动	33		
……	34		
（二）将重分类进损益的其他综合收益	35		
1. 权益法下可转损益的其他综合收益	36		
2. 其他债权投资公允价值变动	37		
3. 金融资产重分类计入其他综合收益的金额	38		
4. 其他债权投资信用减值准备	39		
5. 现金流量套期储备	40		
6. 外币财务报表折算差额	41		
……	42		
六、综合收益总额	43		
七、每股收益：	44		
（一）基本每股收益	45		
（二）稀释每股收益	46		

单位负责人　　主管会计工作负责人：　　会计机构负责人：

表 34

现金流量表

会企 03 表

编制单位： 年 月 单位：

项 目	行次	本期金额	上期金额
一、经营活动产生的现金流量：			
销售商品、提供劳务收到的现金	1		
收到的税费返还	2		
收到其他与经营活动有关的现金	3		
经营活动现金流入小计	4		
购买商品、接受劳务支付的现金	5		
支付给职工以及为职工支付的现金	6		
支付的各项税费	7		
支付其他与经营活动有关的现金	8		
经营活动现金流出小计	9		
经营活动产生的现金流量净额	10		
二、投资活动产生的现金流量：			
收回投资收到的现金	11		
取得投资收益收到的现金	12		
处置固定资产、无形资产和其他长期资产收回的现金净额	13		
处置子公司及其他营业单位收到的现金净额	14		
收到其他与投资活动有关的现金	15		
投资活动现金流入小计	16		

续表

项　目	行次	本期金额	上期金额
购建固定资产、无形资产和其他长期资产支付的现金	17		
投资支付的现金	18		
取得子公司及其他营业单位支付的现金净额	19		
支付其他与投资活动有关的现金	20		
投资活动现金流出小计	21		
投资活动产生的现金流量净额	22		
三、筹资活动产生的现金流量:			
吸收投资收到的现金	23		
取得借款收到的现金	24		
收到其他与筹资活动有关的现金	25		
筹资活动现金流入小计	26		
偿还债务支付的现金	27		
分配股利、利润或偿付利息支付的现金	28		
支付其他与筹资活动有关的现金	29		
筹资活动现金流出小计	30		
筹资活动产生的现金流量净额	31		
四、汇率变动对现金及现金等物价的影响	32		
五、现金及现金等价物净增加额	33		
加：期初现金及现金等价物余额	34		
六、期末现金及现金等价物余额	35		

单位负责人　　　　会计主管　　　　复核　　　　制表

读者意见反馈

为收集对教材的意见建议，进一步完善教材编写并做好服务工作，读者可将对本教材的意见建议通过如下渠道反馈至我社。

咨询电话　400-810-0598

反馈邮箱　gjdzfwb@pub.hep.cn

通信地址　北京市朝阳区惠新东街4号富盛大厦1座

高等教育出版社总编辑办公室

邮政编码　100029

防伪查询说明

用户购书后刮开封底防伪涂层，使用手机微信等软件扫描二维码，会跳转至防伪查询网页，获得所购图书详细信息。

防伪客服电话

（010）58582300

资源服务提示

授课教师如需获取本书配套教辅资源，请登录“高等教育出版社产品信息检索系统”（http://xuanshu.hep.com.cn/），搜索本书并下载资源。首次使用本系统的用户，请先注册并进行教师资格认证。

高教社高职会计教师交流及资源服务QQ群（在其中之一即可，请勿重复加入）：

QQ3群：675544928　QQ2群：708994051（已满）　QQ1群：229393181（已满）